O teatro de Victor Garcia

A vida sempre em jogo

SESC

SERVIÇO SOCIAL DO COMÉRCIO
Administração Regional no Estado de São Paulo

Presidente do Conselho Regional
Abram Szajman

Diretor Regional
Danilo Santos de Miranda

edições
SESCSP

Conselho Editorial
Ivan Giannini
Joel Naimayer Padula
Luiz Deoclécio Massaro Galina
Sérgio José Battistelli

Gerente Marcos Lepiscopo
Adjunto Évelim Lúcia Moraes
Coordenação Editorial Clívia Ramiro, Isabel M. M. Alexandre
Produção Editorial Ana Cristina Pinho, João Cotrim
Colaboradores desta edição Marta Colabone, Ubiratan Nunes Rezende, Sidnei Martins, Hélcio Magalhães, Fabio Pinotti

Jefferson Del Rios

O teatro de Victor Garcia

A vida sempre em jogo

edições
SESCSP

Preparação
André Albert

Revisão
Beatriz de Freitas Moreira, Luiza Delamare

Capa
Moema Cavalcanti

Diagramação
Denis Tchepelentyky

Foto de capa
Rachel Hirsh
Cena do espetáculo *Bodas de sangue*, de García Lorca, em Tel Aviv, em 1980.

G1651t   Neves, Jefferson del Rios Vieira

O teatro de Victor Garcia: a vida sempre em jogo / Jefferson del Rios Vieira Neves. – São Paulo : Edições SESC SP, 2012. –
288 p. il.: 33 fotografias.

ISBN 978-85-7995-036-0

1. Biografia. 3. Garcia, Victor. 2. Teatro.   I. Título.
                                             CDD 920

Copyright © 2012 Edições SESC SP
Todos os direitos reservados

SESC SÃO PAULO
EDIÇÕES SESC SP
Av. Álvaro Ramos, 991
03331-000 – São Paulo – SP
Tel. (55 11) 2607-8000
edicoes@edicoes.sescsp.org.br
www.sescsp.org.br

Para Sábato Magaldi

Agradecimentos

Este livro em boa parte nasceu graças a Ruth Escobar. Foi sua audácia que nos trouxe ao Brasil Victor Garcia e seu gênio, e fizeram dela uma figura do teatro internacional. Todas as homenagens, portanto, à notável animadora cultural.

A pesquisa tornou-se um desafio, uma vez que Victor andou por meio mundo, e nem sempre foi fácil encontrar seus amigos e colaboradores dos anos 1950 a 1982, na Argentina, no Brasil, na França, em Portugal, na Espanha, na Inglaterra e em Israel. Mas todos demonstraram emoção ao serem procurados.

Uma relação de nomes seria enorme. Ao longo da obra eles surgirão com seu empenho e sua generosidade. Talvez até alguns já tenham se esquecido do que disseram e fizeram por Victor e por mim. O autor, porém, não se esquece de nenhum deles.

Na finalização do trabalho, além do empenho da equipe do SESC SP, gostaria de registrar a mesma gratidão a dois leitores de primeira hora, os jornalistas Beatriz Albuquerque e Helio Ponciano, pela nossa proximidade e a adesão apaixonada deles em comentários, releituras e sugestões.

Ter *O teatro de Victor Garcia – A vida sempre em jogo* nas Edições SESC SP é uma justa homenagem a todos.

Sumário

11 Apresentação: Sonhos preservados
13 Introdução

PARTE I: DOS ANDES A PARIS
21 Os dias argentinos
33 Despedida no Café La Paz: Nancy Tuñón
39 Brasil: Pomona Sforza
43 França: Tucumano em Paris
51 Dijon: *Cemitério de automóveis*
53 Portugal: Coimbra
61 Espanha: *As criadas*
63 Victor e Ruth – Arrabal e Genet
77 De Madri a Paris
85 *Autos sacramentais*
89 Adeus espanhol com *Divinas palavras*
91 Mesopotâmia em Paris
95 Israel: *Bodas de sangue*
99 Chorar por Calderón
103 El final

PARTE II: CADERNO DE TESTEMUNHOS
109 Juana Garcia: "Ninguém o convencia, essa é a verdade"
113 Luz Garcia: Dançar com dinamite

117	Arturo Álvarez Sosa: Primavera tucumana
121	Davi Massuh: Amigos dentro da irrealidade
127	Julio Ardiles Gray: "Tucumano, você está em Paris!"
131	Raúl Serrano: Desmesurado na criação e na vida
137	Juan José Hernández: Nostalgia de Tucumán
137	Michelle Kokosowski: Garcia, o que o anjo disse ao demônio
143	Alain Crombecque: A vida sempre em jogo
147	Michel Launay: A capacidade de fazer sonhar
151	Victoria Santa Cruz: Havia algo de líder nele
153	Vincent Lo Monaco: Ele era muito católico
159	David Hersey: Um gênio controverso
165	Ricardo Pais: Visão fantasmagórica de Deus
173	Os lusíadas de Victor: João Rodrigues, José Tavares Pinto, José Baldaia, Maria João Delgado e Teresa Alegre Portugal
179	Eunice Muñoz: Aquela imaginação delirante
185	Carlos Avilez: Em que língua nós falávamos?
189	Carlos Quevedo: Voar alto, mas não por muito tempo
193	Nuria Espert: "Nosotros que moriremos jóvenes"
199	José Monleón: Um buscador de imagens
203	Elie Malka: Um louco admirável
207	Yona Elian: A mesma cena de várias maneiras
209	Jornada Victor Garcia no Memorial da América Latina, 1995
229	Reflexos de Victor

POSFÁCIO:

265	Considerações sobre um artista renovador
281	Cronologia

Sonhos preservados

> *Louco, sim, louco, porque quis grandeza*
> *Qual a Sorte a não dá./[...]*
> *Sem a loucura que é o homem*
> *Mais que a besta sadia,*
> *Cadáver adiado que procria?*
>
> FERNANDO PESSOA

Há uma conhecida peça escrita pelo dramaturgo espanhol Calderón de la Barca – um dos preferidos de Victor Garcia – cujo título, *A vida é sonho*, poderia sintetizar o impulso vital que moveu sua existência: pelejar sem descanso para materializar seus sonhos e suas concepções artísticas. Uma função de quem se propõe fazer arte é duvidar do limite entre duas percepções da vida: realidade e fantasia. Compartilhar sonhos requer uma atitude de convencimento, muitas vezes autoritária e violenta. Isso resulta em incompreensão e impele ao isolamento, à frustração e, por vezes, à marginalização. Artistas marginais operam nas fronteiras entre a liberdade criativa e a insubordinação total. Romper com o estabelecido e convencionado é flertar com a heresia e a execração pública. Experiências passadas demonstram que uma condição para inovação ou renovação é o rompimento com a normalidade, daí tantos criadores associados à loucura. Viver intensamente sua crença na arte é estar imerso na loucura, que escorrega pelas bordas da razão para fazer aflorar e evidenciar um misterioso caudal de emoções e símbolos com o qual se deve ousar afrontar o conhecido.

Uma obra teatral, exceto no momento de sua apresentação, acontece sempre no passado. Decorre disso o dilema da preservação da memória criativa. Os artistas contemporâneos vêm investindo, ao longo das últimas décadas, na transformação de cada obra ou intervenção em um momento único e mágico, porém efêmero e irreproduzível. O desafio que se coloca, neste caso, repousa na responsabilidade de salvaguardar para a posteridade o registro dessas experiências, tendo em vista facilitar os próximos passos e reconhecer o valor dos que ajudaram a construir a história das artes cênicas em nosso país e também fora daqui.

É o que se depura da leitura das páginas que se seguem sobre a trajetória do encenador e cenógrafo Victor Garcia (1934-1982), especialmente pela disposição em ocultar-se para ser visto pelas alegorias e arquiteturas de suas obras. Nessa perspectiva, a concepção artística conta muito sobre o ser humano e, sobretudo, converge para reafirmar os pressupostos vanguardistas defendidos por ele em suas representações. Um método empregado pelo diretor, ao trabalhar com seus colaboradores, era a desconstrução dos rótulos de si mesmo e a busca de novas formas para representar os mesmos temas. Pois do mesmo método faz uso, nesta obra, o jornalista e crítico teatral Jefferson Del Rios. Pesquisador atento e inquieto oferece, a partir de papéis, falas, fotos, gravações espalhadas por muitos teatros, caixas e acervos, uma detalhada reconstituição da atmosfera das apresentações levadas a cabo, pelo diretor argentino, em diferentes países. Um detalhamento que mantém lacunas e silêncios, revela e oculta, busca representar o todo por meio das sutilezas de suas partes.

Para o SESC, a presente edição, que preserva as contribuições, renovações e inovações das experiências vanguardistas de Victor Garcia para o teatro, se configura como um incentivo de aproximação com o fazer artístico que vai além das preocupações textuais e cenográficas; divisa uma oportunidade de contribuir para que um número maior de pessoas e pesquisadores possa tomar contato, buscar informações, dialogar e debater, de maneira crítica e autônoma, sobre os temas da contemporaneidade e as ideias originais de um sonhador autodidata.

DANILO SANTOS DE MIRANDA
Diretor Regional do SESC São Paulo

Introdução

Este livro é a biografia artística de Victor Garcia, um excepcional homem de teatro, e o relato de sua vida, que adquire contornos romanescos à medida que ele vai se transformando em personagem de si próprio. Contar Victor é percorrer três décadas vitais da arte teatral da segunda metade do século xx. No caso dele, foram exatamente 23 anos desde sua estreia profissional em 1959, com encenações em oito países de três continentes e com distintos idiomas, culturas e tradições cênicas. Em todos esses lugares, uma definição superlativa o seguiu – "genial" – ao mesmo tempo em que pairou um subentendido – "autodestrutivo".

Argentino de família espanhola, moreno de pouca altura, frágil, cabelos crespos, olhos grandes, temperamento difícil de apreender. Arredio, solitário, carinhoso e sedutor para seus atores. Desprendido de aplausos e dinheiro, passou a vida adulta em pequenos hotéis embora residisse em Paris, enquanto outros conterrâneos e parceiros de arte se estabeleceram bem na profissão e nos encantos da cidade. Tudo o que tinha cabia em uma pequena mala; e assim foi até o fim.

Victor Garcia sempre atuou nos limites da arte e de sua vida pessoal. Desprezou o palco italiano, que definiu como "caixa negra onde a vida não pode existir". Pretendia fazer a representação ir além da realidade, do pensamento cartesiano. Buscava a fusão dos instantes metafísicos com a beleza mineral do diamante.

Esse itinerário estético está detalhado no posfácio do livro. Na primeira parte, o leitor é convidado a acompanhar uma pessoa que não separou arte da aventura e/ou desventura do existir. Há vários exemplos desse jeito de estar no mundo, uns escolhem a ruptura com o cotidiano e retornam intactos para contar o que fizeram, outros são tragados pelo abismo.

Seguir os traços de Victor até vê-lo nítido não foi um roteiro fácil. O trajeto começou em 1995, com um voo de São Paulo à capital da província argentina de Tucumán, San Miguel, a imponente cidade onde Victor nasceu e na qual vivem sua irmã mais nova, a médica Luz, seus tios, primos e amigos de infância e juventude. Tomados de surpresa e emocionados, parentes e companheiros fizeram uma volta no tempo, resgatando fatos sérios, brincadeiras, mostrando os locais em que Victor fez teatro, estudou, enfim, viveu da infância aos vinte e poucos anos, o que incluiu uma visita à fazenda da família com um almoço entre o alegre e o nostálgico, lembranças, jarras de vinho e boa carne. Por instantes, o Victor falecido já havia 13 anos voltou a estar entre eles. Em seguida, uma entrevista em Buenos Aires com a arquiteta Juana, a irmã mais velha, depositária de documentos, jornais e demais indicações sobre o irmão que abrigou em sua casa e orientou no seu começo de carreira. Novamente um encontro emocional, seguido de outros no mesmo tom com conterrâneos.

Esse material-base começou a delinear o perfil do Victor anterior àquele que conhecemos em São Paulo a partir de 1968, quando da sua primeira encenação brasileira. A última estada aqui foi em 1974, data da passagem no Teatro Municipal do espetáculo *Yerma*, de Lorca, pela companhia espanhola da atriz Nuria Espert, e dos ensaios iniciais de *Autos sacramentais*, de Pedro Calderón de la Barca. A partir daí, começou a procura mais longa pela Europa e pelo Oriente Médio e, passo a passo, o estabelecimento da sequência cronológica de sua vida e obra de diretor profissional de prestígio. Primeiro, a Paris das primeiras conquistas de peso, exaltação do talento, e a morada final, no cemitério do Père-Lachaise.

Na França, contou-se com os dados técnicos e artísticos registrados em alguns volumes *Les voies de la création théâtrale*, série de livros do Centro Nacional de Pesquisa Científica (CNRS na sigla em francês). Mas o homem Victor, com lampejos inventivos e contradições, foi revelado por apoiadores e parceiros – os que conseguiram sem barreiras estar perto dele. Na primeira categoria, destaca-se André-Louis Périnetti, intelectual do teatro com o honroso dado biográfico de ter sido o primeiro a apostar profissionalmente em Victor. Papel semelhante foi desempenhado, em outro período, pela professora e pesquisadora Michelle Kokosowski. Ambos cederam espaços, fizeram contatos e conseguiram recursos oficiais para as realizações dele. Viabilizaram audácias que contrariavam o rigor da burocracia, a rotina dos técnicos e que nem sempre eram economicamente seguras, ao contrário. Companheiros de idêntico valor foram igualmente o cenógrafo Michel Launay e o ator e amigo de confiança Vincent Lo Monaco, que fez o que pôde para ampará-lo nos dias finais. Pessoas que "adivinhavam" Victor e estabeleceram verdadeiros duetos com ele.

Com Périnetti, foi acertada longa entrevista na sede da Unesco, onde ele desempenhava o cargo de secretário-geral do Instituto Internacional do Teatro. Um cidadão fino, com gestos e palavras pausadas, conhecedor da América Latina, um diplomata na agitação dos teatros. Breve pânico pelo trabalho perdido por um defeito do gravador, mas imediatamente resgatado graças a anotações paralelas e ao belo texto de Périnetti sobre quando Victor morreu.

Outra agradável surpresa foi o encontro com Launay, bretão sorridente e caloroso. Conversa plena de lembranças, que começou, meio tímida, no *lobby* do hotel e terminou, a convite dele, com um vinho no Bar des Arts, no coração do Quartier Latin. Temperamentos diferentes complementados nesse quadro por Michelle, mulher imperativa nas decisões, mas autora de um relato pungente sobre seu amigo e que, em uma manhã fria e úmida, nos mostrou sua sepultura.

Havia certa névoa e frio na Espanha sempre associada ao sol durante o encontro com Nuria Espert em um condomínio nos arredores de Madri. Entrevista pontuada de silêncios e lágrimas contidas, enquanto essa dama do teatro recuperava um passado de brilho e problemas com seu diretor. Palavras às quais o ensaísta e crítico José Monleón faria eco em sua casa e redação, onde, entre paredes repletas de livros, numa desordem acolhedora, produz há décadas a revista *Primer Acto*, lançada em 1957. O que em Nuria é emoção à flor da pele nele é jornalismo histórico sem perda de afeto.

Os próximos passos foram em Londres, ao encontro do extrovertido David Hersey, empresário bem-sucedido no ramo, proprietário da DHA Lighting Ltda., responsável pela iluminação de dezenas de espetáculos de sucesso do teatro londrino. Um recuo de mais de 25 anos em busca daquele Victor que pediu a um Hersey novato efeitos desafiadores na montagem inglesa de *O arquiteto e o imperador da Assíria*, de Fernando Arrabal, e em seguida no Festival de Shiraz, no Irã, com *Autos sacramentais*, de Calderón de la Barca. Em seguida, foi preciso atravessar o mar, agora para encontrar os portugueses, ex-estudantes de Coimbra, que viveram dias de deslumbramento cênico com Victor na velha cidade e no secular adro do mosteiro de Alcobaça. Hoje são quase todos profissionais liberais e apenas um é homem de teatro, Ricardo Pais. Felizes pela oportunidade de uma volta à mocidade acadêmica, quando, guiados pelo diretor, conseguiram a parábola dos opostos – vanguarda cênica com textos medievais. E de novo ir mais longe: Tel Aviv, Israel, onde Victor Garcia mostrou uma *Yerma* feita só de luz e figurinos negros a uma plateia acostumada aos adornos folclóricos espanhóis.

A parte brasileira da pesquisa foi naturalmente mais fácil. Está na memória pessoal do autor, que assistiu a *Cemitério de automóveis*, de Fernando Arrabal, e a *O balcão*, de Jean Genet, espetáculos paulistanos de Victor – e conheceu o diretor, com quem se reencontraria brevemente em Paris. O trabalho local foi igualmente facilitado pelo acesso direto aos principais intérpretes de montagens brasileiras, reunidos na Jornada Victor Garcia, em 1995. O evento consistiu em uma grande exposição fotográfica no SESC Pompeia de todas as suas encenações e uma noite de depoimentos no Memorial da América Latina. Uma ocasião em que emoção, saudade e gratidão correram soltas, um ator complementando a opinião do outro, alguém trazendo uma novidade, uma vivência específica, o que permitiu compor um quadro da época e dos sentimentos que moveram essa gente de renome do palco, alguns hoje já falecidos. Alegria e uma espécie de obrigação de falar de Victor fizeram com que o ator Stênio Garcia, ocupado com suas atividades no Rio de Janeiro, tomasse o avião em uma ida e volta apenas para estar com os companheiros naquela noite. Quis o acaso que esse ato fosse testemunhado por Jorge Lavelli, outro encenador argentino que venceu na França e estava em São Paulo para o Festival Internacional de Teatro, que a infatigável Ruth Escobar criou e manteve por anos. Diferente de Victor, do temperamento à estética, Lavelli mostrou-se sensibilizado pela força que algo tão efêmero como o teatro pode demonstrar em dados momentos e cumprimentou todos os artistas brasileiros pelo respeito demonstrado. Respeito que, de certa maneira, era dirigido a ele, Lavelli, por sua carreira e, em especial, por sua linda encenação de *A gaivota* (1974) para a Companhia Tereza Rachel, do Rio de Janeiro.

Para resumir e abrir este livro, o autor acredita não ter se deixado levar pelo lugar-comum da loucura criativa ou do encanto do marginal. Exatamente por recusar a propalada imagem do "artista maldito" criada pelo romantismo e pela imprensa apressada, ele se vê perplexo diante desse mistério humano. E se propõe a contá-lo com o maior número possível de ângulos, olhares, críticas e declarações – aos quais se destina a segunda parte, o *Caderno de testemunhos*. Quem não falou ao vivo foi encontrado por telefone (a atriz israelense Yona Elian) ou se manifestou indiretamente. Em meio a documentos recebidos por fax ou xerox pouco nítidos, nem sempre foi possível conseguir a data exata ou o número da página de determinado livro ou jornal. O emocionante é que ninguém se esquivou ou julgou o assunto ultrapassado.

O que se pretende, pois, é mostrar como um artista deslocado na vida conseguiu enriquecer vidas alheias e o teatro de maneira tão profunda e inesquecível.

Parte I

DOS ANDES A PARIS

Os dias argentinos

> *Soy de una tierra hermosa*
> *De América del Sur*
> *en mezcla gaucha de índio con español.*
>
> MILONGA DEL TROVADOR, DE HORÁCIO FERRER

O nome de Victor Garcia saiu do círculo familiar e dos amigos em sua primeira visita ao Brasil, em 1960. O *Correio da Manhã*, do Rio de Janeiro, um dos mais importantes jornais do país na época, na edição de 3 de fevereiro trouxe uma nota com o título "Objetivos do Mimo Teatro de Buenos Aires" e duas fotos dos espetáculos *Pagar e não pagar*, de Lope de Rueda, e *O pequeno retábulo de dom Cristóbal*, de García Lorca. A matéria informava:

> Victor Garcia dirige o Mimo Teatro de Buenos Aires. Há um mês chegou ao Rio acompanhado de dois elementos de sua companhia que são Alexandre Lavière e José Luiz Olmedo[1]. Todos os três com menos de vinte anos. Tem ares de meninos grandes. Mas a idade e a aparência não diminuem sua vitalidade, seu entusiasmo, sua consciência artística quando discutem teatro. [...] Victor Garcia nos disse que o Mimo Teatro foi constituído e até hoje é mantido por um grupo de jovens por necessidade de beleza e investigação no campo da arte. [...] "Pertencemos à Federação Argentina

---

[1]. Diferentemente do que foi publicado, o nome é Luís Maria Olmedo. Olmedo se fixou por algum tempo no Rio de Janeiro, onde se tornou uma figura conhecida da zona sul. Tinha o curioso apelido de Cachorro, ou Cachorrito, que assumia. Entre 1965 e 1966, dirigiu os espetáculos infantojuvenis *Pinóquio* e *A guerra dos lanches*, no tradicional Colégio Andrews. Entre os atores, estava o adolescente e futuro escritor Paulo Coelho, o que está registrado em sua biografia *O mago*, de Fernando Morais (São Paulo: Planeta, 2008, pp. 149 e 157). Em seguida, Olmedo foi para a França e se integrou ao grupo Le Grand Magic Circus, de Jérôme Savary. Radicou-se a seguir na Itália onde, em 1975, participou do filme *Claro*, de Glauber Rocha, realizado em Roma. Atualmente, como escreveu ao autor em *e-mail* de agosto de 2010, "vivo no campo, faço vinho e azeite e escuto música brasileira".

de Teatros Independentes. A preparação do ator começa com a educação corporal baseada em exercícios de improvisação de ritmo e tempo [...]. Nosso trabalho é romper o espaço com uma sucessão de imagens resultantes das forças possíveis de um drama e trabalhar com um núcleo essencial".

Apesar da aparência juvenil, Victor Pedro Garcia tinha 25 anos e planos de deixar seu país. Nascido em 16 de dezembro de 1934, em San Miguel, Tucumán, norte da Argentina, era um estudante de medicina dividido entre a faculdade e as artes.

O Mimo Teatro nasceu quando Victor se alternava entre o curso de interpretação de Marcelo Lavalle no Instituto de Arte Moderna de Buenos Aires e a Faculdade de Medicina. Ele respeitava Lavalle, ator e diretor de renome nos anos 1950, mas já tinha outra concepção de teatro com base nas marionetes e na mímica de Marcel Marceau, que estudava e tentava praticar. Os amigos sempre lembram sua facilidade gestual e capacidade de imitação. "Simulava comer um frango e se via até quando chupava os ossos", lembra a irmã Juana.

Foi com essa bagagem incipiente e audaciosa que Victor desenhou um arlequim estilizado como logomarca, assinou e datou: Victor Garcia, 1959. Estava criado o Mimo Teatro.

***

Um ano mais novo, Arturo Álvarez Sosa foi amigo de juventude de Victor Garcia. Ficaram separados até um reencontro emocionante em Paris. Durante anos como secretário de redação de *La Gaceta*, o maior jornal da província de Tucumán, Arturo é tratado como "Arturito" por contemporâneos e colegas de redação. Jornalista e poeta, ele vê semelhanças entre a cidade de Granada, de García Lorca, e a de San Miguel. Paralelismo em termos de natureza, perfumes e cores. O nome de Tucumán é derivado de Tucma, chefe indígena local, e foi adotado, em 1543, pelos espanhóis, que trouxeram a laranjeira para essas planícies que terminam nos Andes. Os laranjais expandiram-se a ponto de arborizar as ruas da cidade, como no sul da Espanha. A magia se estabelece quando florescem simultaneamente aos *lapachos*, árvores parecidas com a acácia, que se cobrem de cachos de flores rosa, brancas ou amarelas. O ar fica perfumado ao entardecer. Essa é a cidade essencial de Victor Garcia.

Com uma superfície de 22.524 km² (um pouco maior que o estado de Sergipe), Tucumán está na latitude do estado de Santa Catarina. A capital, San Miguel, fica a 1.311 km de Buenos Aires. Na planície, o clima subtropical explica a presença da cana-de-açúcar, enquanto, na parte dos Andes, a serra de Aconquija tem altitudes superiores a quatro mil metros. San Miguel conserva uma arquitetura de inspiração francesa e espanhola. Rebuscados ornamentos *art nouveau* são vizinhos de janelas e balcões hispânicos com grades ou sacadas de ferro. O aspecto geral traduz, em resumo, a urbanização colonial espanhola, em particular na praça da Independência. Os hábitos locais são marcadamente sul-americanos, diferentemente de Buenos Aires, formada com múltiplos fluxos migratórios. Mas, se San Miguel é a província, o termo não indica bucolismo rotineiro em uma capital onde a independência do país foi proclamada no dia 9 de julho de 1816 no casarão de paredes brancas, ainda preservado, que hoje é um museu. Seu histórico político inclui guerras contra os espanhóis e as violentas lutas internas no processo de unificação do país. A cidade é a terra natal dos presidentes Julio Roca e Nicolás Avellaneda e foi berço da guerrilha montonera, que abalou o país nas décadas de 1960 e 1970.

Do ponto de vista artístico e intelectual, há uma brilhante geração que viveu a efervescência cultural da cidade antes de ganhar o mundo. Essa agitação decorreu no período histórico nacional profundamente marcado pelo governo de Juan Domingo Perón (1946-1955). Líder de um vasto movimento político, Perón foi visto simultaneamente como reformista e autoritário. Derrubado finalmente, manteve a fidelidade de seus seguidores em seu longo exílio até voltar brevemente ao poder entre 1973 e 1974, quando faleceu. O peronismo afetou direta ou indiretamente o tempo juvenil de Victor e seus contemporâneos, como o pianista Miguel Ángel Estrella, a cantora Mercedes Sosa, o arquiteto César Pelli, que projetou as Torres Petronas, na Malásia, e prédios em Nova York, os jornalistas e escritores Tomás Eloy Martínez (autor de obras fundamentais sobre o peronismo), Juan José Hernández, Arturo Álvarez Sosa e Elvira Orphée, o diretor e professor de teatro Raúl Serrano, o dramaturgo Julio Ardiles Gray.

A partir da década de 1940, a universidade atraiu personalidades argentinas e estrangeiras. Nesse ambiente aberto, Tucumán tornou-se um centro de renovação artística. No Departamento de Arte, estavam os pintores e gravadores Lino Spilimbergo (1896-1964), atraído pela pintura mural,

Ramón Gómez Cornet (1898-1964), que se destaca por temas populares com acento indianista, e o artista gráfico austríaco Eugênio Hirsch (1923--2001), que se interessou pelas propostas do jovem Victor Garcia. Hirsch, quando se mudou para o Brasil, renovou a arte de criar capas de livros, sobretudo na editora Civilização Brasileira.

***

"Victor era muy creativo, muy mentiroso, muy imaginativo". Há uma sonoridade agradável no espanhol cadenciado e afetuoso de Juana Garcia ao relembrar a infância e adolescência do irmão em San Miguel de Tucumán. Victor usaria esse poder de fabulação nos momentos de bom humor ou para tergiversar em entrevistas que não lhe interessavam. Fantasias que dariam origem a equívocos biográficos e pistas falsas sobre um recanto da Argentina onde ele descobriu o teatro em uma casa de fazenda, rodeado de irmãs, tias e primos. O número de tias e de irmãs se soma ou se inverte ao longo do tempo em entrevistas e currículos para a imprensa. Victor é o quarto dos cinco filhos de Fermín Pedro Garcia (1904-1963) e Severina Pata de Garcia (1904-2000), espanhóis de pequenas cidades da região de Salamanca que ostentam nomes sonoros: Cespedosa de Tormes (ele) e Hinojosa de Duero (ela). Quando Victor nasceu, em 1934, o casal já tinha as filhas Juana (1927), Mercedes Severina (1928) e Maria Antonia (1932). A caçula, Luz, é de 1939. Fermín era proprietário da El Porvenir, casa de conservas finas, presuntos, queijos, doces e cafés. Fotos antigas mostram um estabelecimento com bonitos potes de vidro no centro comercial de San Miguel. Perto dali estava a Sociedade Espanhola de Socorros Mútuos e Beneficência, entidade em que transcorriam os atos cívicos e as festas da comunidade. Nela se destacava o Centro Salmantino, orgulho da gente de Salamanca que mantinha viva a tradição das zarzuelas, as conhecidas operetas espanholas. Uma tia, Antonia Garcia de Peral, foi a primeira atriz na vida de Victor. Ela e o marido, Peral Hernández, dono do El Bom Bar, estão no programa do Salmantino dedicado à zarzuela *Alma charra*, de Ramón Serrano. Victor figura na lista de coadjuvantes como o "terceiro rapaz".

José e Manuela Pata, avós de Victor, eram os proprietários da fazenda San Martín, em Rosario de la Frontera, cidade próxima a Tucumán, mas na província de Salta. Com a morte do patriarca, surgiu um problema porque o casal teve apenas filhas, seis mulheres pouco afeitas à agricultura, que seguiram outras vidas. Uma delas, Severina, casou-se com Fermín Garcia, o pai de Victor. As famílias delegaram a Fermín, que havia vendido sua mercearia, a administração da fazenda. Foi quando se desfez a casa da primeira infância de Victor, na avenida Saenz Peña, 167, diante da estrada de ferro que seguia para a Bolívia. Enquanto fazia o colegial, ele ficou com tios maternos, os Pata, que tinham uma loja de roupas. Só ia a Rosario de la Frontera durante as férias.

Desse período, Victor diria mais tarde: "Meu pai era chamado de 'o leão'. Quando chegava em casa, até os cachorros se escondiam entre as árvores. Eu já tinha idade para ir à colheita, mas fui para Tucumán estudar. Às vezes penso no que teria acontecido comigo se tivesse ido cortar cana"[2].

***

Juana diverte-se ao recordar a ação "teatrista" de Victor na fazenda. Os primos rendiam-se ao seu "poder de convocatória" e integravam as representações de autos sacramentais, zarzuelas e mímicas. Victor imitava parentes e inventava personagens como "o francês".

Além dos bons professores da universidade, San Miguel reunia intelectuais com preocupações estéticas e políticas. Um deles, o dramaturgo Julio Ardiles Gray, ajudou a criar em 1950 o centro artístico El Cardón (nome de um tipo de cacto). Raúl Serrano, primo de Victor, relembra a Tucumán dos anos 1946 e 1947, quando se vivia "naquela calma muito provinciana, clerical e conservadora, ao lado de um proletariado peronista. Mas o clima cultural era fantástico". Victor foi um dos fundadores da Federação Tucumana de Teatros Independentes, reunião de 16 grupos, dos quais três tinham sala permanente.

Um pouco antes do El Cardón, surgira o grupo Teatrote, nome provocativo ao Teatro de Arte, orientado por católicos conservadores. O Teatrote se propunha a ser uma esquerda cultural e divulgava novos autores e o folclore. Apresentava-se em cidades vizinhas, povoados e escolas rurais, levando teatro e também música regional e de concerto com Miguel Ángel Estrella, o pianista que faria carreira internacional. Vários desses amadores, aliás, seriam profissionais em Buenos Aires. Um dos textos-chave das excur-

---

2. *Revista Somos*, Buenos Aires, 28 dez. 1979, pp. 64-65.

sões era *A alma de madeira*, de Raúl Serrano, dramatização da lenda segundo a qual a alma das pessoas pode se incorporar a uma árvore. A vida passa a depender dessa planta vigiada por uma curandeira.

Cabia a Victor o papel de narrador, mas, em uma apresentação, ele trocou as partes e abriu o espetáculo com o monólogo do encerramento. Seguiu até o fim, obrigando o elenco a improvisar para dar coerência à ação.

Um incidente político acabou com o Teatrote, que tinha professores, funcionários públicos e profissionais liberais entre os associados. O administrador da companhia foi preso em pichações antiperonistas, e a polícia achou com ele a lista dos sócios. Não houve maiores consequências, mas, por precaução, o Teatrote se dispersou.

Os artistas voltariam a aparecer na praça da Independência, onde estão o palácio do governo, a catedral e o Jockey Club, edifício *art nouveau* símbolo de certa elite tucumana. O térreo era ocupado pelo Café Cardón, ponto de encontro dos fazendeiros e criadores de cavalos de raça. No porão, com entrada independente, funcionava a Peña, instituição típica da América hispânica, local onde se executam músicas regionais e folclóricas. Ali nasceu o Teatro Estável da Peña El Cardón. O espaço sem uso estava atulhado de velharias, e os veteranos daqueles dias falam de Victor Garcia, então aos 16, 17 anos, de pá e balde na mão, a remover o lixo e a carregar madeiras para o estrado do futuro teatrinho de oitenta lugares, segundo Julio Ardiles – ou sessenta, para Raúl Serrano. *A alma de madeira* voltaria à cena no El Cardón junto com *Pagar e não pagar*, de Lope de Rueda, e *O semeador*, de Rodolfo González Pacheco.

★★★

Os depoimentos sobre essa época coincidem na descrição de Victor como um rapaz sem vocação artística especial. Para Julio Ardiles Gray, "não era um homem estranho nas atitudes ou no comportamento". Para o primo Raúl, "era mais um" na equipe. O escritor Juan José Hernández via-o como um *ocuchita* (ratinho, na língua indígena quíchua). Para Davi Massuh, a convivência juvenil entre os dois não teve transcendência, embora se dessem bem. Arturo Álvarez Sosa diz que não viu nenhum poder criativo, mas detectou a emotividade do amigo. Viam-se diariamente, falavam de literatura, da descoberta de Sartre, Camus e Faulkner.

Na típica atração dos opostos, a personalidade de Victor chamou mais a atenção do estrangeiro Eugênio Hirsch, professor de artes gráficas da universidade e ilustrador de *La Gaceta*. De um lado, um estudante argentino; do outro, um homem dez anos mais velho e com uma história internacional. Nascido em Viena, em 1923, sua família veio para a Argentina em 1939, pouco antes da Segunda Guerra. Eugênio Hirsch se dizia ex-aluno do grande pintor Oskar Kokoschka. Morava em um casarão no bairro de Yerba Buena, onde mantinha um estilo de vida insólito, visível em hábitos como criar um filhote de onça no quintal ou ter, publicamente, amores diversos. Sua casa vivia cheia de gente pintando, escrevendo e ensaiando teatro. Brilhante e dispersivo, mudou-se para Buenos Aires, onde conheceu a arquiteta Pomona Sforza. O casal acolheria Victor Garcia no Rio de Janeiro, no início dos anos 1960, e Pomona foi determinante no início de carreira do diretor teatral.

***

Se nesse enredo de província Victor foi secundário no teatro, na faculdade de medicina ele se mostrou outro, expansivo. É a lembrança de Bernardo Alonso, amigo desde quando Victor tinha 12 anos. Mesmo que a vida os tenha separado, a cumplicidade desafiou o tempo. Bernardo, um entusiasta da medicina social, exerceria depois a pediatria em um hospital público de San Miguel, onde se dedica a casos delicados de recém-nascidos. Um homem reservado, mas que se emociona ao falar do companheiro enquanto serve o bom vinho, rodeado de filhos e netos em uma casa ajardinada no mesmo bairro de Yerba Buena.

Bernardo é de Lastenia, cidade vizinha a San Miguel, e foi à capital de Tucumán para o curso secundário no Colégio Nacional. Ele e Victor seguiram juntos até a Faculdade de Medicina, onde Garcia se fez notar desenhando os aventais dos colegas e os sonhos que Bernardo lhe contava. Se tinha conflitos íntimos, estes não afetavam o seu aparente bom humor. Quando o professor de física pediu aos alunos uma imagem para o átomo na matéria, Victor respondeu: "É um mosquito em uma catedral". Com a mesma espontaneidade, conquistou o pai de Bernardo; ao amigo, parecia que essa relação compensava a pouca proximidade de Victor com seu próprio pai, Fermín.

A amizade incluía as típicas transgressões acadêmicas, como o roubo de um esqueleto para estudos de anatomia. A primeira tentativa, no cemitério de San Miguel, fracassou porque a ossada velha se desfazia em pó. Bernardo propôs nova tentativa em sua cidade. Chegaram a Lastenia na hora da *siesta* de verão. Subornaram o vigia, esvaziaram uma tumba arruinada com o caixão à vista. Remontado o esqueleto, Victor pintou com tinta vermelha as veias e os nervos, e o apelidou de Clotilde. Gerações de médicos tucumanos estudaram as formas de Clotilde.

A realidade mais dura da medicina manifestou-se no sanatório psiquiátrico, com os pacientes submetidos a choques de insulina. Victor diria posteriormente que observar o delírio dos pacientes fora útil ao seu teatro.

Nas horas vagas, teve uma fugaz passagem pela rádio local como apresentador de um programa cultural em que podia anunciar músicas e ler poesias, desde que não fossem do comunista Pablo Neruda. Victor insistiu em Neruda e saiu do ar – gesto mais de afirmação artística do que de posição ideológica. Não era do seu temperamento o engajamento partidário. Segundo Bernardo, ele frequentou algumas reuniões de anarquistas e teria momentaneamente se afirmado peronista. Na verdade, só fez essa declaração exatamente quando ajudava Bernardo a rasgar cartazes de exaltação ao governo do general Juan Domingo Péron. Foram detidos, e Victor tentou tranquilizar o amigo dizendo-se membro da Juventude Peronista. Depois de algumas horas de "xadrez", o assunto deu em nada, e o "peronismo" foi esquecido.

Victor estava, na verdade, comprometido com o teatro. Quando a companhia de Jean-Louis Barrault passou por Tucumán no final dos anos 1950, os dois amigos foram assistir no Teatro San Martín, esgueirando-se das poltronas mais baratas e distantes até a plateia. Uma década mais tarde, Barrault o receberia em Paris.

Essa amizade resistiu à diferença de caminhos. Em 1969, tiveram um reencontro pleno de afeto durante a última visita de Victor Garcia a San Miguel de Tucumán.

★★★

Para Juana Garcia, o irmão foi concluir os estudos em Buenos Aires porque se sentia coagido pela pressão familiar: "Meu pai tinha uma personalidade muito forte. Victor veio para o quinto ano da faculdade, 1957, início de 1958, mas não era sua vocação íntima". Quando tentou convencê-lo da necessidade de um diploma, ouviu um Victor proclamando: "Juana, o teatro ou a morte", o que, apesar do exagero, até hoje a emociona.

Por intermédio da irmã, Victor aprendeu elementos gerais da arquitetura, a começar pela ampliação das escalas dos projetos. Quando chegou ao palco, o que parecia intuição baseava-se nos princípios arquitetônicos do alemão Walter Gropius, da Bauhaus, escola definidora de novos horizontes para a arquitetura, o *design* e a arte moderna. Dessa fase, Juana guarda um quadro a óleo pintado por ele, uma paisagem de casas.

Enquanto frequentava o curso de Lavalle, no Instituto de Arte Moderna de Buenos Aires, na rua Florida, Victor figurou em *O chapéu de palha da Itália*, de Labiche. O nome não constou do programa, diluído na rubrica "convidados, membros do cortejo e policiais". Em compensação, dirigiu uma montagem de *O pequeno retábulo de dom Cristóbal*, de García Lorca, em que o elenco representava com o gestual de marionetes. Nessa encenação, apareceram os primeiros sinais do artista voltado para a ocupação total do espaço cênico e o uso de materiais rústicos com intenção simbólica. A estreia se deu no Festival de Solidariedade Republicana em benefício dos mutilados da Guerra Civil Espanhola. O convite dizia:

> A Comissão Organizadora apresenta os atores do Instituto de Arte Moderna. Programa: *Pagar e não pagar*, farsa de Lope de Rueda, por Victor Garcia, Jorge Lima, Carlos Saravia. *Pedido de casamento*, de A. Tchecov, com Edith Gueron, Hector Sanchez e Nestor Castelnuovo. *O pequeno retábulo de dom Cristóbal*, de García Lorca, por Victor Garcia, Vilma Larese, Nancy Tuñón, Jorge Lima e Jorge Grazo.

Seguia-se uma parte de variedades com cantos espanhóis, italianos e "melodias americanas e internacionais". Para encerrar, o "baile familiar". Nessa noite de 1º de novembro de 1958, o lado espanhol de Victor Garcia foi político em apoio aos antifranquistas exilados na América Latina.

Nas horas livres, o futuro do grupo era discutido no bar O Coto Grande, da rua Viamonte – em uma roda formada por ele, o ator e autor Elio Eramy, o guitarrista Ángel Osvaldo d'Onofrio, a atriz Nancy Tuñón, a irmã Juana e outros. Dessas conversas, surgiu a criação do Mimo Teatro com *O malefício da mariposa*, de Lorca. O manifesto fundador da companhia coube em quatro folhas manuscritas e sem data:

> Constituiu o Mimo Teatro um grupo de jovens por uma necessidade de beleza e investigação no campo da arte. Pertencemos à Federação Argentina de Teatro Independente e fazemos teatro-escola.
> A preparação do ator começa com a educação corporal baseada em exercícios de improvisação, de ritmo e de tempo. Conhecendo, dominando seu corpo, os atores passam por um processo de desumanização e perda da individualidade em grupo, disciplinando assim a intuição criadora e entregando-se à unidade de ação.
> Tentar uma nova visão estética teatral requer novos estudos. Nossa forma teatral se manifesta ao fundir a mímica e o texto quase querendo um equilíbrio harmônico no centro da cena dramática. [...] Romper o espaço com uma sucessão de imagens resultantes das forças possíveis de um drama e trabalhando com um trecho essencial é a base que me proponho ao iniciar a elaboração de uma montagem.

★★★

Parte desse repertório não se concretizou (*Ubu* seria sua primeira montagem de um texto francês, mais tarde, em Paris). O manifesto expressa intenções estéticas embrionárias, mas, para Juana, *O malefício da mariposa* irrompeu como "um grande espetáculo".

O Mimo fez rápidas temporadas nos teatros Itati e Carpa Belgrano (que cedeu espaço para *Malefício* e *Retábulo* em duas segundas-feiras – 21 e 28 de setembro de 1959). Por fim, foram para o Ateneo em um programa duplo com outro grupo, denominado Balé de Buenos Aires (uma parte consistia em uma adaptação para dança da ópera *La traviata*). Essa parceria resultou no convite para uma excursão. O programa de Buenos Aires indicava que "a empresa do Teatro Ateneo tem o prazer em anunciar que este destacado elenco terá a seu cargo a inauguração da temporada do Teatro Jardim de Mar del Plata".

No balneário argentino encenaram as mesmas peças. Voltaram a Buenos Aires com muitos planos. A Argentina estava em tese redemocratizada depois da ditadura militar (1955-1958) que se seguiu à derrubada de Juan

Domingo Perón, mas o clima era tenso e incerto, como a queda do presidente Arturo Frondizi (1958-1962) iria demonstrar. Uma traumática detenção do grupo pela polícia, sem nenhum motivo plausível, narrado a seguir por Nancy Tuñón, deu fim ao Mimo, e Victor partiu definitivamente. A escolha primeira e imediata foi o Brasil, onde desembarcou em 29 de março de 1961. Victor agiu com rapidez. Recebeu o passaporte nº 5458593 em 22 de março e, no mesmo dia, obteve o visto temporário nº 5738, de noventa dias, expedido pelo consulado brasileiro em Buenos Aires em 22 de março de 1961. O pedido de permanência foi aceito em 28 de junho[3] do mesmo ano.

---

3. Fonte: Arquivo Nacional do Brasil (Casa Civil da Presidência da República). Prontuário integrante do acervo do Serviço de Polícia Marítima, Aérea e de Fronteiras-RJ "em nome do estrangeiro e respectivo número de registro Victor Pedro Garcia – RE 640.235".

Despedida no Café La Paz: Nancy Tuñón

Nancy Tuñón nasceu em Buenos Aires e trabalhou com Victor Garcia no início da carreira de ambos. Foi atriz por vinte anos na Argentina e desde 1976 forma atores no seu Estúdio Nancy Tuñón, em Barcelona, Espanha. Participou da formação do elenco do filme *Casting: El camino del éxito* (2007), de Gonzalo Cabrera.

Essa morena bem-humorada de traços pequenos acompanhou, em 1996, a homenagem a Victor Garcia durante o Festival Iberoamericano de Cádiz, uma linda cidade da Andaluzia. Durante uma conversa com o autor e a jornalista argentina Gabriela Borgna, relembrou seu amigo Victor das primeiras aventuras artísticas portenhas até seu estranho desfecho. Dias depois, Nancy enviou um longo depoimento por escrito, que Gabriela transmitiu ao autor:

Victor e eu éramos alunos do Instituto de Arte Moderna, e, no segundo ano, ele me propôs a personagem Dona Rosita no *Pequeno retábulo de dom Cristóbal*. Ele faria Cristóbal e dirigiria a obra. Aceitei encantada, como os demais alunos que chamou, porque gostamos muito da ideia, e nos pusemos a trabalhar. Representávamos marionetes, e isso nos tomou muito tempo de ensaio. Era difícil nos mover e falar como bonecos, mas conseguimos. Montamos a cenografia, fizemos os figurinos e a maquiagem, tudo com a supervisão dele, e estreamos. A apresentação foi um êxito total, surpreendeu e agradou muitíssimo não só à gente do IAM como também aos convidados.

Pouco depois, em novembro de 1958, estreei em *O chapéu de palha da Itália*, de Eugène Labiche, dirigida por Marcelo Lavalle. Meu personagem

Victor Garcia e Nancy Tuñón, no espetáculo *O pequeno retábulo de dom Cristóbal*, de García Lorca, em Buenos Aires, em 1959.

era uma garota do cortejo da noiva e ia o tempo todo junto com o irmão fazendo brincadeiras e maldades. Poucas semanas antes da estreia, o ator que fazia meu irmão saiu, e chamaram o Victor. Foi nosso primeiro trabalho em conjunto nessa temporada. Paralelamente, Marcelo Lavalle montou *Assim que passem cinco anos*, de García Lorca, e Victor também estava no elenco.

Várias pessoas que haviam visto *O pequeno retábulo* propuseram a ele fazer novamente esse espetáculo e algo mais. O segundo escolhido foi *O malefício da mariposa*, que teve a produção de Elio Eramy. Estreamos no Teatro Itati, que depois foi ABC e ficava na rua Esmeralda. Foram várias sessões, talvez sete ou mais, e que não eram contínuas. Transportávamos os cenários da nossa sala de ensaios, um subsolo da rua Callao, até o teatro. Nós mesmos levávamos tudo andando pela avenida Corrientes. Depois fizemos o espetáculo na rua Belgrano, e, se não me engano, essas foram as últimas apresentações do *Maleficio*. Já com *O pequeno retábulo* seguimos muito tempo.

A Victor não interessava o teatro realista ou naturalista que se fazia naquele momento. Havia exceções, naturalmente, mas, em geral, todo teatro que soava a cotidiano, tudo o que necessitava de uma mesa ou de cadeiras o deixava indiferente. Uma cenografia com canos e torneiras por onde saía água, ou que se cozinhasse a comida em cena e o aroma da comida chegasse à plateia, isso simplesmente o horrorizava.

Parece-me impensável que alguém pudesse impor algo a ele. Victor podia aceitar sugestões, mas fazia aquilo que a imaginação lhe despertava, o que lhe permitia criar mundos mágicos. Já descrevi a dificuldade de representar como marionetes em *O pequeno retábulo*. Em *O malefício* foi pior porque não éramos bonecos, mas insetos. Havia insetos que se arrastavam, o que exigia um treino físico muito duro, e era difícil fazer as vozes que ele pedia. Quando chegaram os figurinos, foi terrível usar e se movimentar. Eu, fazendo a mariposa, tinha umas asas enormes e pesadas, todas feitas com arame, que causavam um efeito bonito – o que não se nota nas fotos – e que iam ajustadas ao meu dorso com uma espécie de corpete também de arame. As pontas dessas centenas de arames me cravavam nas costas, e, quando tiravam minha roupa, estava sempre manchada de sangue. Isso mais o fato de que em quase toda a peça eu estava deitada sobre uma pedra muito áspera, que machucava minhas pernas, fazia com que a mariposa moribunda da história fosse quase uma realidade.

Ainda na criação do personagem, Victor marcava tudo, movimentos, vozes, tons, gestos, e nós obedecíamos. Depois vinha o mais difícil, que era colocar nosso encanto, nosso frescor, nossa capacidade de criação para que toda essa marcação férrea, milimetrada e cronometrada fosse uma coisa viva. Às vezes conseguíamos, e o resultado era estupendo. Victor também desenhava os cenários e figurinos. Ele tinha muito claro o espaço onde iria se desenrolar a ação.

Houve críticas, não muitas, mas houve. Alguns de nós, atores, fomos bem tratados, mas a impressão que tenho agora, 35 anos depois, é a de que não nos tomaram a sério. Éramos uns jovens que faziam loucuras. Tínhamos seguidores, nossos admiradores, aplausos em cena aberta em *O pequeno retábulo*, mas não a repercussão que o grupo merecia.

Estivemos vinte dias em Mar del Plata. Fomos em dezembro de 1960 para esquentar a temporada e seguir todo o verão, mas não foi possível. Fazia um frio horrível, chovia todas as noites fora e dentro do recinto, e naturalmente não vinha muito público. Os poucos e heroicos espectadores, eu me lembro deles com guarda-chuva ali dentro, mudando de assento para não se molharem. Terminamos a temporada de uma maneira pouco ortodoxa, mas prática. Uma noite, depois da sessão, quando todos da empresa já tinham ido embora, e com a cumplicidade de um mágico que se apiedou de nós, recolhemos nosso vestuário e toda a cenografia e fomos para a rua. Não tínhamos onde dormir porque a casa onde nos alojaram estava fechada e ainda não havia sido pago o aluguel. Como não tínhamos outro lugar aonde ir, dormimos todos sentadinhos contra as paredes do pátio dessa casa, protegidos com nossos figurinos, entre bonecos e máscaras. Na manhã seguinte, com o dinheiro que alguém emprestou, regressamos de ônibus a Buenos Aires. Devo esclarecer que a razão dessa decisão foi que não nos pagavam, não tínhamos casa e não nos davam quase nada de comer... E tínhamos vinte anos.

Recordo as obras curtas feitas para apresentar com *O pequeno retábulo*. Uma delas era *Drama em tic-tac*, de Elio Eramy, e outra era a cena de Píramo e Tisbe de *Sonho de uma noite de verão*, de Shakespeare. Nenhum outro projeto chegou a bom termo. A sensação geral que tenho agora é de que havia só uma razão principal: a incerteza. Não tínhamos dinheiro sequer para pagar as salas de ensaio, não tínhamos apoio de nenhum tipo, não sabíamos onde iríamos estrear. Nessas condições era muito difícil trabalhar. Evidentemente não queríamos repetir experiências de Mar del Plata, que nos divertiam ao nos recordarmos, mas sabíamos que esse não era o caminho. Victor tinha claro que esse não era seu caminho.

Posso falar como terminou o último projeto de Victor na Argentina, que não foi anunciado em nenhum lugar porque Victor já havia realizado duas viagens ao Brasil e fazia tempo que não apresentava nada em Buenos Aires. A ideia era de três obras de teatro Nô adaptadas por Yukio Mishima. Tínhamos as coisas mais organizadas, quer dizer, primeiro estávamos conseguindo os meios e depois iríamos ensaiar *A mulher do leque*, que já estávamos decorando. A embaixada do Japão forneceu a cenografia (alguns móveis e biombos) e os figurinos. Um dia de verão, por volta das cinco da tarde, estávamos reunidos Jorge Lima, Victor e eu em um bar chamado O Coto Grande, na rua Viamonte, que era uma segunda casa para todos do Instituto de Arte Moderna. O motivo da reunião era concluir os detalhes para a entrevista na embaixada na manhã seguinte, às dez da manhã. Quando estávamos mais entusiasmados, entraram três homens enormes que nos rodearam e, ante o olhar impassível de todos os garçons e fregueses do bar, nos detiveram e, na rua, nos separaram. Colocaram-me em um carro, e Jorge e Victor em outro.

Depois de passar pela delegacia do bairro, nos transladaram por volta das 12 horas para o Departamento de Polícia da rua Moreno. Depois de muito pedir e chorar, nos permitiram chamar alguém para que cancelasse a entrevista na embaixada no dia seguinte. Vinte e quatro horas mais tarde eu saí, fui à minha casa, me banhei, me vesti e retornei ao Departamento para saber o que ocorria com eles. Responderam que Jorge seguramente sairia logo, mas que Victor, como era a terceira vez que parava na delegacia e já estava fichado, ficaria uns dias mais. A razão que me deram para essas contínuas detenções foi que ele não tinha um aspecto digno: usava cabelo comprido, usava brinco e camisa colorida. Ele estava vindo do Brasil. Enfim, eles o consideravam um sujeito perigoso. Não pude visitá-lo. Assim terminou o último projeto de Victor Garcia em Buenos Aires. Quando o soltaram, viajou para Tucumán para ver sua família e, sem falar nem ver absolutamente ninguém, foi embora para o Brasil e, depois, para a Europa.

Quando o reencontrei na estreia de *Yerma* em Buenos Aires, contou-me, entre divertido e aterrado, que, ao chegar ao Aeroporto de Ezeiza e abrir um jornal argentino, a primeira notícia que leu foi a nomeação para um alto cargo da polícia do mesmo senhor que o havia perseguido e encarcerado três vezes e que sua primeira reação foi voltar para a Europa[1].

Já respondi como era Victor como homem de teatro e me caberia agora falar de Victor como pessoa, e isso me é difícil por duas razões. Porque ele era uma pessoa muito complexa e porque eu era muito jovem e me custava entendê-lo. Mas a minha impressão nos meus vinte anos era mais ou menos esta: primeiro, era um grande provocador, constantemente dizia coisas que despertavam polêmica. Era muito adulto, com preocupações, com sensações, angústias de adulto. Às vezes me doía estar com ele porque me parecia um ser terrivelmente angustiado. Mas também podia ser terno e frágil, tremendamente frágil.

Lembro-me, por exemplo, de sua cara de incompreensão quando pedia um café com leite em um bar e abria um pacotinho com um sanduíche, e, ao

---

1. O alto funcionário que aterrorizou Victor era um conhecido agente policial nos dois governos de Perón. Trata-se de Luis Margaride, comissário-geral da Polícia Federal Argentina. Não era mesmo para Victor esquecer. Em entrevista à edição da revista *Opinión Cultural* de 14 de abril de 1974, foi-lhe perguntado: "Você partiu há 15 anos do seu país, que não o tratava bem. Como sente este retorno?". Victor respondeu: "Há sempre um pouco de ressentimento, mas daquela época. Apesar de eu ter ido com Margaride e voltar com Margaride, há mudanças realmente notáveis".

ver isso, o garçom não queria servi-lo. Ele não entendia por que um garçom podia servir-lhe um café com leite ainda que não comesse nada, mas não queria servi-lo se ele trouxesse a comida da sua casa. Também era curioso, muito curioso. Queria saber tudo e, sobretudo, tinha algo que me deslumbrava: a capacidade de viver apaixonadamente. Dava muito medo essa sua maneira de viver, e senti preocupação por ele.

Depois do Departamento de Polícia, não voltei a ver Victor até a estreia de *Yerma* em Buenos Aires, em 1974. Entre esses dois momentos, houve uma conversa por telefone. Ele estava em Tucumán visitando a família, e sua irmã Juana, que vive em Buenos Aires, chamou-me para dizer que ele voltaria à capital para tomar o avião e que eu ligasse para ele. Foi o que fiz e conversamos muito, com muito carinho. Propus um encontro com o pessoal do nosso grupo, mas ele não aceitou. Disse que a recordação daqueles anos lhe provocava muita ternura e muita dor e que o encontro conosco o desequilibraria, não estava em condições porque já tivera o bastante com o desequilíbrio provocado pelo encontro com a família dele e não quis nos ver. Ficamos um pouco desgostosos, mas tratamos de compreendê-lo.

Em compensação, quando estreou *Yerma*, alguns de nós fomos sem avisá-lo e invadimos seu camarim, e ele estava encantado. Nos dizia coisas bonitas, nos lisonjeava, nos olhava sem dizer nada, sorrindo, e todos ríamos com a nova situação. Cada vez que um "notável" do teatro o felicitava efusivamente, nos divertíamos muito fazendo comparações com épocas passadas. Mas, dias depois, eu me reuni com ele no Café La Paz – não restava nenhum outro bar dos nossos –, e esse encontro foi muito diferente, muito triste. Victor estava totalmente desencantado, pessimista, ferozmente autocrítico, teatralmente cansado, farto. Eu não podia entendê-lo. Disse-lhe que, agora sim, ele poderia fazer o que quisesse, mas Victor me dizia que agora já não lhe importava. Quando nos despedimos, me acariciou a face e disse: "Não fique triste, não vale a pena". Respondi: "Sim, vale", e ele: "Não, te garanto que não".

E nunca mais o vi[2].

---

2. Embora esta declaração pudesse integrar perfeitamente a segunda parte deste livro, *Caderno de testemunhos*, as palavras de Nancy Tuñón são fundamentais neste momento. Por meio da memória da atriz, pode-se reconstruir a passagem de Victor da Argentina para o mundo.

Brasil: Pomona Sforza

Pomona Sforza é uma pessoa determinante na vida de Victor Garcia. Durante anos, pouco se soube da mulher que o influenciou quando ele viveu no Brasil. Aparecia quase sempre em resumos biográficos nebulosos. Em uma entrevista ao jornal espanhol *ABC*, Victor disse:

> No Rio de Janeiro encontrei uma grande companheira, Pomona Sforza. Formada em arquitetura, fez dança com Martha Graham. Era desses seres que sabem onde se encontra a modernidade. Pomona me tirou a "tucumanada" ou "espanholada" do corpo, ou talvez as revelou mais em mim. No Brasil, fizemos o espetáculo de mimo-dança intitulado *A história do espermatozoide e do óvulo*. Ela me animou a saltar para Paris. Agora acabo de casá-la, pela sétima vez, em Saint-Germain-des-Prés. Deve encontrar-se no Caribe com o marido com um brinco na orelha.

Para este livro, Pomona foi procurada em vários lugares, sem sucesso. Como parte da sua história parecia invenção de Victor, a busca foi suspensa temporariamente. Em 1995, em São Paulo, na inauguração da *Mostra Victor Garcia*, com fotos de seus espetáculos em oito países, uma senhora imponente apresentou-se – "Boa noite, eu sou Pomona Sforza" – e caiu em lágrimas.

Era tudo verdade.

Descendente da secular família Sforza, de Milão, formou-se em arquitetura pela Universidade Carnegie Mellon, em Pittsburg, Estados Unidos, e estudou dança com Martha Graham. De volta à Argentina, casou-se com Jacques, francês especializado em organização empresarial, e mudaram-se para São Paulo, onde Pomona teve um filho e fez amizades intelectuais. Esse capítulo de sua vida teve uma reviravolta quando, em uma viagem a Buenos Aires, reencontrou Eugênio Hirsch, companheiro de boemias artísticas anteriores. O novo casal transferiu-se em 1955 para o Rio de Janeiro, onde ela estudou com Nina Verchinina, renomada bailarina e coreógrafa russa falecida em 1995. Pomona é categórica: "Quando conheci Victor, logo notei que havia algo de grande dentro dele". Ela lhe abriu as portas do Rio, a começar pela casa da aristocrata italiana Bianca Lovatelli. De repente, Victor estava ao lado de duas moças bonitas e bem relacionadas no meio intelectual carioca durante o governo de Juscelino Kubitschek (1956-1960), período cujo otimismo se refletia nas artes. As praias de Copacabana, Arpoador, Ipanema e Leblon formavam ainda o cenário paradisíaco da canção *O barquinho* ("Dia de luz, festa de sol/ E o barquinho a navegar/ No macio azul do mar"). Pomona e Bianca viviam na então longínqua Barra da Tijuca.

Passados mais de trinta anos, morando em uma vila do bairro de Laranjeiras, um Hirsch alquebrado e lacônico foi evasivo sobre o passado. No resumo biográfico feito para a amiga Regina Pereira, que tentou organizar uma retrospectiva da obra do artista gráfico, ele se apresentou como filho de uma nobre vienense e de um pai cigano e reiterou ter sido aluno de Kokoschka e ter lecionado em Tucumán entre 1950 e 1954. O restante, fatos e pessoas – Victor inclusive –, eram brumas. Faleceu em 2001. Sua vida e obra foram narradas pelo jornalista Ruy Castro em uma página do Caderno 2, do jornal *O Estado de S. Paulo*, no dia 29 de setembro de 2001.

Convencida de que a proeminência do corpo torna a dança previsível e monótona, Pomona idealizou exercícios de mímica e teatro para dançar "dentro de coisas". Com Victor, criou esferas de plástico e lona que deixavam somente os pés visíveis para o espetáculo *A história do espermatozoide e do óvulo*. Em dado momento, Victor desaparecia entre as pernas de Pomona, por uma abertura da roupa, como que devorado pelo sexo feminino. Chegaram a fazer outras apresentações para os amigos e profissionais de dança com dez pessoas dentro de invólucros de pano ou tubos plásticos. Mas nada disso fez Victor esquecer o seu *Pequeno retábulo de dom Cristóbal*. Em agosto de 1961, reuniu um elenco de brasileiros e remanescentes do Mimo e refez a peça no jardim de Bianca Lovatelli, tendo ao fundo a esplêndida vista da lagoa Rodrigo de Freitas e o Corcovado. Como plateia estava o elenco do Actors Studio, de Nova York, em excursão. A noite acabou em festa; ao amanhecer, um passeio pela baía de Guanabara no iate de Bianca. Ela se lembra muito bem do argentino desconhecido: "Parecia uma migalha de gente. Pequenininho, magrinho, nervosíssimo, mas cheio de riso. Um homem intenso e com uma capacidade imaginativa extraordinária".

De vez em quando Victor escapava das facilidades luxuosas e caía na noite carioca. No fundo, sentia-se em um impasse, como desabafou em carta à família que Juana guardou:

> Me revolvo na cama, pensando em problemas metafísicos e teatrais. Não poderei dormir em paz até que resolva se fico no Brasil ou não. Se estou aqui, é porque meus problemas de ordem prática, como dormir, vestir, passeios, enfim, viver bem, estão resolvidos. Ademais estou experimentando no plano pedagógico, e indiretamente tenho a certeza de que estou conhecendo todas as minhas possibilidades criativas [...]. Já não posso ficar, perder o tempo dedicando-me à aventura.

Embora Paris fosse um sonho de primeira juventude, ficar no Brasil parece ter sido uma possibilidade levada a sério. Ele solicitou visto permanente e conseguiu obter a Carteira Modelo 19 – na época, o documento de identidade dos estrangeiros que se fixavam no país. No verso do seu processo (nº 5074/61), Victor escreveu de próprio punho: "Recebi minha Carteira Modelo 19 em 9 de outubro de 1961", e assinou.

Ao mesmo tempo, teve o cuidado de se registrar no consulado da Argentina, no Rio de Janeiro. Informou residir à avenida Niemeyer, 550, e foi inscrito "como ciudadano argentino bajo el nº 109" em 1º de setembro de 1961[1].

Mas a aventura brasileira estava terminando. Primeiro foi o fim do casamento de Pomona e Eugênio. Ela foi para a Itália, trouxe calças de couro e montou uma confecção. Chegou a ter vinte costureiras e Victor como desenhista. Parte da produção ele mesmo acabava vendendo na feira de artesanato de Ipanema. Em imaginosa entrevista posterior, descreveu-se

---

[1]. Fonte: Arquivo Nacional do Brasil (Casa Civil da Presidência da República).

fugindo dos fregueses de roupas mal costuradas. Hirsch continuou na editora Civilização Brasileira e, de 1965 a 1969, dirigiu a coleção *O mundo dos museus*, da editora espanhola Codex.

No fim de festa, Pomona reuniu amigos e levantou o dinheiro da passagem de Victor Garcia para a Europa. Em 1962, ele tomou o navio para Barcelona.

França: Tucumano em Paris

> *Nasci em Tucumán, de família totalmente salmantina. O primeiro que nasceu nos Andes fui eu; e me criei de mancira castelhana por viver em uma cidadezinha: era uma fazenda com uma casa de 24 cômodos e um cacto no meio. Só muda o cacto nesta imagem do castelhano para o andino.*
>
> Victor Garcia

Da rápida passagem por Barcelona, o próprio Victor descreveu ao jornal *ABC*: "Andei dando voltas pelo Bairro Chinês, praticamente mendigando, porque acabei com minhas reservas. Fazendo auto-*stop*, cheguei a Paris"[1]. O Bairro Chinês (oficialmente El Raval) era uma zona de malandragem, hoje restaurada. Aparece em trechos de *Diário de um ladrão*, de Jean Genet, e nos romances policiais do barcelonês Manuel Vázquez Montalbán.

Na França, passou pelas clássicas dificuldades reservadas aos estrangeiros sem dinheiro e sem domínio da língua. Não tinha uma bolsa de estudos, caso dos compatriotas Julio Cortázar e Jorge Lavelli: o primeiro estava instalado na cidade desde 1951, inicialmente como bolsista e, em seguida, como tradutor profissional; o segundo era bolsista em 1960 e, posteriormente, profissional de teatro. Victor procurou hospedagem na Associação Cristã de Moços e alimentação nos restaurantes universitários. Desanimado, pediu repatriação, mas teve a sorte imensa de o serviço cultural do consulado argentino estar sob a responsabilidade do pintor Miguel Ocampo, casado com a escritora tucumana Elvira Orphée, que tinha quase a mesma idade de Victor (ela é de 1930). O casal o acolheu em sua própria casa.

Instalado no quartinho de empregada do apartamento, Victor animou-se a procurar a Universidade do Teatro das Nações. Ao mesmo tempo,

---

[1]. "Victor Garcia: Un director de vanguardia", Jornal *ABC*, Madri, 11 fev. de 1970.

conseguiu trabalhar com Pierre Schaeffer[2] no serviço de pesquisa musical da ORTF (L'Office de Radiodiffusion-Télévision Française).

Os cursos do Teatro das Nações, no Teatro Sarah Bernhardt, incluíam palestras e espetáculos. Os alunos eram divididos em grupos de criação. Cada um tinha seu próprio diretor e cenógrafo e deveria, no prazo de um mês, apresentar um espetáculo curto, acompanhado de um dossiê sobre o trabalho. Todo o processo seria avaliado por uma comissão.

Na Páscoa de 1963, Victor estava entre os 276 estagiários divididos, na medida do possível, em núcleos do mesmo idioma que deveriam, cada um, mostrar sua realização. Ao receber um elenco de fala espanhola, Victor retomou *O pequeno retábulo de dom Cristóbal*, agregando ao trabalho as francesas Dominique Salomon e Monique Monory, que descreve o clima de trabalho e convivência na equipe:

> Quando fui designada a fazer parte desse ateliê como cenógrafa, não sabia nada de Victor Garcia e nunca o havia visto. Já o arquiteto uruguaio Néstor de Arzadun, um dos responsáveis com André-Louis Périnetti pelo bom andamento do estágio precedente, nos era conhecido; Néstor foi por três anos o homem de confiança de Garcia e seu cenógrafo. Havia também Victoria Santa Cruz, coreógrafa e dançarina peruana que ainda se incumbiu dos figurinos nesse espetáculo e interpretou em *A rosa de papel* no ano seguinte. [...] Não me lembro de ter tido dificuldade em me comunicar com meus camaradas, apesar do seu francês muito aproximativo e do meu desconhecimento do espanhol. Em compensação, eu me lembro do meu espanto diante de um encenador que parecia tão jovem e que nos arrastava em seu turbilhão. A graça e a beleza dos seus gestos eram tocantes. Não fazia discursos teóricos, referências culturais precisas. Seu poder de evocação, seu entusiasmo, sua visão caleidoscópica em imagens algumas vezes desconcertantes no ajuntamento das palavras, as emoções, as intuições se colidem numa linguagem que se dirige essencialmente à sensibilidade, à imaginação. Termos que pertencem geralmente ao mundo mineral, animal, ao domínio da ciência, biologia, fenômenos vibratórios. Ele falava das matérias com amor[3].

2. Pierre Schaeffer (1910-1995), compositor francês considerado um dos criadores tanto da música eletroacústica como da concreta.
3. Denis Bablet (org.), *Les voies de la création théâtrale*, vol. 12, "V. Garcia, R. Wilson, G. Tovstonogov, M. Ulusoy", Paris: CNRS Éditions du Centre National de la Recherche Scientifique, 1984, p. 106.

Cartaz do espetáculo *Ubu rei*, apresentado em Dijon e Paris, em 1965.

Raphael Gozalbo, no espetáculo *A rosa de papel*, em Paris.

Monique seguiria Victor em suas outras realizações – *A rosa de papel* e *Ubu rei* (embora assinando Mônica Valli). Dominique Salomon entrou para esse círculo entre o familiar e o artístico. Só tinha 17 anos e não pensava em teatro quando conheceu Victor no ateliê de confecções do seu namorado espanhol. Tornou-se sua assistente de direção e administradora pessoal em *O pequeno retábulo de dom Cristóbal*, *A rosa de papel*, *Ubu rei* e *Cemitério de automóveis*. Uma estreita ligação que ela define como uma espécie de casamento: "Eu tinha sua vida em minhas mãos"[4].

O júri concedeu os prêmios nos seguintes conceitos e categorias: primeiro prêmio à melhor obra de repertório para Ateliê Victor Garcia por *O pequeno retábulo de dom Cristóbal*, de Federico García Lorca (o ateliê recebeu ainda o primeiro prêmio de interpretação masculina, para Raphael Gozalbo, ator da Guatemala que faz carreira no cinema francês).

A surpresa brasileira apareceu no item menção: "Mesmo tendo decidido premiar uma obra de repertório e uma de criação, o júri deve mencionar

4. Ibidem, pp. 106-117.

a qualidade do trabalho realizado pelo Ateliê Carlos Murtinho em *De repente, no último verão*, de Tennessee Williams"[5].

A cenógrafa Beatriz Tanaka[6] explica que, naquele centro multicultural, nem sempre se conseguia formar uma equipe que tivesse a mesma língua nativa. Falavam nosso idioma ela, Murtinho e os portugueses Donato Bastos (que ficou com Victor) e Rogério Paulo (este, com os franceses). Rogério Paulo (1927-1993) teve extensa e vitoriosa carreira em teatro, cinema e televisão de Portugal. Bastos atuaria no cinema em produções da França e Argélia. Do Senegal, veio Douta Seck (1919-1991), que falava francês e viria a integrar a companhia de Peter Brook.

O elenco de Victor foi convidado a encenar *O pequeno retábulo de dom Cristóbal* em três apresentações na Bienal de Paris (outubro de 1963) e em uma quarta sessão, no Théâtre de Plaisance; outra se seguiria em novembro, no quadro das atividades artísticas do centro cultural do histórico Palazzo Durini, de Milão. No elenco dessas apresentações estavam André-Louis Périnetti e o português Donato Bastos. Já se fazendo notar, Victor partiu para *A rosa de papel*, uma das cinco peças que compõem o *Retábulo da avareza, luxúria e morte*, de Ramón del Valle-Inclán (1866-1936). Esse é domínio do "esperpento", termo usado pelo dramaturgo para seu teatro. Em *Luzes da boemia*, de 1920, uma de suas peças mais conhecidas, Valle-Inclán sintetiza esse mundo na fala de um personagem: "O senso trágico da vida espanhola não pode ser mostrado a não ser por uma estética deformada". Para ele, o grotesco humano desfilaria nessa espécie de "espelho côncavo".

A montagem de *A rosa de papel* foi inscrita no *Estival 64*, um evento experimental criado por Jean-Marie Serreau e André-Louis Périnetti, intelectuais arrojados da cena francesa. No programa, Serreau escreveu que a meta era "um novo teatro que tentará a síntese entre o conhecimento científico e o conhecimento poético".

---

5. Carlos Murtinho (1930-1991) estreou como diretor em 1953 no Teatro de Bolso, do Rio de Janeiro, e recebeu o prêmio da Associação Brasileira de Críticos Teatrais pelo conjunto de suas encenações. Em seguida, fundou o grupo Studio 53 com sua irmã, Rosamaria Murtinho. Entre 1962 e 1964, estudou na Universidade do Teatro, em Paris, e no Berliner Ensemble, em Berlim. De volta da França, foi diretor artístico da Escola de Teatro da Universidade Federal da Bahia (UFBA). Em São Paulo, dirigiu vários espetáculos para a Companhia Nydia Licia, com destaque para *Biedermann e os incendiários* (1965), de Max Frisch, com um grande elenco, em que estavam Francisco Cuoco e Nydia Licia.
6. Casada com o pintor nipo-brasileiro Flávio-Shiró Tanaka, a brasileira Beatriz é também ilustradora.

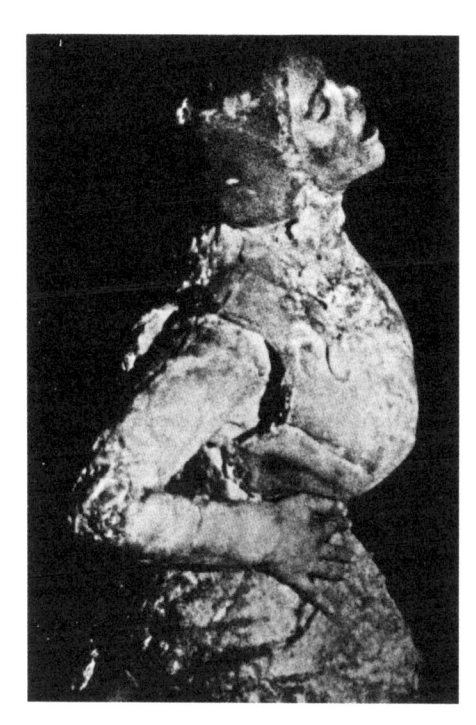

Michelle Oppenot no espetáculo *Ubu rei*, em Paris.

O *Estival*, realizado no Pavillon de Marsan, nas imediações do Museu do Louvre, acolheu artistas de música, teatro e dança que estariam entre os principais do século XX. A programação contava com *Comédia*, de Samuel Beckett, encenada por Serreau, com Delphine Seyrig – a atriz de *O ano passado em Marienbad* (1961), de Alain Resnais – e Michel Lonsdale, um dos atores favoritos de Luis Buñuel. Continuava com apresentações de *Circles*, espetáculo de música eletrônica e eletroacústica do italiano Luciano Berio e do norte-americano John Cage, e com um filme de curta-metragem do artista plástico belga Jean-Michel Folon sobre as caricaturas de Saul Steinberg. E havia Victor. O ator e diretor carioca Antonio Pedro estudava teatro na França e foi o diretor de cena do *Estival*.

A rosa de papel coincidiu com um renovado interesse da França por Valle-Inclán. No balanço das apresentações, o crítico e ensaísta Jacques Lemarchand, autor do prefácio às obras completas de Eugène Ionesco para as Edições Gallimard, exaltou *A rosa de papel* no jornal *Le Figaro*:

> Representado em espanhol, por jovens intérpretes que ele formou, o espetáculo atinge – quase por meio do famoso e misterioso "teatro total" – um paroxismo de violência pura, um encantamento ao mesmo tempo mágico e cotidiano que eu não havia visto ainda igual[7].

---

7. "Estival 64 au Pavillon de Marsan". *Le Figaro Littéraire*, Paris, 2-8 jul. 1964.

Em 1965, com *Ubu rei*, de Alfred Jarry, o novato finalmente se estabeleceu em língua francesa. Rei grotesco e sanguinário de uma Polônia imaginária, Ubu é figura paródica e metafórica para múltiplas interpretações. O texto, estreado com escândalo em 1896, mistura termos arcaicos e neologismos, formando imagens nada realistas.

Ao receber o Teatro Récamier, de palco italiano, Victor colocou em prática seu lema "O essencial é encontrar uma arquitetura". Aboliu cortinas e panos de fundo, deixando à mostra paredes nuas, encanamentos, fios e extintores de incêndio. A área foi delimitada por um praticável oval, colocado sobre o chassi de um automóvel. O elenco, vinte pessoas de diversas nacionalidades, permanecia sempre em cena[8].

Victor exigiu o máximo dos intérpretes que manipulavam dezenas de figurinos e objetos feitos de câmaras de ar, tecidos de paraquedas, gesso, madeira compensada, couro, peles, ossos e bexigas de animais. Ubu se locomovia vestindo uma esfera gelatinosa. O espetáculo foi concebido em forma de ópera, com música de Jean-Charles François[9].

Essa parceria e a anterior, com Jean-Claude Casadesus[10], além do período em que trabalhou com Pierre Schaeffer, indicam que Victor se interessou pela música experimental, embora tenha quase sempre optado por Bach, Mozart e cantos árabes em suas montagens.

Ubu rei, com o senegalês Douta Seck no elenco, teria incomodado o júri. Dominique Salomon supõe ter sido o sotaque carregado do ator africano (houve ainda o boato segundo o qual os jurados teriam estranhado um negro no papel de Ubu). Para Monique Monory, foi a ênfase operística da

---

8. Um desses atores, Pribislav Pitoeff, tornou-se pesquisador musical, encarregado da fonoteca do Museu do Homem, em Paris, e secretário-geral da Sociedade Francesa de Etnomusicologia. Outro, o turco Mehmet Ulusoy (1942-2005), tornou-se um renomado diretor, cuja obra é analisada, juntamente com a de Garcia, no volume 12 de *Les voies de la création théâtrale* (também dedicado ao norte-americano Robert "Bob" Wilson e ao russo Georgi Tovstonogov).
9. Compositor e pianista, Jean-Charles integraria os quadros da Sinfônica de Melbourne, Austrália, e da Universidade da Califórnia, onde chegou a dirigir o Centro para Música Experimental. Na França, comandou o departamento de música do Centro de Formação para o Ensino da Dança e da Música de Lyon. Em 1975, criou o grupo Kiva, de música experimental, e, a partir de 1994, participou do Ensemble Aleph. É autor do estudo *Percussão e música contemporânea*, publicado em 1991, em Paris, pela Edições Klincksieck.
10. Músico instrumentista, regente e compositor com passagens pelo Théâtre du Châtelet, pela Ópera de Paris e pela Ópera-Cômica, Jean-Claude Casadesus colaborou com o compositor Pierre Boulez e participou da criação da Orquestra Filarmônica do Loire e da Orquestra Nacional de Lille. Também foi nomeado diretor musical da Orquestra Francesa de Jovens.

montagem. Mas, se *Ubu rei* não levou prêmios, agradou ao público e a críticos influentes. Bertrand Poirot-Delpech, no jornal *Le Monde*, atribuiu-lhe "um verdadeiro grão de loucura, a única centelha em toda a competição". Jean Paget, do *Combat*, escreveu:

> Esperava-se muito de Victor Garcia. Temo que as liberdades que ele tomou com *Ubu rei* afaste um júri [...]. Aposto que as deliberações serão quentes. No que me concerne, o único homem de gênio nesse concurso é precisamente Victor Garcia[11].

Durante o ano de 1965, o espetáculo esteve no Festival de Teatro de Estudantes de Liège, Bélgica, no Festival Internacional de Lisboa[12] e no Festival das Noites de Borgonha, em Dijon. Victor revelou seu projeto de encenação:

> Elaborar uma textura musical participando ativamente da unidade dramática (os atores, eles próprios, tornam-se fontes de sonoridade pela sua cobertura em couro e membranas de látex), servindo para marcar os acentos, o ritmo, a respiração profunda da peça. Tensão, agressividade, contraste, força ilimitada, imagem de uma necessidade contemporânea fazem de *Ubu rei* uma peça universal.

Em Dijon, Jérôme Savary, filho de franceses e nascido na Argentina, integrou o elenco. Logo fundaria seu grupo, Le Grand Magic Circus.

---

11. "Ubu Rei-Vigor e truculência no Concurso das Jovens Companhias". *Combat*, Paris, 29 jun. 1965.
12. Festival patrocinado pela Casa da Imprensa, entidade dos jornalistas portugueses, ainda em atividade. Na época, era um dos centros de resistência cultural ao regime ditatorial de Salazar.

Dijon: *Cemitério de automóveis*

Um ano depois de *Ubu rei*, em 1966, Victor retornou ao festival de Dijon, que pedia aos concorrentes espetáculos com ação simultânea e envolvimento do público. Perfeito para o seu *Cemitério de automóveis*, fusão de quatro peças curtas de Fernando Arrabal. Em *Cemitério de automóveis*, o protagonista quer ser bom, mas é traído pelo amigo e sacrificado como um Cristo. Em torno dele giram tipos agressivos que habitam um depósito de carros abandonados. Em *Oração*, um casal conversa diante do esquife de uma criança, e aos poucos se percebe o que eles fizeram. Em *Os dois carrascos,* a mulher denuncia o marido aos seus inimigos políticos porque ele seria um mau exemplo para os filhos (enredo de traços autobiográficos que tem como pano de fundo a Guerra Civil Espanhola). Em *A primeira comunhão*, a avó veste a neta para a cerimônia religiosa enquanto faz pregações ultraconservadoras; a jovem concorda com um "sim, mamãe" contínuo até que, em um gesto assassino, mancha de sangue o vestido branco.

Houve um entendimento entre Arrabal e Victor no tratamento de temas da cultura católica espanhola, próxima a eles. A ensaísta Odette Aslan anota que, enquanto Arrabal tende para o sarcasmo na sátira religiosa, Victor acentuava seus detalhes rituais[1]. Concebido originalmente para a Bienal de Paris, o projeto esbarrou no regulamento, que exigia espetáculos fáceis de desmontar e que não afetassem os espaços.

---

1. Jean Jacquot (org.), *Les voies de la création théâtrale*, vol. 1 , "J. Grotowski, E. Barba, Living Theatre, Open Theatre, V. Garcia et Arrabal", Paris: CNRS Éditions du Centre National de la Recherche Scientifique, 1970, p. 320.

A plena concepção vingou em um galpão da Feira Internacional de Gastronomia de Dijon. Como as carcaças dos automóveis e os outros objetos cênicos não puderam ser transportados de Paris, Michel Launay incendiou carros velhos em uma estrada secundária, o que atraiu até a televisão regional. No enorme espaço cênico, os atores amadores da cidade podiam correr trechos de cinquenta metros, em uma maratona de alta carga dramática. Victor conseguia assim – como disse – "multiplicar em imagens as referências à vida de Cristo, como nos afrescos romanos". O público podia acompanhar tudo em cadeiras giratórias.

A boa repercussão da montagem a levou finalmente a Paris para a temporada de 1967-1968 do Théâtre des Arts. Ainda em 1968, representou a França no Festival Internacional de Belgrado (Bitef)[2] e ganhou o grande prêmio. No mesmo ano, Victor foi convidado por Ruth Escobar para refazer o espetáculo no Brasil.

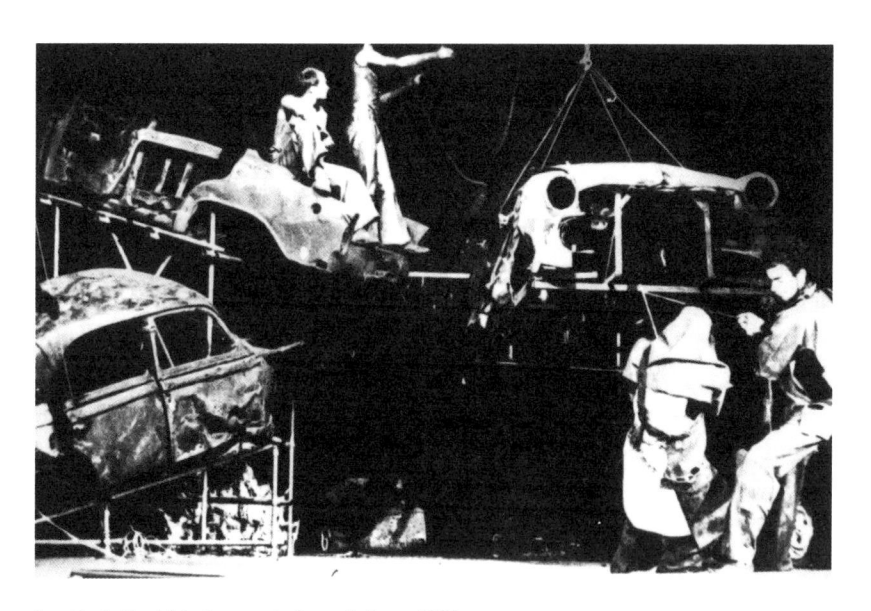

Espetáculo *Cemitério de automóveis*, em Paris, em 1967.

2. Criado em 1967, o Festival Internacional de Belgrado deu destaque, inicialmente, às tendências de vanguarda. Nos anos 1980, tornou-se mais eclético e passou a acolher tanto espetáculos experimentais como representações clássicas.

Portugal: Coimbra

Desde o começo de sua carreira, Victor estabeleceu vínculos com Portugal, o que é pouco citado em suas biografias. Na lista de agradecimentos do programa de *Cemitério de automóveis*, em Paris, está o nome de Alain Oulman (1928-1990). Português descendente de franceses, pianista e compositor parceiro de Amália Rodrigues, foi ele quem recomendou Victor ao Círculo de Iniciação Teatral da Academia de Coimbra (Citac). O lado materno de Oulman tinha ligações com a conhecida editora francesa Calmann-Lévy, à qual ele dedicou seus últimos anos. A vida desse intelectual múltiplo é tema do documentário cinematográfico *Com que voz*, realizado pelo seu filho Nicholas Oulman, produção portuguesa de 2009. A Academia era um espaço relativamente livre na ditadura de António de Oliveira Salazar e recebia apoio da Fundação Calouste Gulbenkian. Um acordo tácito permitia a convivência do salazarismo com a instituição criada por Gulbenkian, magnata armênio do petróleo. O Citac promovia ciclos de teatro e a fundação pagava os encenadores, todos profissionais reconhecidos: Antonio Pedro, um dos fundadores do Teatro Experimental do Porto (1959-1960 e 1961-1963); Luís de Lima (1960-1962), que em seguida se mudou para o Brasil, onde fez carreira como ator e diretor; Jacinto Ramos, ator e diretor (1963-1964); Carlos Avilez, fundador do Teatro Experimental de Cascais (1964-1965); e, finalmente, Victor Garcia (1965-1968). Fundado em 1959, o Citac acabou por ser fechado pela polícia política em 1970, retomando suas atividades em 1974, com a redemocratização de Portugal.

Cena do espetáculo composto das peças *Auto de São Martinho*, de Gil Vicente, *Auto das ofertas*, autor anônimo, e *O grande teatro do mundo*, de Calderón de la Barca, em Alcobaça, Portugal, em 1966.

O grupo mantinha uma cordial rivalidade com o Teatro dos Estudantes Universitários de Coimbra (Teuc), sob orientação de Paulo Quintela, intelectual preocupado com os clássicos, sobretudo Gil Vicente. Toda a movimentação do Citac culminava na Páscoa com um ciclo de espetáculos da região e de Lisboa, que eram apresentados no Teatro Avenida. Victor chegou a Coimbra no trem que partiu de Lisboa e foi recebido na estação por Adriano Correia de Oliveira e João Rodrigues. Era o começo de um dos períodos mais tranquilos de sua vida, no qual criou cinco espetáculos luminosos. Residia no Hotel Astória, vizinho próximo às casas onde viveram os poetas António Nobre e Antero de Quental. Da sua janela podia avistar o rio Mondego e, na colina da outra margem, o Convento de Santa Clara, onde as freiras criaram o célebre pastel recheado de doce de ovos e amêndoas. Podia ir a pé ao Teatro Avenida e ao Citac, atravessando ruas ladeadas por plátanos e palmeiras. Para Victor, a paisagem tinha algo de Tucumán, o que o fazia se sentir em casa.

Do primeiro encontro do diretor com o elenco, pode-se dizer que foi "teatral". A reunião, no subsolo da secular Faculdade de Direito, teve início com Castro Soutinho, um dos diretores do centro, explicando o que se desejava fazer naquele ano. Envolto em seu enorme casaco de couro com gola de pele de carneiro e um grande cachecol, Victor ouviu em silêncio. Sua resposta foi direta: "Não vim aqui para encher o saco de vocês nem para que me encham o saco. Então, vamos trabalhar." Passada a perplexidade dos que esperavam palavras cerimoniosas do visitante, a camaradagem foi selada no Democrático, um desses bares eternos nas evocações estudantis.

Para o repertório, foram escolhidos o *Auto de São Martinho*, de Gil Vicente, o *Auto das ofertas*, texto castelhano anônimo do século XVI, e *O grande teatro do mundo*, de Calderón de la Barca. As obras foram reunidas em dois atos: no primeiro, os autos; no segundo, Calderón. A obra de Gil Vicente traz um miserável faminto que implora a piedade dos homens. No seu desespero, chega a desejar a morte como libertação. São Martinho intervém e incita os que possuem algo a auxiliar o pobre homem. Diante da indiferença dos circunstantes, o santo o ajuda enquanto o lembra, com uma pequena canção, de que ele terá no céu a recompensa por seus sofrimentos. No auto espanhol, Lázaro, aquele que Jesus ressuscitou, anuncia os sofrimentos de Cristo. Já em *O grande teatro*, Deus dialoga com os homens representados por personagens simbólicos: o rico, o pobre, a bondade, a sabedoria.

Victor seduziu aqueles moços até então acostumados apenas a discussões teóricas e tarefas políticas. Tachava o teatro local de cerebral, "kantiano". Era comum ele exclamar: "Não sejas kantiano!". Os ensaios terminavam em madrugadas boêmias em recantos de nomes poéticos como travessa dos Gatos, beco dos Prazeres ou rua Palácios Confusos. Victor geralmente pagava a conta. Em uma viagem ao mar, divertiram-se todos com ele dançando ao som do disco *King & Queen*, de Otis Redding e Carla Thomas. O cenógrafo francês Michel Launay fazia parte da turma.

O ator José Tavares Pinto, que se tornaria advogado no Porto, lembrava que Victor nunca aparecia com fórmulas prontas: "Era um homem com uma linguagem diferente e dirigia de modo instantâneo. Dizia apenas que o braço não devia ficar em determinada posição, mas em outra, e era exatamente aquilo". Usava metáforas para as cenas e para a vida. Resumiu sua origem familiar com um *"Yo soy un pajarito, hijo de una madre canaria y un padre león"*.

"As lições de liberdade estética", como João Rodrigues define a experiência do grupo com o diretor argentino, começaram no Teatro Avenida, de palco italiano e quinhentos lugares, balcões e camarotes. Victor descobriu que, no terreno em declive atrás do palco, havia pedras de onde escorria um veio de água. A parede de alvenaria foi derrubada, e a paisagem bruta renasceu imponente sob os efeitos de iluminação. Até mesmo a proprietária do teatro, Judith Mendes de Abreu, rendeu-se à beleza das pedras esquecidas. Victor retribuiu, galante: "Dona Judith, a senhora deveria ser minha mãe".

Os tecidos habituais dos figurinos foram trocados por sacos de aniagem, que, pintados, ganharam formas de figuras medievais. Objetos do campo completavam a ambientação. O público gostou de ver a nora – roda de água usada para irrigação desde os tempos dos mouros – transformada no símbolo do giro da humanidade sobre a Terra.

O programa informa que as apresentações "para maiores de 17 anos" se deram nos dias 3 e 4 de maio de 1966. Uma nota de apresentação insinua as dificuldades financeiras e políticas do grupo e revela a estética do diretor:

Cena do espetáculo composto das peças *Auto de São Martinho*, de Gil Vicente, *Auto das ofertas*, autor anônimo, e *O grande teatro do mundo*, de Calderón de la Barca, em Alcobaça, Portugal, em 1966.

Contrariamente à vontade do Citac em ter um encenador desde o início do ano letivo, só em fins de fevereiro e depois de vencidas várias dificuldades conseguiu ter como seu encenador Victor Garcia. [...] Assim se construiu o espetáculo que hoje se apresenta ao público do VIII Ciclo de Teatro. Das várias peças selecionadas pelo Conselho Artístico do Citac, nomeadamente *Fuenteovejuna* (Lope de Vega), *A paz* (Aristófanes), *A história do Jardim Zoológico* (Edward Albee), RTX/*78-24* (António Gedeão), nenhuma pode ser encenada por motivos alheios à nossa vontade. Assim optou-se pelas peças agora apresentadas e que possibilitaram ao Citac, graças à presença de Victor Garcia e também do figurinista e cenarista Michel Launay, da Cia. de Victor Garcia, apresentar um espetáculo cujos processos expressivos são marcadamente teatrais, em que a palavra é apenas um elemento como o movimento, a cor, a luz e o som.

Em sua segunda temporada em Coimbra, em 1967, Victor usaria um barco em *A parábola do banquete*, de Paul Claudel. Launay transformou-o em um objeto desdobrável que poderia sugerir tanto a abóbada de uma catedral como uma nave espacial. O barco saía de cena lançando o som grave das sirenes marítimas para o nevoeiro. Claudel refere-se à humanidade que se ergue e se destrói em ciclos, mas no fim promove o banquete de uma nova sabedoria dos homens que recusam o aniquilamento. Esse teatro pleno de espiritualidade poderia ser absolutamente estranho a Victor Garcia; no entanto, lhe servia para imagens mais amplas. O programa em francês, para a excursão do espetáculo, assegura que:

> Victor Garcia arranca desse universo metafísico efeitos inquietantes, provocadores, de um impacto surpreendente [...]. O mundo que ele coloca diante dos nossos olhos é um mundo novo, ainda que as palavras sejam as mesmas escritas pelo autor.

O próprio Victor se explicou de modo mais direto a Tavares Pinto: "Você já percebeu que meu teatro é a transformação dos homens em deuses perante os deuses ridículos e caquéticos. Agora você é a parte que ajuda os homens a chegar aos céus".

Em Coimbra e região, nunca tinham visto algo assim. Espetáculos que transcendiam a religião mesmo tendo como cenários templos católicos, como as escadarias do mosteiro de Alcobaça. Diante de estátuas e portais de pedra do ano 1153, esse teatro chegou à beleza plena. Foram bons momentos que conseguiram suplantar uma tragédia. A atriz Helena Aguiar morreu intoxicada pela mistura de tinta e purpurina que a cobria inteira e vedava sua pele. A polícia interveio, mas os legistas confirmaram ter sido um acidente. O trauma desorientou o grupo até que Maria João Delgado, uma loira de expressão forte, aceitou o papel de Helena no *Auto das ofertas* e em *O grande teatro do mundo*.

O Citac se recuperou para as comemorações do centenário da abolição da pena de morte em Portugal, e a seguir, os espetáculos no Festival de Liège[1], Bélgica, e na Bienal de Paris. O jornal *Le Monde* dedicou a primeira página do suplemento cultural aos visitantes. Com o título "O triunfo de Garcia na Bienal", a crítica literária Nicole Zand levou o espetáculo às alturas:

> O programa de apresentações teatrais da Bienal que ocorreram desde fim de setembro no Museu de Arte Moderna e no Studio des Champs-Elysées será encerrado com um triunfo. O de Victor Garcia, que apresenta *O grande teatro do mundo*, de Calderón, com uma jovem trupe portuguesa de Coimbra [...]. A partir de abstrações, Victor Garcia recriou todo um universo barroco com palcos superpostos, máquinas, rodas, engrenagens, personagens à Brueghel, e incursões, em meio ao público, de um coro que diz, ao mesmo tempo em que os atores, o texto improvisado, mas conhecido por toda a eternidade. Desejamos que Victor Garcia possa retornar em breve a Paris para que sejam reconhecidas suas qualidades de diretor que alia uma precisão do gesto, uma imaginação da cena, um gosto espantoso pelos cenários e figurinos, um real cuidado com o texto, e sua significação, a um senso nato de beleza. Se a Bienal tivesse mostrado apenas isso, ela já estaria plenamente justificada[2].

---

1. Fundado em 1941, em plena Segunda Guerra Mundial, o Teatro Universitário de Liége, na Bélgica, estreou com a encenação de *As bacantes*, de Eurípides. Na ampliação de sua ação artística passou a organizar os Encontros Internacionais de Teatro Universitário do qual o grupo de Coimbra participou, em março de 1968.
2. Nicole Zand, "O triunfo de Garcia na Bienal", *Le Monde*, Paris, 10 nov. 1967.

Testemunha de toda essa beleza, a atriz Maria Casares (1922-1996), filha de refugiados da Guerra Civil Espanhola, estava em lágrimas ao fim da representação.

Entre 1967 e 1968, Victor continuou dividindo-se entre Portugal, França e as excursões. Em Paris, remontou *Cemitério de automóveis* e discutiu sua coparticipação na montagem de *A tempestade*, de Shakespeare, por Peter Brook, o que não se realizou. Retornou a Coimbra, "do Mondego das raparigas/ estudantes e violões" de António Nobre, e, para a temporada de 1968, escolheu *Assim que passem cinco anos*, de Lorca. Dessa vez, surpreendeu por usar aparelhos hospitalares reciclados por um ferreiro, que mal sabia o destino da encomenda. Dois anos mais tarde, uma inquietante mesa ginecológica apareceria na montagem brasileira de *O balcão*.

Cena do espetáculo composto das peças *Auto de São Martinho*, de Gil Vicente, *Auto das ofertas*, autor anônimo, e *O grande teatro do mundo*, de Calderón de la Barca, em Alcobaça, Portugal, em 1966.

Espanha: *As criadas*

Em princípios de 1969, enquanto Victor passeava pela ilha espanhola de Ibiza, Fernando Arrabal o indicou à atriz catalã Nuria Espert para a encenação de *Os dois carrascos*, de sua autoria, e *As criadas*, de Jean Genet. Victor, que de início relutou, acabou conquistado por Nuria. Na Espanha, ele teve a oportunidade de finalmente trabalhar em sua língua, em um clima de entendimento verbal direto com o elenco, que, assim, tinha mais facilidade para captar seu modo de se exprimir por imagens. Sentiu-se à vontade para lidar com a flexibilidade das palavras e transmitir essa ideia aos intérpretes. Esse ritmo e a musicalidade deram outro nível ao espetáculo além do que o texto diz expressamente. Tais qualidades foram ampliadas por um elenco excepcional. Nuria Espert e Julieta Serrano são conterrâneas de Barcelona, companheiras de toda a vida que atuavam em completa sintonia. Para o papel de Madame, Victor havia pensado em um dos atores de *Os dois carrascos*, mas este não aceitou, temendo comprometer sua imagem profissional. O papel ficou com Mayrata O'Wisiedo (1929-1998), atriz mais dedicada ao cinema (fez *De salto alto*, de Pedro Almodóvar, em 1991).

Victor concebeu um palco inclinado em direção à plateia, tendo, nas laterais, placas metálicas retangulares que funcionavam como espelhos. As intérpretes usavam altos coturnos, e o desequilíbrio que isto lhes impunha tornava os diálogos mais tensos. No entanto, *Os dois carrascos* foi proibido às vésperas da estreia, programada para 7 de fevereiro de 1969, no Teatro Rainha Vitória, de Madri.

Genet poderia passar pela censura como um francês transgressor, mas Fernando Arrabal não. Nenhuma tolerância com o oposicionista que atacara o regime no relato autobiográfico *Viva la muerte* e em *Carta ao general Francisco Franco*. Nuria retirou *Os dois carrascos* e transferiu a reestreia, no dia 21 de fevereiro, para sua Barcelona, onde realizou apresentações no Teatro Poliorama. A seguir, o sucesso no Festival Internacional de Teatro de Belgrado proporcionou a estreia triunfal em Madri. Ficou meses em cartaz no Teatro Figaro – e atraiu um público diferente, sobretudo estudantes. O espaço passou a ter leituras dramáticas de autores novos ou censurados, palestras e exposições de pintura. Vencedor absoluto na Espanha que de algum modo era sua, Victor colheu os aplausos e viajou para o labirinto brasileiro de *O balcão*, do mesmo Jean Genet.

As criadas teve longa carreira internacional (França, Inglaterra, Argentina, Áustria, Itália e Irã, no Festival de Shiraz). Em Paris, sua grandeza foi ressaltada pelo crítico Matthieu Galey, do jornal *Combat*: "A obra de Genet torna-se uma espécie de oratório [...]. Basta ouvir sem compreender... para compreender" (9 de abril de 1970). Em Londres, Harold Hobson, do *Sunday Times*, acrescentou: "Esta representação faz mais para o conhecimento de Genet do que todas aquelas realizadas nos últimos vinte anos" (3 de maio de 1971).

Em 1983 – um ano depois da morte de Victor –, a peça foi remontada para inaugurar o Teatro de Valência. A atriz Marisa Paredes substituiu temporariamente Mayrata O'Wisiedo, ocupada na televisão. Embora ressentindo-se da ausência de Victor, o espetáculo manteve sua força e trouxe Genet ao conhecimento de uma nova geração, afirmou o crítico Eduardo de Haro Tecglen, do jornal *El País*[1]. A Espanha redemocratizada pôde sentir, comovida, o toque do encenador simbolizado pela *Suíte nº 2*, de Bach, em gravação do violoncelista Pablo Casals, orgulho dos espanhóis, que morreu no exílio em 1973.

---

1. Maria Delgado, *"Other" Spanish Theatres*, Manchester: Manchester University Press, 2003.

Victor e Ruth – Arrabal e Genet

Os espetáculos de Victor Garcia eram sufocantes de tão extraordinários.
Foram criações que abriram a cabeça de todos nós.
Ele quebrava as coisas e propunha outra, sacudindo a poeira do teatro.
Victor preenchia todos os espaços.

ANTUNES FILHO

Ruth Escobar e Victor Garcia em São Paulo.

Cinco anos depois de deixar o Rio de Janeiro, Victor Garcia reencontrou o Brasil em 1968 no Café de Flore, no Boulevard Saint-Germain-des-Prés, em Paris, ponto de encontro dos existencialistas franceses e dos escritores norte-americanos dos anos 1920. Do outro lado da mesa estavam Ruth Escobar e o cenógrafo Wladimir Pereira Cardoso, recém-chegados da Bienal de

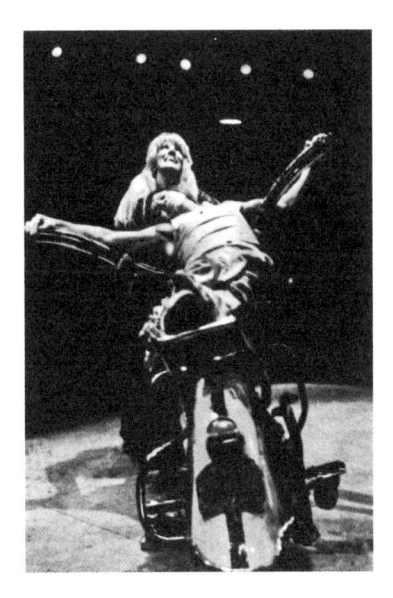

Ruth Escobar e Stênio Garcia no espetáculo *Cemitério de automóveis*, em São Paulo, em 1968.

Raul Cortez no espetáculo *O balcão*.
Foto: Djalma Batista

Elenco do espetáculo *O balcão*.

Arquitetura de Praga, propondo a Victor uma remontagem de *Cemitério de automóveis* em São Paulo. A cena do encontro está em *Maria Ruth*, livro de memórias de Ruth Escobar:

> Era baixinho, com uma cabeça desproporcional para o tamanho do corpo, uma cabeleira enorme na qual enfiava suas mãos pequenas para armá-la e dar-lhe mais volume [...]. Victor parecia um duende naquele surrado casaco de couro de carneiro herdado, talvez, de algum ator latino-americano, e que quase se arrastava pelo chão. Pediu *kir* e escutou-me sem grande concentração enquanto desfei meu currículo e tentei seduzi-lo com as contradições do "Brasil do milagre". Depois de mais de uma hora de troca de informações, colocou suas exigências. Queria uma garagem – teatro não servia – e pagamento em dólares[1].

Não falaram de Portugal, onde Ruth nasceu, na cidade do Porto, e da coincidência de *Cemitério de automóveis* ter sido recomendado a ela por Luís de Lima (1925-2002), ex-diretor do Citac, de Coimbra. Começava, ali, o que Ruth Escobar definiu como "uma relação de destino", materializada nas encenações de *Cemitério de automóveis* (1968), *O balcão* (1969-1970), de Jean Genet, e *Autos sacramentais* (1974), de Calderón de la Barca.

Victor ocupou o galpão de uma antiga oficina mecânica na rua 13 de Maio, no bairro da Bela Vista. Reuniu o elenco e começou a falar de uma interpretação baseada em síntese poética do texto e da representação feita de ação e reações físicas. Ficou visível sua impaciência com racionalizações. Se não conseguia a cena pretendida, dizia *trop tard*, tarde demais em francês, e a deixava para depois. Passava para outra sequência.

A montagem ocorreu em um período de passeatas estudantis, censura, prisões e aumento da presença militar na vida pública. Com o caos político brasileiro, o espetáculo adquiriu insolência suplementar, tom de provocação e protesto implícito, porque naquele palco-arena estavam expostas a repressão clerical, a brutalidade dos marginalizados, a perfídia da religião e da família e, ao mesmo tempo, a energia psicológica-física dos atores que encarnavam o tumulto das ruas, particularmente Stênio Garcia, em um de seus maiores desempenhos. Ao oferecer um teatro que não punha o texto

---

1. Ruth Escobar, *Maria Ruth*, Rio de Janeiro: Guanabara, 1987, p. 124.

no centro do espetáculo (o que sempre é polêmico), a montagem era de certa forma a expressão de uma crise. Palavras não pareciam suficientes diante do que se passava no palco e na vida real.

Em escala internacional ocorria a contestação da ordem oficial e da linha conciliadora do Partido Comunista. Essa onda irrompeu na rebelião estudantil e operária de Maio de 1968 na França, com desdobramentos em outros países. Nos Estados Unidos, movimentos de vários matizes (dos *hippies* ao *black power*) se opunham à Guerra no Vietnã. No Brasil, estudantes, artistas e intelectuais foram a extremos: da adesão à luta armada à anarquia dos hábitos pessoais (o chamado "desbunde"). O voluntarismo político e comportamental teve como consequência torturas, mortes, exílio e talentos extraviados em paranoias lisérgicas.

Ao se opor à rotina do palco tradicional, Victor Garcia endossou o delírio, mas o fez com uma agressividade mesclada de poesia que atraiu público dos dois lados. Havia em *Cemitério de automóveis* um toque liberador naquele cerimonial entre ferros, gritos e correrias. Paradoxalmente, Victor não demonstrou interesse pessoal pela tormenta política que varria o mundo e levava atores brasileiros à prisão. Na França, não se abalou com Maio

Ruth Escobar e Stênio Garcia no espetáculo *Cemitério de automóveis*, em São Paulo, em 1968.

de 1968, que paralisou o país e sobretudo Paris. O tumulto gerado pelos acontecimentos impediu, entre outras coisas, a montagem de *A tempestade*, de Shakespeare, comandada por Peter Brook, que dividiria a criação com Victor e o norte-americano Joe Chaikin. Brook achava o trabalho dos dois "admiravelmente original e livre" e relatou o episódio em livro:

> [*eu*] os convidei para participar da expedição. Cada um deles, dentro do seu próprio grupo, tentava explorar novos modos de trabalho, convencidos de que chegara o momento de romper com as noções comuns do que deveria ser "o teatro" [...]. Ao chegarmos à cidade, soubemos que o que havia começado com um pequeno movimento de inquietação social estava de repente espalhando-se como um incêndio em uma floresta pelo país e por todo o oeste da Europa, com estudantes no comando em todos os lugares[2].

Cemitério de automóveis estreou em dezembro de 1968, mês do Ato Institucional nº 5, que oficializou a ditadura. A montagem foi refeita com sucesso no Rio de Janeiro (1970), no Teatro Tereza Rachel, e em Cascais, Portugal (1973), onde ficou três meses em cartaz[3]. O romancista e crítico teatral Urbano Tavares Rodrigues escreveu no jornal *O Século*: "O gênio teatral de Victor Garcia tornou possível o espetáculo extraordinário que Ruth Escobar montou em Cascais" (30 de julho de 1973).

Entre esse compromisso com Ruth Escobar e a montagem de *O balcão*, Victor veraneou mais uma vez na ilha espanhola de Ibiza, no Mediterrâneo, em uma casa frequentada por amigos como Copi e Jérôme Savary[4].

---

2. Peter Brook, *Fios do tempo. Memórias*, São Paulo: Bertrand Brasil, 2000, p. 199.
3. Principais intérpretes de *Cemitério de automóveis* nas versões paulista, carioca e portuguesa (titulares e substitutos), em São Paulo: Stênio Garcia, Carlos Augusto Strazzer, Ruth Escobar, Íris Bruzzi, Selma Caronezzi, Renato Dobal, Jonas Mello, Flávio Porto, Jacques Jover, Sylvio Zilber, Osmiro Campos, Margot Baird, Waldires Bruno e Paulo Goya; no Rio de Janeiro entraram, entre outros: Jacqueline Laurence, Cecil Thiré, Margarida Rey e Clarice Piovesan; em Portugal: Norma Bengell, Cláudio Mamberti, Izaias Almada e Luiz Serra.
4. Copi é pseudônimo do dramaturgo, romancista, ator e cartunista argentino Raúl Damonte (1939-1987). Por razões políticas, sua família, proprietária do jornal *Crítica*, de Buenos Aires, viveu anos no exílio durante o regime de Juan Domingo Perón. Passou parte da infância no Uruguai antes de se instalar definitivamente na França, em 1962. Tornou-se conhecido pela personagem *A mulher sentada*, da história em quadrinhos homônima publicada na revista *Le Nouvel Observateur*. Suas peças de humor anarquista e absurdo – nas quais várias vezes atuou – tiveram grande sucesso, entre elas *O homossexual ou a dificuldade de se exprimir*, *Diário de uma sonhadora* e *Eva Perón*. Jérôme Savary é de família francesa, nasceu em Buenos Aires, em 1942, e mudou-se para a França ainda na infância. Retornaria à Argentina para o

A vida e o teatro o trariam de volta ao Brasil. Aos 35 anos, Victor Garcia era levado a uma aposta extraordinária de fazer *O balcão*, de Jean Genet, somando sua imaginação e a do cenógrafo Wladimir Pereira Cardoso à audácia de Ruth Escobar como produtora e ao desprendimento do elenco. Nesse caso cabe o clichê: foi uma loucura. O depoimento de Wladimir no programa retrata a proporção da obra:

> Dezoito pessoas e eu trabalhamos, durante 5 meses, 20 horas por dia, para realizar o cenário de *O balcão*. Todos dormíamos no Teatro Ruth Escobar, distribuídos até pelo teto, e instalamos um fogão para que a cozinheira, que chegava às 7 horas da manhã, fizesse lá mesmo nossa comida.

Ruth Escobar e Stênio Garcia no espetáculo *Cemitério de automóveis*, em São Paulo, em 1968.

---

serviço militar, quando trabalhou como criador de histórias em quadrinhos na mesma revista que Copi. De volta a Paris, em 1965, fundou o Grand Magic Circus, teatro que reúne circo, drama, paródias com personagens de quadrinhos e música. Um dos sucessos dessa fase inicial é *Crônicas coloniais ou As aventuras de Zartan, Irmão mal-amado de Tarzan* (1971). Tem extenso currículo como ator, músico, encenador e diretor de teatros oficiais, entre eles o Théâtre National de Chaillot, em Paris, de 1988 a 2000. Em seguida, passou a se dedicar a um centro de criação teatral na cidade de Béziers, sul da França. No Brasil, em 1969, dirigiu *Os monstros*, de Denoy de Oliveira, no Teatro Ruth Escobar, com a própria Ruth, Raul Cortez, Carlos Augusto Strazzer, Suely Franco, Túlio de Lemos, Luiz Carlos Arutin, Lutero Luiz, Kleber Macedo, Claudio Lucchesi, Francisco Sanchez e a cantora Alaíde Costa.

Ruth Escobar e Raul Cortez no espetáculo *O balcão*.
Foto: Djalma Batista

Desde meu primeiro cenário para *Soraya Posto 2*, de Pedro Bloch, eu tinha a preocupação das soluções verticais. Ali, dentro do palco italiano, construí um edifício de 5 andares. Na verdade, eu já havia imaginado um cenário semelhante ao de *O balcão* para o espetáculo shakespeariano que o diretor inglês Mike [Michael] Bogdanov deveria montar a convite de Ruth Escobar. Daí, como no Globe Theatre de Londres, a solução das galerias verticais em prateleiras, dispondo-se o público de 250 lugares nos 5 andares. Essa forma afunilada presta-se muito para que os espectadores, ao mesmo tempo em que têm uma visão global, fiquem como que suspensos no ar. O estudo do Teatro Total de Gropius motivou-me para a forma primária da casca do ovo da gema, que se encontra em meu cenário. Aliás, essa é uma das formas primitivas da arquitetura, existente nas ruínas de Tietzing [*China*], que datam de 12 mil anos. Quando estive em Praga, dialoguei muito com o cenógrafo Svoboda, que fez um palco de acrílico, iluminado de baixo para cima. Em *O balcão* utilizo uma ideia semelhante, iluminando o ambiente por meio de um espelho parabólico, escavado no concreto do porão, que está 5 metros abaixo do palco. Ficou uma concha elipsoidal com plástico espelhado, desempenhando função semelhante à de um farol de automóvel. Há um módulo que sobe e desce: é de ferro vazado, com acrílico. Nesse palco móvel passam-se muitas cenas, mas os atores distribuem-se por todo o teatro, inclusive nos passadiços inclinados em que fica o público. Do urdimento, desce uma rampa, em espiral, com 9 metros de altura, sendo utilizada em alguns quadros (do espelho parabólico ao urdimento há 20 metros de altura). Além disso, foram

Ruth Escobar no espetáculo *O balcão*.
Foto: Djalma Batista

instalados 5 elevadores individuais, e 2 guindastes suspendem 2 gaiolas, onde dialogam Irma e Carmem. Os atores usam também plataformas que são pequenos palcos individuais, verdadeiros trampolins. Há ainda uma mesa ortopédica que entra no módulo sem necessidade de que ninguém a empurre. Uma parte da estrutura metálica, de seccionamento treliçado, se abre para a entrada dos revolucionários. O cenário exigiu 86 toneladas de ferro, e a montagem custou mais de NCr$ 200 mil. Como foi concebido para *O balcão*, o ferro vai virar sucata quando terminar a carreira do espetáculo.

Wladimir teve como inspirador Josef Svoboda, um dos cenógrafos fundamentais do século xx. Porém, o artista tcheco sempre dispôs de verbas oficiais e melhores recursos tecnológicos no Teatro Nacional de Praga, enquanto Wladimir e Élcio Cabral Filho, engenheiro responsável pela construção, partiram do nada. Joseph Papp, diretor do Public Theater, de Nova York, sublinhou para Ruth Escobar o valor desse esforço:

> É fantástico o que vocês fizeram no Brasil. Pena que eu não possa fazê--lo aqui. Seria sucesso garantido, porém as normas a que estamos sujeitos

na confecção dos nossos cenários, mais a caríssima mão de obra norte-americana, elevariam os custos da produção a um nível que os 300 lugares com que vocês operam em São Paulo jamais pagariam os nossos custos de produção e manutenção[5].

Outro testemunho sobre a extensão do empreendimento é do ator Rofran Fernandes:

A morte de Cacilda Becker, depois de longa enfermidade, foi um momento de dor para todos nós. Havia um secreto entendimento entre Ruth Escobar e Cacilda Becker de que ela faria o papel de Irma em O balcão tão logo terminasse a carreira de Esperando Godot [...]. A sua morte súbita e prematura afastou a possibilidade de termos Cacilda Becker enfrentando a parafernália de O balcão. Outra omissão foi a da presença de Luiz Linhares. Este ator brasileiro, arrolado entre os melhores pela crítica teatral, ensaiou o espetáculo por cinco meses. Uma semana antes da estreia naquele que seria um dos últimos ensaios gerais, quiçá o Ensaio Geral, se desentendeu com Victor. Seu trabalho era perfeito como Chefe de Polícia, mas ele não concordava com os cortes feitos no último momento em seu papel. [...] Luiz Linhares dignamente se retirou, deixando de criar o que seria um dos seus maiores papéis. Novamente a peça foi adiada. Paulo César Pereio assume o papel deixado por Linhares. A peça tem de ser estreada antes do fim do ano senão perde a subvenção a que tem direito em 1969. [...] Vários atores, entre o primeiro dia de ensaio e a estreia do espetáculo, fizeram outras peças, deixaram o elenco, voltaram ao elenco... Enfim, uma história de criatividade versus situação financeira, o subdesenvolvimento de uma infraestrutura ajudando, paradoxalmente, a melhorar o produto final. A estreia tinha mudado do dia 12 de dezembro para o dia 19 e, finalmente, só aconteceu na segunda-feira, dia 29 de dezembro de 1969[6].

Público e crítica aderiram à montagem. Quando, logo no início, a grande plataforma de acrílico transparente descia com Raul Cortez pa-

---

5. Rofran Fernandes, *Teatro Ruth Escobar: 20 anos de resistência*, Prefácio de Sábato Magaldi, São Paulo: Global, 1985.
6. Ibidem, p. 86. Rofran (já falecido) foi assistente de Victor Garcia em *O balcão*. Além de ator, era bibliotecário e documentarista de carreira.

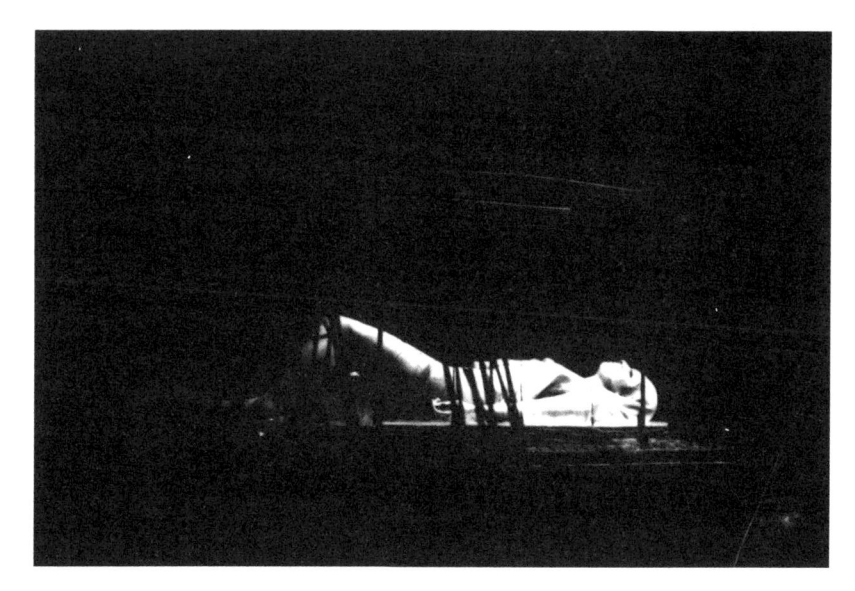

Célia Helena no espetáculo *O balcão*.
Foto: Djalma Batista

ramentado de bispo, empunhando o báculo da autoridade clerical, o espaço era tomado pela música de Mozart. Raul parecia em transe dentro daquela roupa. A mesma entrega estava visível nas interpretações de Sérgio Mamberti (Juiz), Jonas Mello (Carrasco), Dionísio de Azevedo (General), Paulo César Pereio (Chefe da Polícia), Carlos Augusto Strazzer (Roger, o revolucionário), Nilda Maria (Chantal), Célia Helena (Carmen), Ruth Escobar (Irma), Thelma Reston (Moça), Neide Duque (Ladra), Seme Lutfi (Lágrimas), Gileno Del Santoro (Esperma), Ney Latorraca (Sangue). Quase todos os papéis tiveram mais de um intérprete durante a longa temporada, todos com alto rendimento[7].

---

7. Atores e atrizes que entraram em substituições temporárias durante a temporada: Rofran Fernandes, Seme Lutfi, Luiz Serra (Bispo); Thaís Moniz Portinho, Júlia Miranda (Carmen); Ari Moreira (Carrasco); Fredi Kleemann, Jofre Soares (General); Kleber Macedo, Bri Fioca, Elizabeth Matos, Ida Gauss (Moça); Assunta Perez, Tereza Rachel, Elisabeth Gasper (Irma); Ruy Ruiz, Luiz Serra, Raul Cortez (Chefe de Polícia); Raul Santos (Esperma); Jorge David (Sangue); Thaís Moniz Portinho, Maura Arantes (Chantal); José Caldas, Márcio Ferreira, Marcos Waimberg (Revolucionário). A lista de figurantes como "revolucionários" é extensa e inclui profissionais que se destacaram no teatro e no cinema, como Luiz Roberto Galizia (ator, diretor, ensaísta e professor) e Djalma Limongi Batista (cineasta).

A plateia recebia assim a avalanche da criação de Victor já nos primeiros minutos da representação, que se manteria sempre em voltagem elevada. O elenco era muito bom, e havia entrega corporal na utilização do cenário, que mais parecia uma nave de ferro bruto. Captando-se as linhas gerais do texto, o restante era se deixar levar pelas imagens. Além da cena inicial com Raul Cortez, três momentos eram impressionantes: a descida do teto da passarela metálica em espiral – sobre a qual se desenvolviam correrias, gritos, chicotadas no ar –; a movimentação das gaiolas metálicas com duas atrizes (Célia Helena e Ruth Escobar) balançando a uma grande altura; e a abertura do próprio cenário, como se um dique, ou a fuselagem dessa nave, se rompesse. A operação fazia toda a estrutura trepidar, e nela estava o público com a sensação de intranquilidade (algo parecido com movimentos bruscos de um avião). Mas seria impreciso dizer que o interesse de tudo se resumia aos velhos sustos e calafrios das rodas-gigantes ou de uma montanha-russa. *O balcão* não era um parque de diversões, mas, sim, um poderoso engenho metálico a serviço da ação dramática.

Somente Nelson Rodrigues se irritou com tamanha repercussão. Defensor ferrenho do primado do texto no teatro, o dramaturgo indignou-se com as liberdades tomadas por Victor Garcia com o original e, mais ainda, com o apoio da crítica. Em sua crônica no jornal *O Globo*, do Rio de Janeiro, reproduzida em São Paulo pelo *Jornal da Tarde*, descarregou um arsenal de ironias contra *O balcão*:

> Eu gostaria de escrever a Victor Garcia uma carta anônima. E chamaria a sua atenção para o óbvio ululante: o bom diretor não é o grande diretor, mas, inversamente, o diretor secundário, quase imperceptível. Se ele se põe a competir com o autor, não há dúvida: é um péssimo diretor[8].

Fiel à sua vaidade autoral, só faltou a Nelson Rodrigues xingar o público que gostou desse "antiteatro". Sempre lotado, o espetáculo esteve em cartaz de 29 de dezembro de 1969 a 16 de agosto de 1971: um ano, sete meses e 19 dias. A sessão da estreia teve quatro horas de duração. Teria feito mais carreira se não fossem os custos pesados da produção, com equipe técnica e quarenta atores em cena. Uma temporada em tempos de ditadura: o regime

---

8. *Jornal da Tarde*, São Paulo, 20 jan. 1970.

se manifestou na prisão da atriz Nilda Maria, a intérprete da revolucionária Chantal. Detida no dia 5 de maio de 1970, ficou seis meses encarcerada e teve de ser substituída – de início, pela experiente Thaís Moniz Portinho; depois, pela jovem Maura Arantes.

Em reunião presidida por Décio de Almeida Prado, 14 membros da Associação Paulista de Críticos de Teatro (APCT, atual APCA) escolheram *O balcão* como o melhor espetáculo de 1969, ano que teve outras encenações importantes, como *Na selva das cidades*, de Brecht, direção de José Celso Martinez Corrêa; *Esperando Godot*, de Beckett, direção de Flávio Rangel, com Cacilda Becker, que morreu durante a temporada, gerando comoção no país. Ano também de estreia de autores nacionais: *Fala baixo senão eu grito*, de Leilah Assumpção, e *O assalto*, de José Vicente de Paula. *O balcão* recebeu 12 votos. Ruth Escobar foi indicada, por unanimidade, a personalidade teatral do ano. O espetáculo venceu ainda os prêmios de melhor coadjuvante feminino (Célia Helena); melhor coadjuvante masculino (Jonas Mello); melhor cenografia (Wladimir Pereira Cardoso); melhor tradução (Martin Gonçalves e Jaqueline de Castro). Embora seja estranho, Victor Garcia recebeu apenas o prêmio de melhor figurinista. Prevaleceu o fato de ele, no ano anterior, ter sido premiado pela direção de *Cemitério de automóveis*.

Jean Genet assistiu à montagem. Acompanhou somente a primeira parte e aguardou o restante no camarim. O teatro já lhe era indiferente. Preferia a política, as ruas. Visitou Nilda Maria na prisão e usou seus direitos autorais em viagens pelo país.

São muitas e perenes as imagens de *O balcão* na memória dos que assistiram ao espetáculo. Um documentário do cineasta Jorge Bodanzky, realizado em condições precárias, causou admiração em vários países[9]. Peter Brook e Laurence Olivier mostraram-no aos seus artistas. Um comentarista do Irã, Karin Modjtehedy, exclamou que se tratava da "Capela Sistina do teatro", opinião subscrita pela ensaísta francesa Raymonde Temkine em seu livro *Mettre en scène au présent*[10]. Um de-

---

9. Todo de preto, Victor Garcia aparece no fim do filme de Bodanzky. Retribui os aplausos com expressão séria e uma mesura. Em seguida, gira sobre si mesmo de braços levantados. Como um toureiro.
10. Raymonde Temkine, *Mettre en scène au présent*, Lausanne, Suisse: Éditions l'Age d'Home, 1977, p. 38. Há ainda mais duas outras referências bibliográficas esclarecedoras: o estudo *An Audience Structure for* The Balcony, da brasileira Ilka Marinho Zanotto, ilustrado com um ensaio fotográfico, em *The*

poimento especial, o de Luís Maria Olmedo, o companheiro de Victor no Mimo Teatro:

> Depois de muitos anos e peripécias, passando por São Paulo, depois de ver diversas vezes *O balcão*, sabia que estava presenciando o maior espetáculo que se podia imaginar. Victor foi o criador de um teatro poético, espetacular, ele era mais que uma estrela, um planeta. Era alguém que, como falava Lorca, tinha "duende", gênio[11].

Memória pessoal do autor deste livro: a presença de Maura Arantes no espetáculo (substituindo Nilda Maria). Breve carreira, curta vida, tão frágil fisicamente, ela crescia no papel, e sua voz poderosa ecoava no teatro.

Drama Review (Nova York, jun. 1970, vol. 17, n. 2). Esse trabalho integra a antologia *The New Theatre. Performance Documentation: An Anthology*, editada por Michael Kirby (Nova York: NYU University Press, 1974). O espetáculo é também contemplado pelo artigo de Ruth Escobar "The Balcony (A photo portfolio)" na revista *Performance* (Nova York, 1971, vol. 1, pp. 98-109). Além do artigo e de uma entrevista de Ilka Marinho Zanotto, houve, na imprensa brasileira, críticas aprofundadas de Sábato Magaldi e Yan Michalski.

11. Depoimento concedido ao autor.

De Madri a Paris

A forma cênica de *Yerma,* de García Lorca, nasceu diante de um prato de *tortilla*, no café da estação ferroviária de Granada, na Espanha, quando Victor repetiu um gesto que já fizera para sua irmã Juana. Enquanto ele e Nuria esperavam o trem para Madri, ele levantou um guardanapo pegando-o pelo centro. O pano toma a forma de tenda que, em escala maior, pode sugerir colinas ou dunas e, no plano subjetivo, a sensação de instabilidade. É exatamente esse o território psicológico da peça.

Na fase preparativa dos ensaios, eles viajaram para conhecer a terra do poeta com a ideia de encenar a peça no Corral del Carbón, local em Granada que, entre outros usos, havia sido um teatro. Foi um tanto decepcionante porque, apesar da beleza, pouco restou dos anos 1930 naquela cidade. A busca de alternativas foi outra vez marcada pelas dificuldades políticas com a ditadura. No espetáculo anterior, o veto recaiu sobre um texto de Arrabal, sendo permitido apenas Genet. Pois Arrabal, ele próprio, filmou *Viva la muerte* (1971), adaptação de seu romance *Baal babilônia*, enorme requisitório contra o franquismo. Nuria e Victor estavam no elenco.

Agora ela vinha com Lorca, uma imagem incômoda para um regime que fuzilou o poeta mundialmente querido. O grupo tentou levar a produção para o Teatro Grego de Barcelona. O local estava inativo, e Nuria tinha o apoio da prefeitura, mas o regime se manifestou, e a peça foi interditada "por razões difíceis de explicar", como assinalou Nuria em comunicado público. A mesma pressão impediu a montagem em Tarragona. Foram semanas de expectativa até finalmente permitirem apresentações, mas apenas em Madri.

O espetáculo fugia do lugar-comum de uma Andaluzia eternamente pastoril. O tema da peça, a revolta de uma mulher que não pode ter filhos, abre outras possibilidades de entendimento (opressão social e cultural a todo tipo de criação).

Diz Nuria:

> Me parece que há mais diferença entre a Andaluzia lorquiana e a Andaluzia real do que entre a Andaluzia lorquiana e a de Victor Garcia. Quero dizer que o cigano de *verde luna* não existe. [...] García Lorca cria seu próprio lugar no teatro, o que abre a possibilidade a qualquer diretor para que proponha, partindo do texto, sua própria poesia. O ciganismo e certas características naturalistas do seu teatro e de sua poesia têm sido maltratados e minimizados por uma corrente lorquiana desgastada[1].

Carmen Compte, da equipe de *Les voies de la création théâtrale*, ampliou o que Nuria disse. Em análise para outra publicação, a revista *Travail Théâtral*[2], fez a seguinte observação:

> Durante muito tempo, Lorca foi considerado o dramaturgo da mulher, mostrando, por intermédio de seus personagens, a frustração e a esterilidade numa sociedade asfixiada por certo senso moral. A interpretação tradicional e temática de suas peças chegou a especializá-las e mesmo a congelá-las. Victor Garcia, admirador do poeta, devolveu-lhe uma vida que a peça havia perdido e tornou visível o que nela o seduziu.
> É difícil politizar as peças de Lorca sem se perguntar se não é uma interpretação errônea. Mas é igualmente inexato limitar sua obra a tragédias familiares e camponesas. As heroínas têm outra função: a de representar a liberdade.

O cenário imaginado inicialmente em um guardanapo demandou outra maratona de engenharia cenográfica. Ocupando o palco, havia uma lona suspensa por cabos de aço e traves metálicas, aparato pesadíssimo. A crítica veria nele uma referência indireta à situação da Espanha, com seus desequilíbrios socioeconômicos e políticos.

---

1. Entrevista ao autor.
2. "Yerma: une nouvelle lecture de Lorca", *Travail Théâtral* nº.11, abril-junho 1973, p. 127.

Assim como no Brasil houve Wladimir Pereira Cardoso, na Espanha esteve presente o cenógrafo Fabià Puigserver (1938-1991). A paternidade do cenário acabou gerando uma polêmica autoral, e Puigserver persistiu reivindicando a autoria exclusiva, mas Nuria atesta ter sido ideia de Victor executada pelos dois.

Esse Lorca transcendente conquistou a Espanha, capitais europeias, Estados Unidos e América Latina. Em São Paulo, abriu o 1º Festival Internacional de Teatro em março de 1974, com cinco sessões no Teatro Municipal de São Paulo. Do reencontro de Victor com Ruth Escobar, organizadora do festival, resultou o projeto de *Autos sacramentais*, de Calderón de la Barca, a ser encenado para o Festival de Shiraz, no Irã.

A *Yerma* de Victor Garcia deixou uma impressão tão profunda e duradoura que foi relembrada no festival de literatura em homenagem a García Lorca realizado em Mérida, México, de 23 a 27 de outubro de 2006. Na ocasião, 32 anos depois da montagem, o escritor e dramaturgo mexicano Reynaldo Carballido evocou a abstração da pintura de Kandinski ao relembrar da apresentação no Teatro Hidalgo, na capital mexicana:

> Depois de *Yerma* entendi que o diretor faz a composição do cenário, que parte do texto quando a obra cobra sua verdadeira dimensão. Sobre um esboço abstrato se podem colocar pastores, camponeses, lavadeiras. Desses personagens, Lorca também faz uma abstração para encontrar o essencial de homens e mulheres. Victor Garcia é coerente com a visão de Lorca, que [...] simboliza o que nos une a toda a humanidade, e Victor, de um espaço camponês, simboliza um espaço kandinskiano.

LONDRES

O português Ricardo Pais, um dos atores de Victor em Coimbra, foi seu assistente na encenação de *O arquiteto e o imperador da Assíria*, de Fernando Arrabal, com Anthony Hopkins e Jim Dale, no National Theatre, em Londres. Ricardo, que se tornaria profissional de sucesso em Portugal, estudava na Inglaterra e acabou integrado à produção, entre outras razões, porque Victor não falava inglês.

Acabou testemunha de seus desencontros com o teatro local. Victor, que só trouxe da França o cenógrafo Michel Launay, não se entendeu direito nem mesmo com *sir* Laurence Olivier, que o convidara. Hopkins e Dale não aceitavam bem os improvisos e se recusaram a ficar nus logo de início, um dos pedidos da direção.

Parte da crítica discutiu o evento a sério, mas houve atitudes de desdém. Kenneth Hurren (1920-1993), da veterana revista *The Spectator*, referiu-se a "um tal Victor Garcia". Se Hurren se tivesse dado a um mínimo de trabalho, saberia que o artista que chegara a Londres por indicação de Peter Brook não era um "tal" Victor.

Outras reações contrárias são esclarecedoras do embate de culturas e estéticas em um espetáculo que parece não ter sido mesmo um dos melhores momentos da carreira de Victor Garcia. Palavras duras vieram de Joshua Ossia Trilling (1913-1994). Autêntico intelectual das artes cênicas, nascido na Polônia e radicado na Inglaterra, Trilling viajou bastante e escreveu sobre o teatro de outros países. Colaborou com jornais ingleses, fundou uma agência de notícias teatrais e foi vice-presidente da Associação Internacional de Críticos de Teatro. Perspicaz, captou as sombras da personalidade de Victor Garcia:

> Ao contrário de Arrabal, ele [*Victor Garcia*] é difícil de se gostar. [...] Logo descobri que o homem que eu tentava entender é um escravo de impulsos e hábitos irracionais. [...] Diferentemente de Arrabal, Garcia é sem esperança. Sua vida e suas ideias são cheias de maus presságios, com uma enfermidade espiritual intratável.

Trilling é peremptório, mas seguramente Victor não facilitou as coisas. Enfim, somente mais tarde, ao verem em Londres *Yerma* e *Divinas palavras*, de Valle-Inclán, com Nuria Espert , os ingleses entenderam o diretor.

Em meio aos conflitos, o iluminador David Hersey encontrou um mestre. Norte-americano de nascimento, Hersey conhecia os melhores recursos técnicos de luz teatral quando ouviu, espantado, Victor lhe dizer: "Esqueça tudo e invente de novo". Gostou tanto do desafio dessa outra visão de sua arte que, mais tarde, aceitou de imediato quando chamado para *Autos sacramentais* no Irã.

Hersey, que depois criaria uma empresa de iluminação e assinaria a luz de grandes produções, conserva grata lembrança daqueles dias. Ao definir Victor Garcia, disse: "Ele era um gênio". Anthony Hopkins, falando em 1994 à revista *First,* publicação do Diner's Club da Argentina, referiu-se a uma pessoa "muito triste, um homem muito emocional".

TRÊS VEZES *AS CRIADAS*

Em meio à complicada experiência inglesa, Victor teve de reensaiar *As criadas* para a temporada francesa de Nuria Espert – oito sessões no Théâtre de la Cité Internationale de Paris, de 8 a 15 de abril de 1970. Ao mesmo tempo começou a preparar o espetáculo francês com a mesma peça. Os resultados foram distintos. Se, na Espanha, tudo correu bem, em Paris, mesmo no idioma original do texto, um Victor exaurido pela experiência londrina não teve a mesma força.

Ele a reencontraria em Portugal, na terceira versão de *As criadas*, durante o período em que residiu em Cascais, beleza de cidade perto de Lisboa onde o rio Tejo chega ao mar. Victor viu-se cercado de gentilezas no Teatro Experimental de Cascais (TEC), do seu diretor-fundador, Carlos Avilez, à atriz Eunice Muñoz, com quem teria outra de suas calorosas identificações. Para o crítico e ensaísta Sábato Magaldi, o espetáculo foi deslumbrante. Pena que não exista um dossiê desse trabalho como o das versões espanhola e francesa incluído no volume 4 da revista-livro *Les voies de la création théâtrale*, o que daria a visão total de um ciclo criativo do artista. Embora se possa lamentar que a publicação ignore o espetáculo português, o estudo, preparado de 1970 a 1973, é detalhado no que se propõe.

Da equipe de dez analistas, que inclui Denis Bablet, conhecido teórico de teatro, fazia parte Carmen Compte, encarregada da pesquisa do espetáculo espanhol. Há coincidências em ambas as versões de *As criadas*, mas, na primeira criação, Victor estava na Espanha. Fez enorme diferença a possibilidade de se entender diretamente com o elenco com base em referências comuns e contar com a personalidade e o talento de Nuria Espert. Compte percebeu o resultado da integração: "Victor Garcia utiliza todas as possibilidades de interpretação oferecidas pelos atores. Ele parecia conhecê-los melhor, podendo mais facilmente se identificar com eles, agia sobre um terreno mais rico, mais maleável". Seu relato completo foi publicado no número 11 da revista *Travail Théâtral* (1973).

O ponto comum a todas essas encenações são marcas inconfundíveis de Victor: a cenografia e o uso do texto como uma partitura em que se privilegiam as passagens fortes. Nunca seguiu as indicações de Jean Genet, que pede móveis estilo Luís XV e outros objetos reveladores da condição social da Madame, alvo de ódio e fascínio das criadas. Sua cenografia era uma caixa

Eunice Muñoz no espetáculo *As criadas*, de Jean Genet, em Cascais, Portugal.
Foto: Montserrat Faixat

metálica com o piso inclinado para a plateia, o fundo da cena dominado por painéis verticais de 6 metros de altura por 1,5 metro de largura com passagens entre eles. Todo o conjunto revestido de alumínio produzia o efeito de espelhos. Golpeados, os painéis soavam como gongos, realçando o combate entre as mulheres. No meio do palco, um círculo em tecido negro e brilhante, o lugar de Madame, misto de leito e altar. Para Denis Bablet, esse ambiente se completava "como o coro de uma igreja completa a nave". A direção deu sentido coreográfico ao conflito das criadas entre si e delas com a patroa. Para o dramaturgo, as idas e vindas das mulheres seriam como o voo de pássaros que trazem presságios. Victor deu vida a essa imagem. Como se pode notar, houve diferença na intensidade dos espetáculos em Barcelona, Lisboa e Paris. Nos dois primeiros, o elenco era composto por atrizes afinadas com tudo. Em Paris, o elenco era desigual e tinha dificuldade diante de um projeto acidentado desde o começo. E assim foi: Victor alternava a montagem de *O arquiteto* com esboços de ensaios de *As criadas*. Raymonde Temkine afirma explicitamente que

> Ninguém duvida de que essa criação [*O arquiteto*] lhe toca mais o coração que a retomada de *As criadas* [...]. Sua direção dos atores, mesmo sua presença, foram intermitentes e caprichosas em um lugar, um apartamento londrino, não um teatro, mal adaptado aos ensaios.

O cenógrafo Michel Launay confirmou esses fatos. Os ensaios de *As criadas* foram até 10 de janeiro de 1971. Então, houve uma interrupção até 15 de fevereiro, depois da estreia de *O arquiteto*, no dia 3 de fevereiro de 1971. *As criadas* estreou em 16 de março no Espace Cardin. Victor praticamente deixou a finalização para Michel Launay. Carmen Compte lembra que, para alguns críticos, a representação espanhola continha elementos-chave de certa tradição hispânica expressos no gosto por ritual e profanação. Em Paris, ao contrário, o espetáculo foi marcado pela rigidez do movimento dos atores. É de se notar, no entanto, a opinião abertamente favorável de Guy Dumur, em *Le Nouvel Observateur*, uma revista de prestígio. Em sua crítica, ele escreve:

> Lembramos da encenação de Victor Garcia para *Cemitério de automóveis*, de Arrabal e, antes, a de *Rosa de papel*, de Valle-Inclán. Era belo e selvagem. Com *As criadas*, Garcia passa a um novo estágio: não é mais somente a violência que está em jogo, mas um verdadeiro cerimonial – corrida ou sacrifício humano? – conduzido pela linguagem de Genet. Porque, tenho necessidade de dizer, o texto em nenhum momento é traído. Ao contrário, acredita-se que escreveu sua peça para esta montagem e que não há outros meios de representá-la. Ver tanta violência unida a tanta beleza, a tanta inteligência e tanto gosto é mui-

to raro na França para que não se dê prioridade a este espetáculo que é como a reabilitação do luxo e a sua destruição [...]³.

Bem mais que essa sempre citada propensão espanhola para o sacrílego, o que se evidencia são acertos e desencontros que sempre podem ocorrer entre diretor e elenco. A tradição artística portuguesa está distante da crueldade ou da violência espanhola, e, no entanto, a montagem em Lisboa foi excepcional.

---

3. Guy Dumur, "Deux fourmis noires", *Le Nouvel Observateur*, Paris, 22 mar. 1971.

Autos sacramentais

Treze anos depois de ter passado pelo Rio de Janeiro, Victor teve seu último contato profissional com o Brasil. Em 1974, trouxe *Yerma* ao Festival Internacional de Teatro de São Paulo e propôs uma nova parceria a Ruth Escobar. Ela descreve o episódio no seu livro *Maria Ruth*, no qual diz que ele a convenceu

> A assumir contratos internacionais para a montagem de *Autos sacramentais* de Calderón de la Barca no Irã, França, Itália e Inglaterra. O arranjo para a estreia era tentador – Shiraz, no Irã, dez mil dólares por três espetáculos, mais hospedagem, refeições e transporte desde Paris.

De novo, Victor imaginava um grande cenário: desta vez, teria a forma de um diafragma de máquina fotográfica com lâminas que deveriam abrir e fechar enquanto os intérpretes representavam sobre elas. O mecanismo construído em São Paulo seguiu desmontado por via aérea, mas chegou atrasado. Os engenheiros locais o acharam perigoso para os atores, que poderiam ser feridos por aquilo que acabou chamado por todos de "a máquina infernal".

Há três testemunhos documentados da aventura: o relato de Ruth, um filme do cineasta Andrea Tonacci e a versão do ator e diretor Sérgio Britto (1923-2011). Em 1975, Tonacci fez o documentário *Jouez encore, payez encore* (em uma tradução livre, algo como "pague para representar"). O filme é longo, e dele, em 1995, Tonacci extraiu trinta minutos em vídeo com cenas do espetáculo e a sequência final da viagem, na França. Há momentos contundentes, com os atores expostos ao frio da madrugada, no Irã, trechos de representação, reuniões com técnicos que tentaram fazer o diafragma funcionar e com o comando do Festival de Outono, de Paris, que não aceitou o espetáculo sem o cenário. O documentário termina com a equipe inteira debatendo no Thèâtre Saint Martin vazio sobre o que fazer naquelas circunstâncias. Em dado momento, o encenador discute asperamente com Ruth Escobar e se retira do teatro. Para ela,

> Victor beirava a insanidade à medida que os argumentos nos convenciam da impossibilidade de montar a máquina a contento. Acho que os ares que chegavam do outro lado do Golfo Pérsico, da região entre o Tigre e o Eufrates, onde as lendas dizem que estava o Jardim do Éden, acendiam ainda mais sua loucura. E, assim, chegou-se a uma conclusão: faríamos o espetáculo como se fosse o Gênesis ou o Apocalipse, todos os atores nus. E nos enfiava cabeça adentro a mística da "transcendência do nu". [...] Altas horas da noite estavam os atores nus, ensaiando, ensaiando nas ruínas

Leina Krespi e elenco no espetáculo brasileiro *Autos sacramentais*, de Calderón de la Barca, no 8º Festival das Artes do Irã, em 1974.

de Persépolis, para horror e estupefação dos iranianos [...]. O duro eram os escorpiões que emergiam das ruínas, aterrorizando os atores [...]. Aí chega o aviso do Ministério da Cultura de que, com os personagens nus, não haveria espetáculo. Na oficina, quase frenéticos, os engenheiros ainda tentando pôr a máquina fotográfica a andar. [...] E o Victor, no meio desse processo, vivendo-o como se fosse o próprio espetáculo. Para ele, era um desafio supremo fazer a peça sem a máquina, porque sempre fora criticado por colocar as máquinas, as engrenagens, as ferragens, adiante do ser humano; na verdade, não conseguia imaginar um texto, ou os atores se movendo, sem que a máquina, onipotente, estivesse presente, avassaladora, sujeitando as pessoas como se fossem corpos estranhos. Para ele, as pessoas eram elementos de um vasto cenário[1].

O complemento da aventura está no livro *Fábrica de ilusão: 50 anos de teatro*, de Sérgio Britto. Por esse testemunho, os primeiros ensaios em São Paulo foram desorientadores. Victor dava linhas gerais e se limitava a observar as reações do elenco. Nem todos conseguem trabalhar com elementos tão escassos, atrapalham-se, perdem o fôlego, enquanto outros se saem bem melhor.

Há momentos tensos; em um deles, Victor grita: "Não sou professor de arte dramática!". Outros dias, tudo corre bem. Ele está mais disponível, e a equipe vislumbra aonde ele quer chegar. Britto, experiente ator e diretor, acrescenta que

> *Autos sacramentais* era uma adaptação nem sempre muito eficiente em cima de três peças de Calderón de la Barca e pretendia, muito ambiciosamente, ser a história da Criação, desde os elementos iniciais, água, ferro e fogo, até o Homem, seus pecados, culminando na morte do Homem e seu enfrentar Deus no juízo final[2].

A interdição iraniana ao nu desejado pelo diretor criou um dilema sério. Não aceitá-lo seria perder o cachê e inviabilizar a excursão europeia. Finalmente optou-se por macacões, solução conciliatória para o festival que era

---

1. Ruth Escobar, *Maria Ruth*, Rio de Janeiro: Guanabara, 1987, p. 149.
2. Sérgio Britto, *Fábrica de ilusão: 50 anos de teatro*, Rio de Janeiro: Funarte, 1996.

um luxo da ditadura do xá Reza Pahlavi, frequentado por artistas como Peter Brook, que fez o espetáculo *Orghast* especialmente para o evento. Depois do cancelamento em Paris, o restante da viagem – Londres, Veneza e Lisboa – alternou problemas e acertos. O documentário de Andrea Tonacci, com os atores aturdidos andando pelo palco, registra essa falta de rumo.

O mesmo Sérgio Britto fez o balanço de *Autos sacramentais* no programa *Roda Viva*, da TV Cultura de São Paulo, em 23 de junho de 2003: "O Victor queria destruir alguma coisa. Isso ele nunca me falou, mas eu acho que ele queria destruir o espetáculo porque não estava seguro do que estava fazendo".

Adeus espanhol com *Divinas palavras*

Nuria Espert e Hector Alterio no espetáculo *Divinas palavras*.
Foto: Montserrat Faixat

Com *Divinas palavras*, de Ramón del Valle-Inclán, Victor Garcia encerra sua ligação com Nuria Espert. É um dos textos mais cruéis do autor, painel rural semibárbaro da Galícia, região espanhola vizinha ao norte de Portugal.

A ação gira em torno de Laureano, criança retardada exposta pela mãe em um carrinho para pedir esmolas. Quando essa mãe morre, os parentes entram em uma disputa por seu uso nas feiras e portas de igrejas. Acabam por estabelecer um rodízio familiar, e a primeira a sair com o carro é Mari-Gaila, sua tia, mulher bela e adúltera, casada com o sacristão Pedro Gaila. O cortejo de horrores, que inclui um aleijado devorado por porcos, culmina com a tentativa de linchamento de Mari, surpreendida com o amante. O marido traído pronuncia, então, em latim, as "divinas palavras" bíblicas de Cristo: "Quem não tiver pecado atire a primeira pedra" (*Qui est sine peccato primum in illa lapidem mittat*).

Seria insuportável não fosse Valle-Inclán, que consegue realizar pela escrita, de certa forma, a tradução de Goya. Essa também é a opinião de Nuria, que desempenhou Mari-Gaila em um cenário dominado por grandes tubos de órgão de igreja deslocáveis de um lado para outro pelos intérpretes. No espetáculo, iluminado com efeitos de vitrais, Nuria/Mari, nua e de longos cabelos soltos, abria os braços para o céu.

Os ensaios coincidiram com a agonia do general Francisco Franco, e a estreia, em Palma de Mallorca, foi adiada em decorrência da sua morte. A temporada começou realmente em 1976, no Festival de Barcelona, antes da carreira internacional: Bienal de Veneza, Festival de Outono de Paris e Londres.

Ao todo, foram oito anos de ligação entre Victor Garcia e Nuria Espert (1969-1977). Reencontraram-se algumas poucas vezes, não mais a trabalho.

Nuria esteve no seu sepultamento, em Paris. "Eu nunca chorei tanto em um enterro", disse.

Mesopotâmia em Paris

Cena do espetáculo *Gilgamesh*, em Paris, em 1979.

A busca de Victor pelo que considerava o essencial da vida ressurge em *Gilgamesh*, obra milenar da Mesopotâmia (Iraque) que narra a epopeia desse ser mítico. Como ele é forte e despótico, os deuses criaram Enkidou para conter seus excessos. Deveriam ser rivais, mas acabam amigos. Quando Enkidou adoece, Gilgamesh empreende uma viagem iniciática aos confins do mundo e da própria existência.

Eis outra das figuras emblemáticas da aventura humana sobre a Terra, presente em outras culturas – mitologia grega, o Velho Testamento e toda a cosmogonia africana e afro-brasileira, via candomblé. Em *Gilgamesh*, por exemplo, há um dilúvio semelhante ao do Velho Testamento.

Victor interessou-se por "momentos" de *Gilgamesh*, as linhas gerais, como observou Odette Aslan, acalentando o projeto durante dez anos. A versão final teve de esperar longamente pelo financiamento em Paris. Quando o trabalho começou, em 1979, ele disse ao jornalista Philippe du Vignal[1]:

> Tudo me interessa nessa história: a fábula do homem que vence monstros em combates formidáveis, mas precisa se dobrar à vontade dos deuses. Há também nessa epopeia toda uma retaguarda psicanalítica, embora eu não deseje reduzir o relato só a esse aspecto. Finalmente, o que me tentou é a possibilidade de criar um espetáculo com liberdade e insolência totais.

Victor quis intérpretes amadores de origem árabe por achar certo que suas falas e cantos tivessem a sonoridade misteriosa e áspera que buscava. A seleção do elenco atraiu gente com sotaques do Oriente Médio e norte da África. Grupo difícil de harmonizar artisticamente por juntar imigrantes, estudantes de árabe, um bailarino, um cantor de rua e até um empregado dos Correios. Os ensaios acelerados e a ênfase na nudez esbarraram não apenas na falta de hábito do elenco como também na resistência cultural e religiosa dos árabes. Com bastante relutância, eles aceitaram o tapa-sexo. Michel Launay recorda que "Victor falava em cristais de quartzo, diamantes e esmeraldas". Para Odette Aslan, não eram simples devaneios desconexos, mas esforço deliberado de ir ao fundo de sua imaginação para que o espetáculo fosse um sonho com imagens mutantes, pontos obscuros e até verdadeiros buracos na representação.

A sala do Théâtre National de Chaillot era dividida por duas valetas com mais de um metro de profundidade, iluminadas de baixo para cima. A floresta do original apareceu na forma de estruturas metálicas semelhantes a poços de petróleo. Passarelas móveis completavam a base física da ação dividida em dois planos: a divina, no alto e ao fundo da cena, e a terrena, embaixo e à frente. A iluminação conferia formas misteriosas a volumes simples, como o touro mitológico inventado a partir da carcaça de um carro Citroën.

Os jornais *Le Monde* e *Le Figaro* e a revista *Le Nouvel Observateur* comentaram *Gilgamesh*. Colette Godard, redatora de teatro do *Le Monde*, falou em "cavalgadas de cavalos fantasmas"[2]. Guy Dumur, crítico do *Observateur*, disse que os

---

1. Philippe du Vignal, revista *Art-Press*, Paris, nov. 1979.
2. *Le Monde*, Paris, 20 nov. 1979.

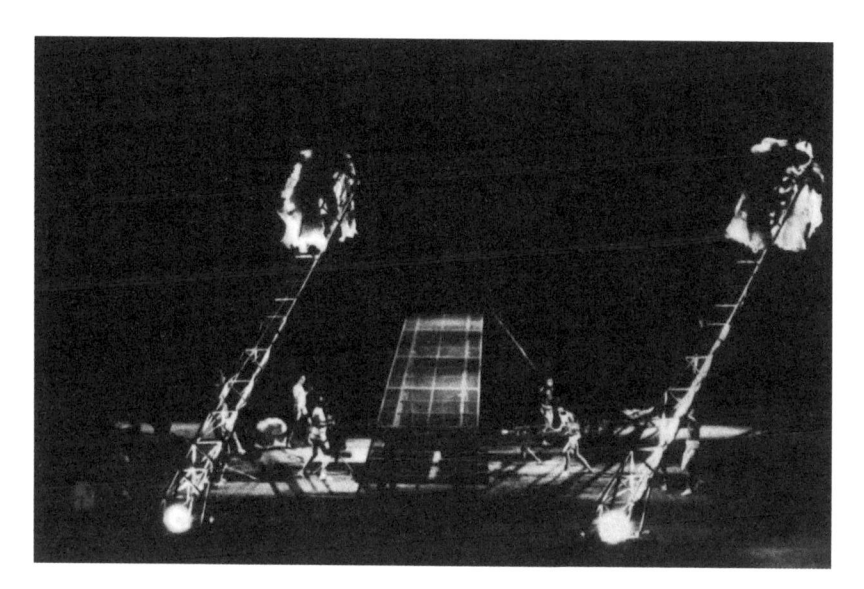

Cena do espetáculo *Gilgamesh*, em Paris, em 1979.

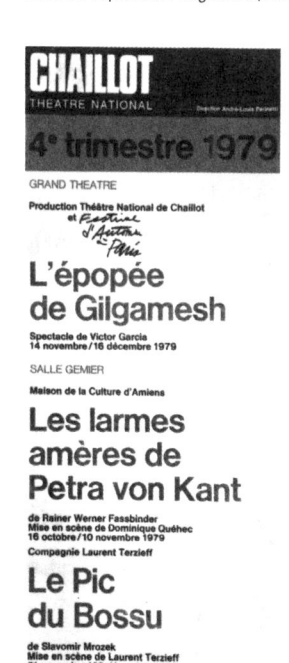

Cartaz do espetáculo *Gilgamesh*, apresentado em Paris, em 1979.

atores "nos fazem crer que um outro teatro, forte e selvagem sem ser histérico, é verdadeiramente possível". Os espectadores se dividiram: de um lado, os que rejeitaram o aspecto visual e a língua árabe; de outro, os que tiveram uma experiência de "intensa fascinação", como atesta Odette Aslan. Esse foi o caso do brasileiro Stênio Garcia (ator de *Cemitério de automóveis* em São Paulo e no Rio de Janeiro), que tentou falar com Victor, mas não o encontrou.

Há dois depoimentos fundamentais sobre a montagem, exatamente por virem de mundos opostos. Segundo Peter Brook:

Victor é hoje talvez o único a utilizar todos os elementos de uma forma, como se fossem o equivalente das cores para um pintor ou de notas para um compositor. Ele utiliza o movimento, o som, como um vocabulário. Para

Mesopotâmia em Paris 93

Cena do espetáculo *Gilgamesh,* em Paris, em 1979.

ele, o ator, o corpo, a palavra, o cenário, a iluminação são, cada um, signos saindo do mesmo alfabeto[3].

O segundo testemunho, de um ator não identificado, com tocante simplicidade e precisão, é citado em edição de *Les voies*: "Recuso-me a dizer que represento *Gilgamesh*. Faço um trabalho com Victor. Eu compreendi o irracional".

---

3. Depoimento a Odette Aslan em Denis Bablet (org.), *"Les voies de la création théâtrale"*, vol. 12, Paris: CNRS Editions du Centre National de la Recherche Scientifique, 1984, p. 31.

Israel: *Bodas de sangue*

Cena do espetáculo *Bodas de sangue*, de García Lorca, em Tel Aviv, em 1980.
Foto: Rachel Hirsch

Fundado na Rússia por artistas judeus, em 1922, o Teatro Habima transferiu-se para Tel Aviv quando da criação do Estado de Israel, em 1948, e tornou-se Teatro Nacional em 1958. Fica em uma bonita praça da cidade, e ali Victor Garcia criou em 1980 *Bodas de sangue*, de García Lorca. Ruth Tonn-Mendelson, assistente da direção artística do Habima, é uma judia-alemã de expressão séria atrás de redondos óculos de aros metálicos, mas se torna emotiva ao falar de Victor anos depois de sua passagem pelo Habima:

> Era um homem pequeno, quase sempre vestindo um poncho, e que chorava com facilidade. Nas improvisações dos primeiros ensaios, fazia os atores

correrem pelo pátio externo, saltando sobre os automóveis ou dentro da pequena fonte da praça.

Em uma graciosa tentativa de falar espanhol, Ruth inverteu o título da peça para *Sangue de boda* enquanto defendeu totalmente a montagem:

> Era muito bonita, sem imagens espanholas convencionais, baseada sobretudo nos efeitos plásticos. O público médio estranhou as inovações, e só tivemos 16 representações, mas ficou como uma referência estética na história do nosso teatro[1].

A ruptura com a tradição espanhola mais óbvia efetivamente causou resistências, como registra o jornal *Yedioth Ahronoth*, em artigo de Emanuel Bar Kadmon, na seção Luzes da Ribalta:

Fiquei confuso. Aquilo que eu vi não parecia com o que eu esperava e com aquilo que se liga a Lorca ou com esta peça que vi muitas vezes em vários países. Quando acabou o espetáculo, a parte dramática não ficou clara. Não entendi a chave que Victor Garcia utilizou para o texto, as relações e as personagens de Lorca.

Em seguida, ele narra seu encontro com o diretor em um bar em Tel Aviv, onde Victor pediu vinho tinto e falou pouco:

Cartaz em hebraico do espetáculo *Bodas de sangue*, apresentado em Tel Aviv, em 1980.

Kadmon: Você tem alguma

---

1. Os testemunhos foram concedidos em entrevista ao autor.

chave que lhe abriu a interpretação de Lorca no que diz respeito à movimentação?

Victor: Claro que tem uma chave. É a mais simples e é a mais fácil de abrir. Só que precisa tomar cuidado com as flores artificiais nas janelas. É preciso cheirar somente flores verdadeiras.

Kadmon: O que é para você *Bodas de sangue*?

Victor: Uma loucura, mas uma loucura que tem lógica e construção muito disciplinadas. O que acontece no interior é muito perverso. São valores morais como a pátria e a família.

Kadmon: Não lhe parece que você se deu liberdades demais no trato de Lorca?

Victor: Lorca é um amigo. Com amigo se pode fazer tudo o que queremos. Lorca não era um sargento, mas um homem solitário com uma carga trágica, e morreu em Granada depois de levar um tiro na bunda. Assim acabou a história de Lorca. O que sobrou dele é uma luz que cada um carrega dentro da sua alma.

Kadmon: De que forma você transmite isso?

Victor: Para mim, é como fazer um movimento brusco, como quebrar um copo (*Victor apanha um copo e o atira na calçada do bar*).

Kadmon: O que é teatro para você?

Victor: Crime e castigo. Crime que compensa. História de mistérios quando não sabemos nunca para quem tocam os sinos.

Michael Handelzeltz, o crítico do *Haaretz*, foi mais duro:

"Meu filho pode", assim diz a mãe sobre o filho na peça de Lorca. O mesmo se pode dizer sobre o diretor Victor Garcia. Desde o primeiro momento, percebe-se que ele domina o espaço cênico [...] cria formas belíssimas, favorecidas pela iluminação. Os panos que vestem os atores criam efeitos lindos, e tudo promete muito. Na continuação do espetáculo, você descobre que os efeitos não bastam. Esta é uma peça de grito, e alguma coisa fundamental deve chegar à alma do espectador. No espetáculo de Garcia, você é preso aos efeitos, mas fica frio e distante do que acontece. O uso da técnica impressiona mais do que a interpretação, ainda que boa, dos atores [...]. Garcia dirigiu a peça de Lorca sem nenhum sinal do folclore espanhol. No lugar disso, apresentou uma estética de som e imagem. Essa forma de

Cena do espetáculo *Bodas de sangue*, de García Lorca, em Tel Aviv, em 1980.
Foto: Rachel Hirsch

apresentação significa um estilo, e, no caso do espanhol Lorca, essa forma leva ao fracasso por falta de alma. No espetáculo do Habima, falta "o grito primal" que é possível criar em qualquer estilo.

Victor contrariou mesmo a Espanha dos gerânios cenográficos, mas algo de novo foi plantado. No livro comemorativo dos cinquenta anos do Habima estão as peças representativas de cada ano, e *Bodas de sangue* é o espetáculo marco de 1980. Reconhecimento ao artista que, ao ver o Habima e suas poltronas de veludo, disse que gostaria de ter dez quilos de dinamite para demolir o prédio.

Chorar por Calderón

O ator brasileiro Paulo Goya (Paulo Antonio Guedes) participou de *Calderón*, o último espetáculo de Victor Garcia. Foi-lhe penoso testemunhar o fim da chama criadora do encenador. No mesmo elenco, atuou Vincent Lo Monaco, o amigo próximo que cuidou dele nos dias finais. Na direção do Théâtre National de Chaillot, onde a peça foi encenada, estava André-Louis Périnetti, parceiro fundamental de Victor na França.

Paulo Goya conta o processo de montagem de *Calderón*:

> Nesse espetáculo éramos todos profissionais, uns com uma carreira importante, outros principiantes, mas todos com um currículo. Por exemplo, tinha um ator argelino, Saïd Amadis, hoje conhecido no cinema francês. Ele fazia a Morte, e eu, o Pecado.
> O Victor fez esvaziar a mesma Grande Sala do teatro em que havia encenado *Gilgamesh*. Tirou a plateia, e o público ficava em volta, numa semiarena. No centro havia módulos triangulares de ferro e de acrílico que, quando se uniam, formavam um círculo. No centro do palco propriamente dito havia um pistão hidráulico. Com uma plataforma de dois metros de diâmetro, que subia a quatro metros de altura. No alto dela é que o Corpo e a Alma se uniam.
> Começamos a ensaiar em março de 1981 e estreamos no dia 15 de maio.
> A temporada se encerrou em 30 de junho. Victor quase não conseguia criar mais nada. Quando aparecia no ensaio, tentava armar imagens com esses módulos. Eu tinha na minha cabeça as cenas de *O balcão* e do *Cemitério*. Foi

Cartaz do espetáculo *Autos Sacramentais*, de Calderón de La Barca, apresentado em Paris.

isso que usei para construir o Pecado. Tínhamos dentro do elenco um grupo mais unido, e passei a esses colegas como foram aqueles espetáculos brasileiros. Assim tentamos a interpretação do texto estruturado a partir de vários autos sacramentais de Calderón de La Barca. Victor jamais se contentou com os figurinos de plástico transparente e decidiu que entraríamos nus em cena. Foi uma discussão enorme. O Saïd Amadis, por exemplo, não queria que se encostasse nele. Os homens acabaram usando um tapa-sexo de plástico, rígido como o dos lutadores de boxe.

Não me lembro de nenhum comentário detalhado de Victor sobre o texto, mas duas coisas me impressionaram. Um dia, pediu: "Me faça chorar". Outra vez, comparou o espetáculo com a imensidão e o deserto da Patagônia. Um vazio imenso, repleto de nada. Só agora percebo que toda a preocupação dele estava ligada a essa questão. A impossibilidade de união total de corpo e alma. Faz pensar no conto *Sur*, de Jorge Luis Borges. É duro, frio, mas cheio de paixão.

André-Louis Périnetti foi quem mais apostou no talento de Victor, abrindo-lhe os teatros oficiais da França depois de terem se conhecido na Universidade do Teatro das Nações. A parceria passou pelo Teatro da Cidade Universitária de Paris (que Périnetti dirigiu de 1969 a 1972) e teve em Chaillot seu ponto maior. Entendimentos, divergências e um adeus que Périnetti relata "a quente", como ele mesmo diz:

Victor Garcia permanece como um homem do mundo, mais do que de apenas uma ideia, ou de uma só obra. Este mundo que fez nos reencontrarmos em *Autos sacramentais* constituiu o espetáculo *Calderón*. Foi a última encenação de Victor que produzi em Chaillot. Ele havia inaugurado as atividades da nova sala do teatro, em 1976, com *Divinas palavras*, e era lógico que assumisse a última [*da gestão de Périnetti*]. Mas como o espetáculo seguinte a *Divinas palavras* seria substituído por outro, sobre o poeta François Villon, que não pudemos levar adiante, nós pensamos em *Os biombos*, de Jean Genet. Depois dos maravilhosos espetáculos *O balcão*, em São Paulo, e *As criadas*, em Barcelona e Paris, Jean Genet, entusiasmado, cedeu os direitos de suas peças a Victor. Mas, infelizmente, havia uma responsável das edições Gallimard pela obra. Ela não gostava de Victor, como muita gente do teatro na França que não conseguia entrar no mundo dele. Talvez seja preciso ver aí uma das consequências do "cartesianismo" francês. Ela nos recusou os direitos – eu soube bem mais tarde que ela reservara os direitos para Patrice Chéreau, que encenou a obra em Nanterre.

Decidimos então preparar *Calderón*. Victor já havia apresentado os *Autos sacramentais* em Coimbra (depois, na Bienal de Paris) e no Irã (encenação que nunca chegou ao fim).

A montagem tinha uma ação estruturada com trechos de *Autos sacramentais* propostos por Juan German Schroeder, autor e diretor de Barcelona, para quem a criação mostrada em Chaillot era "uma soma ou demonstração que reunia os autos sacramentais mais exemplares de Calderón. Um espetáculo dramático composto com unidade no desenvolvimento da sua ação e que nos revela um Calderón alegórico, clássico e construtivista, considerado por muitos como o arquiteto precursor do teatro moderno". A tradução dos textos foi confiada a Florence Delay, notável escritora, depois eleita para a Academia Francesa de Letras.

Eis como se preparou a produção. Infelizmente, Victor já estava diminuído fisicamente. Havia feito uma desintoxicação antes de iniciar os ensaios, mas recaiu rapidamente. Em certos momentos, ele não tinha mais que algumas horas de lucidez por dia. Foi a mais difícil de minhas colaborações com ele. Sua atitude era completamente suicida. Pela primeira vez nós discutimos. O espetáculo se ressentiu muito, desde a escolha dos atores. Habitualmente, ele era sensível à personalidade de cada um e escolhia tipos fora do comum. Desta vez, ele estava sensível ao aspecto físico, de jovens efebos, geralmente pouco talentosos. Pela primeira vez ele estava submisso a eles, não impondo nenhuma ideia forte. Calderón não foi bem recebido – não pela sua estética, pois a cenografia era esplêndida.

O sentimento final era o de que Victor já havia desistido. Nossas relações foram perturbadas. Eu mesmo, não indo mais ao teatro; ele, dividido em um mundo onde afundava, não tinha mais o fogo sagrado que sempre o animou. Nuria Espert não queria mais trabalhar com ele. Eu estava no mesmo ânimo. Victor teve sempre necessidade de pessoas que o apoiassem. Nessa época, ele reencontrou Michelle Kokosowski, com quem teve um projeto. Mas a morte veio livrá-lo de seu invólucro material que lhe pesava tanto[1].

André-Louis Périnetti, que teve seu próprio grupo, a Compagnie Dramatique Serreau-Périnetti, e foi também diretor-geral do Teatro Nacional de Estrasburgo, encerrou suas atividades públicas como secretário-geral do Instituto Internacional de Teatro, órgão da Unesco do qual se tornou presidente honorário. É Cavaleiro da Legião de Honra.

---

1. Este testemunho, concedido ao autor, poderia perfeitamente compor a segunda parte deste livro, mas expõe melhor aqui o derradeiro lampejo criativo de Victor.

El final

Os testemunhos de amigos retratam o descenso final do meteoro Victor ao longo de um ano e dois meses (1981-1982) a partir de *Calderón*. Teve somente sopro de energia para tentar a encenação de *Dom Juan Tenório*, de Tirso de Molina, com Michelle Kokosowski. O crítico, ensaísta e historiador teatral brasileiro Sábato Magaldi esteve com ele três meses antes do fim. Foi um momento penoso que Sábato registrou no *Jornal da Tarde*[1]:

> Ao tomar conhecimento da morte de Victor Garcia, não posso dizer que fiquei totalmente surpreendido. Nos *Encontros Norte-Sul Cultura,* de que participamos em junho [de 1982] nas cidades de Montpellier e Arles, eram visíveis os sinais de autodestruição e incompatibilidade com o mundo. Recomendei a vários convidados que tivessem paciência, considerando sua especial sensibilidade. Intimamente, acreditava que o grande encenador, ao retornar a Paris, logo precisaria internar-se numa clínica de repouso.

O evento, organizado por Jérôme Savary, reunia intelectuais e artistas europeus e latino-americanos como Sábato, o escritor argentino Juan José Saer (1937-2005) e o ensaísta espanhol José Monleón, que teve a mesma impressão sobre Victor: "Ele revelava uma coisa agressiva que a solidão e o álcool lhes davam. Quando bebia, suas reações eram inesperadas e, às vezes, muito desagradáveis. A última vez que o vi foi terrível".

---

1. Sábato Magaldi, *Jornal da Tarde*, São Paulo, 4 set. 1982.

De volta a Paris, foi encontrado caído na rua e levado pela polícia ao Hospital La Pitié-Salpêtrière. Acharam, entre seus papéis, o telefone de Vincent Lo Monaco e o chamaram. Entre os dias 25 e 27 de agosto de 1982, Lo Monaco teve o último encontro com Victor, que, sob os efeitos do tratamento a que estava submetido, tinha delírios[2]. Uma infecção na garganta teria provocado o desenlace durante a madrugada.

Vincent Lo Monaco não sabe se houve necrópsia ou algum relatório médico do caso. O comunicado do hospital diz apenas: "Apesar de todos os cuidados que lhe foram dedicados, o Senhor Victor Garcia faleceu no La Pitié, dia 28 de agosto de 1982". O registro da administração municipal parisiense (13º *arrondissement*) atesta que:

> Em 28 de agosto, às três horas e trinta, faleceu no Boulevard de l'Hôpital 83 Victor Pedro Garcia, domiciliado em Paris, Quai de l'Hotel de Ville-Cité des Arts, nascido em Tucumán, Argentina, em 16 de dezembro de 1934, diretor, filho de Pedro Garcia, falecido. Solteiro. Em 28 de agosto de 1982.

Lo Monaco telefonou à irmã de Victor, Juana, na Argentina, enquanto Michelle Kokosowski convocava personalidades da Europa e fazia contatos para que o sepultamento fosse no Cemitério do Père-Lachaise. Lo Monaco testemunha:

> Eu estava muito triste e não reagi quando foi dito que Victor "era um revolucionário, um artista. Não vamos pôr cruz. Não vamos pôr nada". Mas ele era muito católico. Dizia: "Sou ateu, mas católico, apostólico, romano". Não criei caso, e o túmulo ficou sem a cruz.

A imprensa internacional registrou o falecimento. Colette Godard, do jornal *Le Monde*, escreveu: "Duas desaparições: Ingrid Bergman, uma maneira de ser estrela, e Victor Garcia, o excesso" – a atriz faleceu em 29 de agosto de 1982. Na Argentina, o jornal *La Nación* publicou matéria do correspondente em Paris em alto de página: "Morreu de modo rilkiano na desesperança e inconformismo". No texto: "O artista que o *New York Times* considerou um

---

2. Na segunda parte do livro, *Caderno de testemunhos*, Vincent Lo Monaco detalha a internação de Victor Garcia.

gênio e cuja verdadeira altura passou inadvertida para os argentinos em geral, salvo os iniciados"[3]. Outro jornal, *El Clarín*, além de falar da doença e morte de Victor, aproveitou para uma crítica indireta ao regime militar argentino:

> O ambiente teatral recebeu um impacto, sábado, ao inteirar-se que esse criador, nascido em Tucumán em 1934, acabava de morrer vítima de um estado virótico na zona da laringe [...] um diretor que, como muitos outros argentinos, teve de lutar e cimentar seu prestígio no exterior: o país parece obstinado a não dar lugar aos homens de talento, que morrem longe de sua terra.

Vários brasileiros estiveram presentes, entre eles Paulo Goya, a crítica de artes plásticas Radha Abramo, a atriz Lígia Cortez e seus colegas do elenco de *Macunaíma*, montagem de Antunes Filho, em excursão europeia. Filha de Célia Helena e Raul Cortez, intérpretes de *O balcão*, Lígia tentou um encontro com Victor dias antes, mas ele não tinha mais condições físicas. Mandou somente o recado: "Os atores brasileiros são maravilhosos". A cerimônia foi acompanhada ainda por Fernando Arrabal, Nuria Espert e os artistas argentinos Antonio Seguí, pintor, e Ricardo Miravet, organista. A parte oficial contou com a presença do teatrólogo Albert Abirached, representando o ministro da Cultura da França, e o adido cultural da embaixada da Argentina. Não houve discursos.

A cena final por três mulheres. Michelle Kokosowski:

> Eu queria que sua última morada fosse um canteiro de areia e pedregulhos. Queria que ficasse próxima de uma árvore[4]. O que não imaginei, quando o vi pela primeira vez, é que o velaria para além da morte, sobre o túmulo desse grande artista sul-americano que veio viver, criar e morrer em Paris.

Lígia Cortez: "Tinha pouca gente, mas foi emocionante, bonito e muito triste. Era uma manhã cinzenta, e todas as flores eram vermelhas e brancas".

Dona Severina, a mãe, ao ser informada da morte, decidiu, segundo a filha Luz, pelo sepultamento em Paris. "Enfim sabemos onde esse menino se encontra. Está com a sua gente", disse ela.

---

3. *La Nación*, Buenos Aires, 4 set. 1982.
4. A localização do túmulo segundo o sistema de divisão interna do Cemitério do Père-Lachaise: 74 Division 6 Ligne 15 No. 26.73.

Quando Victor Garcia sai de cena – como se fora o apagar das luzes de um teatro –, ocorre opor ao silêncio do momento os versos do poeta andaluz Rafael Alberti em *Vida bilíngue de um refugiado espanhol na França*:

Me desperto
Paris
Será que estou vivo
Ou estou morto?
Será que estou definitivamente morto?

Parte II

CADERNO DE TESTEMUNHOS

Juana Garcia: "Ninguém o convencia, essa é a verdade"

> *Siempre París para soñar...*
> *Siempre París para morir...*
>
> HOMERO EXPÓSITO, COMPOSITOR ARGENTINO

A arquiteta Juana Garcia, irmã mais velha de Victor, foi sua mentora na juventude. Levou-o para trabalhar com ela, e, juntos, percorreram todos os museus e exposições de Buenos Aires. Depois, ela seria a cenógrafa dos seus primeiros espetáculos. Desse período, ela guarda uma tela figurativa pintada por Victor (telhados e casas de algum bairro). Juana, uma senhora afável e elegante, ainda se emociona ao falar do irmão, que a tratava pelo coloquial "Juani".

Como era Victor na infância?

Juana Garcia: Victor era muito criativo desde pequeno, muito mentiroso, e em nossa casa gostava-se de teatro. Nas escolas também se faziam pequenos esquetes, e ele se apresentava, sempre, em todas as escolas desde o primário até o secundário [correspondentes ao Ensino Fundamental 1 e 2 no Brasil]. Em nossos teatros domésticos, ele era o recitador.

O que ele gostava de recitar?

O que se ensinava nas escolas, mas ele, com sua força expressiva, transformava os versos em outra coisa. Fazia um espetáculo com o professor ao piano. Muitas vezes os colegas diziam: "Por que tocam piano para o Victor e para nós não?". Era esse poder de convocatória que ele tinha desde rapaz. Gostava de mímica desde pequeno e sabia fazer naturalmente. Comia um frango, e via-se até quando chupava os ossos, como [o mímico francês] Marcel Marceau.

Amigos disseram que Victor se foi porque Tucumán estava pequena para ele.

É verdade. Ele se sentia coagido pela pressão familiar. Meu pai era de personalidade muito forte; a força que todos temos vem do lado dele e de sua família. Para o meu pai, você tinha de chegar a algo, não importava o tempo. Tinha de ter força suficiente para estar sentado na mesa redonda do rei Artur [*emociona-se*]. Não sei se foi uma justificativa, mas em todo caso Victor veio a Buenos Aires para terminar a Faculdade de Medicina. Entrou no quinto ano, mas imediatamente voltou ao teatro com Marcelo Lavalle. Entre 1957 e princípio de 1958, estava transitando entre o teatro e a medicina até que um dia me disse que iria optar pelo teatro. Gostava de psiquiatria, mas faltavam dois anos. Insisti com ele para terminar o curso, e ele me respondeu seriamente: "Juani, o teatro ou a morte". Fiquei arrepiada. Em seguida, Victor formou seu grupo e dirigiu *O pequeno retábulo de dom Cristóbal* com cenas em mímica.

Ele deve a você a facilidade para lidar com espaços cênicos.

Não sei se é falta de humildade, mas diria que fui mestra dele. Eu o formei na parte plástica, porque ele chegou com uma bagagem de tucumano de arte naturalista e havia novidades em Buenos Aires. Líamos sobre a obra de Le Corbusier, as superfícies retas etc., e ele foi trabalhar comigo em um escritório de arquitetura. Ele desenhava os projetos em escala maior.

E quais eram os profissionais de teatro que ele mais admirava?

Admirava atores, não diretores. Admirava o ator Alfredo Alcón, com aquela voz. Respeitava Marcelo Lavalle, mas não o admirava. Ninguém o convencia, essa é a verdade. Naquela época se fazia aqui muito teatro inglês, mas Victor interessou-se por García Lorca, pelo teatro espanhol.

Houve um momento em que Victor viajou para o Brasil no anos 1960.

Ele foi, voltou e tornou a ir, não é? Recordo-me de uma bailarina no Rio de Janeiro, Pomona Sforza, com quem ele fazia mimo-dança. Foi-se da segunda vez porque o perseguiam. Ele se reunia com os rapazes, e a polícia os dispersava, não os deixavam ensaiar. Então teve de partir. Mesmo assim, ele montou na Argentina as peças *O pequeno retábulo de dom Cristóbal* e *O malefício da mariposa*. O *Retábulo* foi com pessoas imitando marionetes, o que ele chamou de "a desumanização da arte". Você olhava, e estavam todos durinhos. Com O *malefício da mariposa*, já veio o grande espetáculo, muita gente em cena.

Mas ele queria Paris, dizia que sacrificaria tudo para conseguir o que desejava em teatro. Eu tratava de colocá-lo um pouquinho na terra: "Olha, Victor, que é preciso comer todos os dias", mas ele seguia com "o teatro ou a morte". Para nós, que o víamos assim desamparado, foi muito penoso. Nós sabíamos que ele era bom, mas o temor era quanto isso iria custar. Meu pai não aceitava que ele tivesse deixado a medicina, mas, quando Victor começou a ficar famoso, aí, como todo os pais, disse: "Bom, parece que ele tinha razão".

Quando pressentiu que o Victor não controlaria sua realidade?
Quando ele dirigia *O malefício da mariposa*, eu pensava: "Isso é outro teatro". E, com o tempo, Victor não era mais aquele que se alimentava de café com leite e *medialunas* [croissants]. Começou a sair com os amigos depois dos ensaios e tomava vinho, depois uísque, gim, o que viesse. Começaram os excessos. Felizmente nunca o vi bêbado, mas, quando foi a Tucumán, minhas irmãs disseram que ele desceu do avião cambaleando. Como havia estudado medicina, de vez em quando fazia seus tratamentos de desintoxicação, mas já tinha cirrose.

Como vocês souberam da morte dele?
Recebi primeiro uma ligação de Vincent Lo Monaco, que o protegeu muito, sofria quando Victor cometia excessos. Um dia ligou dizendo: "Ele está muito mal, um problema na garganta". Victor teve difteria quando pequeno, esteve à beira da morte, e sempre estava com angina, então não estranhei que ele tivesse apanhado um vírus na garganta. Mas, pouco a pouco, Vincent foi continuando a me falar que ele estava mal, e aí perguntei: "Você quer me dizer que ele já morreu?". De fato havia falecido naquela manhã de 28 de agosto de 1982.

Nos últimos tempos, Victor escrevia ou telefonava para a família?
Não escrevia sempre, enviava cartões-postais. Uns dois meses antes, ele mandou uma carta dizendo que seria subvencionado pelo governo da França para fazer *Dom Juan Tenório*, que tinha um apartamento e, parece, quatro

mil francos [*moeda francesa de então*] mensais até apresentar a obra. Vincent Lo Monaco me enviou o extrato da conta bancária onde estavam os últimos quatro mil francos para que o recebêssemos. Fui ao banco aqui, mas não podíamos fazer nada, e o governo francês deve ter recuperado esse último dinheiro. Então, não é que ele não tivesse onde viver. Não gostava de estar só. Não estava abandonado. Também estava se tratando para desintoxicar-se. Então teria sido sua hora marcada. O destino dele era chegar a isso.

Luz Garcia: Dançar com dinamite

A porta se abre e o visitante se espanta. A dra. Luz Garcia, a mais nova das irmãs, é parecidíssima com Victor. Cinco anos de diferença entre eles não lhes permitiram uma convivência maior, ao contrário das demais irmãs, Juana, Juana Rosa ("Mecha", para os familiares), Mercedes Severina (falecida) e Maria Antonia.
Ficaram as memórias das férias deles na fazenda e, mais tarde, a descoberta de quão conhecido Victor chegou a ser no Brasil. Luz conta que, ao fazer um estágio no Hospital das Clínicas de São Paulo – anos 1970 –, as pessoas a paravam nos corredores: "Você é a irmã do Victor Garcia?". Durante uma palestra sobre a doença de Chagas, percebeu colegas aos sussurros: "É a irmã do Victor Garcia".
Esta mulher sorridente com os mesmos olhos negros e cabelos crespos de Victor é a única que ainda reside em San Miguel de Tucumán, atuando na área de medicina social. Por coincidência, na hora deste encontro, a televisão da sala transmitia o vídeo do show Fina estampa, *com Caetano Veloso, e ele cantava justamente* Vuelvo al Sur, *de Fernando Solanas, com música de Astor Piazzolla: "Quiero el sur/ Su buena gente, su dignidad".*
O que se segue são trechos de uma longa conversa entre refrescos e um bom café.

Luz Garcia: [*Sobre a cidade e o campo*] Nosso avô fazia compra e venda de gado entre o Paraguai e a Argentina. Ao morrer, deixou uma fazenda grande, mil hectares em Rosario de la Frontera, perto daqui mas já na província de Salta, e que ficou meio abandonada porque as filhas não a sabiam conduzir. Meu pai era comerciante, tinha uma rotisseria, mas os negócios não iam bem e ele assumiu a administração da fazenda.

***

[*Sobre a relação de Victor com a família*] Desde que Victor foi embora, em 1959, ele veio aqui dois dias em 1969, quando eu estava grávida do meu segundo filho. Veio ver mamãe, que estava desesperada com sua falta. Minhas irmãs escreveram a ele. E Victor se emocionou tanto que saiu correndo. Quando me viu casada, com um filho, Marcelo, e grávida de Andrés, e nossas tias, lhe caíam as lágrimas. Nos beijava a todos, sobretudo minhas tias, porque ficou com elas quando fazia o curso secundário em San Miguel enquanto nós estávamos na fazenda San Martín, em Rosario de la Frontera. Nas férias ele levava seus colegas.

***

[*Sobre o tempo vivido na fazenda*] A casa da fazenda tinha paredes de adobe e o teto em duas águas: em vez de vigas de madeira, era com trilhos de ferrovia. Muitos cômodos e uma varanda muito bonita. Atrás ficava o depósito de cereais. Meu pai instalou uma bomba elétrica para termos água corrente. Vivemos ali sete ou oito anos antes de voltar a Tucumán. Nas férias Victor ia, e aí era fabuloso, época das mangas, e eu via meu pai trabalhar com o trator. Minha mãe tinha uma horta, mas uma vez vieram os gafanhotos, e tentaram matá-los com inseticida. Durante dois anos, não se pôde comer uma galinha, um porco, porque eles comiam os gafanhotos com gosto de inseticida. Victor, ao contrário, chegava nos momentos felizes. Ele e os outros amigos brincavam comigo nos depósitos de alfafa e milho. E não me deixava em paz. Ele me mandava pedir coisas ao papai, porque eu era a mimada, mas papai controlava Victor. Meu pai era hipertenso, responsável, tratava de levar tudo adiante.

***

[*Sobre o comportamento*] Então, a ideia que tenho é de que todos andavam atrás de Victor, entende? Nossa família sempre gostou disso. Tia Antonia Garcia de Peral, irmã do meu pai, cantava zarzuelas, fazia opereta. Ele fazia teatro, monopolizava o ambiente, captava-o, tinha-o para si. Entrava e era o líder, uma liderança muito natural, muito definida. Depois Victor começou medicina em Tucumán e continuou em Buenos Aires. Quando nosso pai morreu, a fazenda foi vendida.

Quando Victor mudou de comportamento? Uma mudança? Foi todo um processo interior dele que foi se desenvolvendo. A impressão que tenho é que, desde que nasceu, esteve dançando com dinamite.

Arturo Álvarez Sosa: Primavera tucumana

O testemunho de Arturo Álvarez Sosa é mais a manifestação do poeta que a do jornalista que durante anos dirigiu La Gaceta, o maior jornal da província de Tucumán. Esse homem de cabelos brancos e elegância à inglesa, blazer e gravata impecáveis deixa correr o fluxo da memória, livre da precisão factual. Fala também de si mesmo, de uma geração e de uma época. É tentador ligar sua evocação de Victor Garcia ao título do seu livro de poesias O errante: os frutos do tempo.

Arturo Álvarez Sosa: San Miguel de Tucumán é uma cidade muito espanhola, como a Granada de Lorca, e com uma característica que, acredito, estava no fundo de Victor e tem a ver com a natureza. Os espanhóis trouxeram a laranja, que se tornou uma planta arraigada aqui. Uma amiga de Córdoba, a artista e marionetista Beatriz Georgis, quando veio a Tucumán na década de 1960, disse-me que, ao chegar de trem e sentir o perfume das laranjeiras, pensou em ficar para sempre. Falo nela porque houve uma espécie de triangulação misteriosa em Paris, em 1979, para onde fui sem ter nenhuma informação sobre Victor. Nunca se sabia onde ele vivia. Também não sabia muito de Beatriz. E uma noite me encontrei por acaso com ela e, em seguida, com Victor, que me reconheceu em um café perto da igreja de Saint-Germain-des-Prés. Creio que a grande nostalgia que ele tinha de Tucumán era o perfume que se desprende das floradas. Sei por amigos comuns que ele sempre se recordava da Tucumán dessa época em que aparecem os vaga-lumes. Tudo isso, de certa maneira, está em García Lorca, não é?

Acho que ele foi um jovem atormentado, fora do eixo em Tucumán. Não era lugar para desenvolver sua imaginação criativa. Sempre se sentiu mal na província. Sua vontade não coincidia com a realidade. Não sei se ele leu na época o poeta espanhol Luis Cernuda, o autor de *A realidade do desejo*. Victor sentia o mal-estar da cultura dominante. Sabe o que quero dizer com isso? A província estava cheia de preconceitos. Além disso, vivíamos em pleno peronismo, Evita havia morrido, e as pessoas vestiam-se de luto. Estávamos à margem desse processo. Ele não dizia "estou mal aqui porque a cidade é estreita, fechada", mas o que ele fez depois nunca poderia ter feito na cidade. Suponho que Buenos Aires tampouco era um lugar onde ele se sentisse bem. Então houve o momento que ele decidiu partir, mas primeiro houve uma etapa no Brasil, na casa de Eugênio Hirsch, no Rio de Janeiro. Hirsch era um tipo bem-apessoado. Eu me lembro que Ernesto Sábato, que esteve em Tucumán em 1955 para conferências, pensou nele para protagonista de um filme baseado em um romance seu.

Victor e eu nos vimos em Tucumán até 1957. Nesse ano eu já trabalhava, havia feito escola técnica nas oficinas ferroviárias de Tafi Viejo, região de San Miguel, onde fui aprendiz de operário. Em 1957, eu tinha 22 anos, estava no serviço militar, e lembro-me de que ele me escreveu umas cartas que lamentavelmente perdi. Victor chorava sempre, era muito emotivo. Nós nos reuníamos com outros amigos que ele tinha, como o Bernardo Alonso. Éramos jovens esplêndidos, adolescentes quase meninos. Sempre me lembro de uma sensação que um dia me veio quase na esquina das ruas Muñecas e San Martín, no centro. Eles me esperavam sempre ali, sobretudo Victor, que se sentia perto de mim graças principalmente ao sentimento poético que não se pode explicar. E eu vinha caminhando quando, a menos de cem metros deles, pensei em um poema. Tive as palavras, a visão completa de um poema, o que me deu grande felicidade, mas nunca pude recordá-lo. Esqueci tudo dez metros adiante ao me encontrar com Victor, que estava sempre assim, meio exaltado[1].

A homossexualidade dele não se manifestou aqui. Quer dizer, ele deve ter estado apaixonado por alguém, há um amor aqui que o marca e o an-

---

1. Talvez aquele poema não tenha sido de todo esquecido. *O errante* (título em português do volume) contém "El adolescente", que se inicia com os seguintes versos: "Sólo los ángeles,/ esos amados transeúntes,/ embriagados/ por un dorado comienzo,/ tienen una sorprendente primavera/ en el ingenuo escalofrío/ de un adolescente".

gustia. Quando ele voltou a Tucumán, em 1969, foi jantar comigo e minha mulher, Nora Castaldo, que é atriz. Claro que aqui ele de alguma maneira voltou a ser aquele menino malvado. Vinha com muita angústia. Acontece que Tucumán já não era o que havia sido em seu tempo. Em 1979, quando fui a Paris e, caminhando pelas ruas, encontrei uma igreja, entrei, e um cartaz dizia: "Acenda uma vela pelas pessoas que ama". Enquanto acendia as velas, comecei a chorar. Era um pranto alegre, se é que se pode dizer isso, de catarse. Quando saí e me encaminhava para o Centre Pompidou, encontrei-me por acaso com Beatriz Georgis. Fiquei quase um mês andando com ela, uma mulher atormentada, refugiada em Paris naquele ano.

Uma noite estávamos no terraço de um bar de Saint-Germain-des-Prés quando apareceu uma jovem bonita que me ofereceu uma rosa. Eu achava que ela queria vender a flor, não a entendia direito. Peguei a rosa, e então alguém me tocou o ombro, por trás, e perguntou: "É você, Arturo?". Era Victor, que estava na parte de dentro do mesmo bar. Conversamos nessa noite; no dia seguinte, fomos a Montparnasse, a uma espécie de cabaré. A dona adorava Victor como poderia ter adorado Carlos Gardel. Ele perguntou sobre minha vida, e eu disse que fazia poesia e jornalismo. Aí ele falou: "Nunca mais li seus poemas, você tem que me mandar seu livro". Victor, em 1979, já estava doente, com o ventre inchado. Dizia que tinha cirrose.

Não sei até que ponto Victor fez o teatro sonhado por Antonin Artaud, mas em Tucumán líamos o teatro de Alfred Jarry que ele iria representar em Paris com uma imaginação cheia de elementos da infância, como a utilização de bexigas de animais, de boi, que os bucheiros vendiam com uns carrinhos que saíam do mercado e do matadouro. Vendiam todas as vísceras – o que os espanhóis sempre fizeram –, como o fígado, o bucho, essas coisas. Ele rompeu com tudo em Paris. Creio que rompeu com a cultura francesa e a fez em pedaços. Os franceses, desde então, não têm nada em teatro que o transcenda. Era uma pessoa com o mundo aos seus pés, e eu nunca soube onde viveu até que um dia chegou a notícia da sua morte. Mas ele está vivo...

Davi Massuh: Amigos dentro da irrealidade

Contemporâneo de Victor, Davi Massuh, um homem corpulento, calmo, descendente de árabes, viveu a agitação cultural de Tucumán e participou com ele do grupo de atividades teatrais. Em seguida, cursou arquitetura e tornou-se um empresário no ramo.

Como começou sua amizade com Victor Garcia?
Davi Massuh: No Peña El Cardón, em San Miguel de Tucumán. Era um grupo com gente jovem e com ideias de ação teatral modernas, não o teatro tradicional feito por outras companhias da cidade. El Cardón buscava uma nova expressão para as farsas antigas e García Lorca, uma encenação com inovações na cenografia e na atuação. Entrei para o grupo como cenógrafo porque estudava arquitetura. Isso deve ter sido em 1953, 1954.

Foi uma amizade imediata?
Não. Nós nos víamos no teatro, mas era uma relação mais de companheirismo. Eu me envolvia nas atividades de cenógrafo, mas também me faziam atuar, o que não me agradava.

Algum fato chamou sua atenção para Victor?
Lembro-me de um caso que vai te dar uma ideia do que já era Victor. Havia uma peça de Raúl Serrano, *A alma de madeira*, com certo teor folclórico do norte da Argentina. Nessa história, a alma de uma mulher está aprisionada em uma árvore. Uma curandeira cuida da árvore porque a vida da mulher depende dessa planta. Ocorre uma série de fatos, e, quando a árvore

cai, a jovem também morre. Para tornar o texto mais curto, havia um narrador explicando parte da ação, e esse papel era meu. Um dia tive um problema qualquer, e precisaram me substituir, e aí entrou Victor Garcia. A obra tem um tom mágico, refere-se à mãe-terra com todo um caráter das lendas locais. O intérprete tinha apenas de fazer o relato, que é bem escrito e estava coordenado com o restante da ação. Victor mudou tudo. Teatro é ação com o público, mas ele mudava o sentido da história. Raúl Serrano, que além de autor era ator, foi obrigado a alterar em cena todo o enredo para o público entender o que estava ocorrendo... E Victor estava encantado. Terminou sua participação como se não houvesse acontecido nada...

Ele não se explicou depois?
Não, não. Perguntei: "Victor, o que houve?". E, para ele, era como se tudo tivesse corrido bem. Esse era Victor Garcia. Sempre me dava a impressão de que era como se não estivesse na realidade. Nunca esteve na realidade...

Como ele era em relação à família?
O fato de ele ser o único filho varão da família não coincidia comigo, mas em outros aspectos sim. Fui o primeiro filho homem, e existem esses valores em certas famílias, sobretudo entre os árabes, no meu caso, e entre os espanhóis. Esperavam muito de mim como filho. E nele isso era um mandato que o obcecou por toda a vida. Senti quando o vi em Paris e quando veio a Buenos Aires. Meus três encontros com Victor foram assim: o período dos anos 1950, em Tucumán; em 1963, quando eu estive em Paris, onde vivi nove meses; e depois, quando ele esteve na Argentina, com Nuria Espert. O período de convivência em Tucumán foi relativamente pequeno porque fui terminar a Faculdade de Arquitetura em La Plata. Depois soube, por amigos comuns, que havia ido ao Brasil. Havia um pintor em Tucumán que se chamava Eugênio Hirsch, e foi ele que o estimulou a ir a São Paulo.

Eugênio Hirsch tornou-se conhecido no Brasil como artista gráfico.
Ele esteve em Tucumán quando houve na cidade uma grande explosão cultural. Um reitor chamado Horacio Descole fez da universidade um local moderno. Trouxe professores da Europa, criou-se uma escola de música, uma orquestra sinfônica; entre os pintores estava Lino Spilimbergo, muito conhecido na Argentina. Nessa efervescência, apareceu o Hirsch.

Houve então um tempo em que vocês estiveram totalmente separados?

Soube que ele havia feito *Cemitério de automóveis* e *O balcão*. Chegavam notícias, eu vivia em Buenos Aires e me inteirava dessas coisas por amigos comuns. Meu encontro com Victor Garcia jovem foi sem grande transcendência, ou seja, eu não era importante para ele nem ele era importante para mim. Uma camaradagem. Em Paris, sim, eu o conheci mais profundamente...

Foi um encontro programado ou casual?

Casual. Fui com uma bolsa de desenho industrial, e nos encontramos na rua Sainte-Geneviève, perto da Sorbonne, em um restaurante de estudantes. Eu estava entrando, e Victor saía envolto em uma capa negra, o que ainda era pouco frequente para a época. Encontro muito teatral da parte dele. Abriu a capa como se tivesse se encontrado com uma aparição – eu era uma aparição para ele. Fiquei desconcertado, mas Victor sempre me parecia agradável, simpático.

A partir desse dia, vocês passaram a se ver com frequência?

Nós nos víamos algumas noites, não todas, porque eu estava trabalhando em um estúdio de arquitetura, e ele, no Teatro das Nações.

Você conheceu os colegas de Victor?

Estava em contato com Victoria Santa Cruz, uma cantora peruana que vivia em Paris. Conheci também um diretor brasileiro, Carlos Murtinho, uma pessoa sedutora, muito amigo dele. Victor me convidou várias vezes para ir ao Teatro das Nações. Queria que eu deixasse a arquitetura pela cenografia. Victor me pedia histórias, histórias da minha vida, como quem busca um tema para representar. "Minha vida é comum", disse a ele, "o que te posso contar são histórias bíblicas", e aí falava de Ruth, de Ester, coisas da Bíblia. Isso o maravilhava, e Victor ficava imaginando como seria a encenação da história de Ruth com sua sogra, com a cunhada. Desde aquela época, o que Victor queria não tinha nada a ver com o teatro a que se estava habituado. Ele incorporava canto ou dança, queria que o teatro fosse mais que a palavra. O texto não lhe bastava, para isso havia outro argentino, Jorge Lavelli. Victor buscou outra linha, que, de alguma maneira, tinha algo em comum com o teatro que havíamos feito em Tucumán.

O que você achou do estado de espírito de Victor em geral?

Saíamos bastante sozinhos, e ele então me falava do que sentia, dos problemas com sua família.

Esse assunto ainda o atormentava?

Sim, não somente o atormentava como era uma forma de pânico. Victor foi um homem com muito medo de tudo, da família, do país, da sociedade, dos policiais. A figura do pai o atormentava. Não sei de que maneira, mas era uma figura determinante. Tinha um medo quase permanente, e só quando falávamos apenas de teatro ele saía desse estado de terror. Quase sempre andavam fantasmas em volta dele. Se conhecíamos outras pessoas, dizia: "Quem são?", "O que querem?". Quando íamos aonde se juntavam estudantes e alguns se aproximavam a conversar, ele sentia medo e preferia se afastar. Sempre achei que ele necessitava de alguém que o protegesse, e eu, por meu temperamento, era uma espécie de protetor. Comigo ele se sentia mais seguro. Se passava a polícia, por exemplo, e ele me agarrava, eu dizia: "Não se assuste, você está comigo".

Mas ele tinha esse comportamento mesmo sóbrio?

Não percebi, mas ele já tinha sinais de alcoolismo, só me dei conta muito depois porque, na época, não estava familiarizado com alcoólatras. Como em Paris todo mundo bebe bem, pensei que não era importante. Mais tarde sim, quando ele veio a Buenos Aires com Nuria Espert, me dei conta de que estava sempre bêbado. Isso ratifica, digamos, a imagem que sempre tive de Victor, a de não querer ser ele próprio. Vou lhe contar outro caso para que você tenha ideia de como ele era. Quando ele veio a Buenos Aires, foi se hospedar em um hotel, e na recepção perguntaram onde vivia. Respondeu: *"A Parri"*, com a pronúncia francesa. Ele era argentino, falava espanhol e nunca soube falar bem francês, mas no hotel disse que vivia *"a Parri"*, como se fosse outro mundo... Ele vivia sempre nesse tom de irrealidade.

Suponho que o encontro final em Buenos Aires tenha sido emocionante.

Foi novamente por acaso, quando ele veio com *Yerma*, interpretada por Nuria Espert. Fui ao teatro comprar as entradas e me encontrei com ele, que me deu os bilhetes de presente, foi caloroso. Sempre me abraçava, me beijava, sempre muito afetivo e também com toda aquela teatralidade dos nossos encontros. Depois do espetáculo, ele e seu grupo iam jantar, e Victor me convidou. Em agradecimento, fiz uma reunião em minha casa, e veio toda a companhia. Victor esteve sentado aqui onde estamos, pediu vinho e abri uma garrafa. Mas ele tomou três ou quatro, e aí voltou a ideia do temor. O seu tormento era o que iria fazer dali em diante, e me disse: "Davi, tudo o que eu toco se transforma em ouro, como o rei Midas", como que dizendo que era uma pessoa de êxito, mas isso lhe dava pânico. Naquele momento estava muito entusiasmado com uma obra assíria anônima, *Gilgamesh*. Também notei a relação que ele tinha com Nuria Espert: ela como protetora; Nuria era a mãe.

O que você sabe da visita a Tucumán?
Na volta me contou que havia sido uma coisa espantosa, porque o haviam recebido na família como um triunfador. Apareciam pessoas com crianças, com adolescentes, com gente que ele não havia visto, sobrinhos e outros parentes, e os colocavam nos braços dele.

Vamos concluir com uma boa lembrança parisiense de vocês dois?
Nos anos 1960, havia muitos latino-americanos em Paris, alguns iam estudar, outros, conhecer a cidade ou tentar a sorte na música e no teatro. Sempre mortos de fome, sem dinheiro. Meu caso não era esse porque eu era disciplinado nos gastos. Um dia alguém do grupo do Victor teve a ideia de cantar na rua. Eu estava com uma pasta de documentos da venda de um terreno em Paris para um senhor que vivia em Buenos Aires. Saí de terno e gravata, e os demais, cada um de um jeito, Victor com sua capa, uma jovem norte-americana, outra inglesa, esse rapaz brasileiro – o Carlos Murtinho, que vi anos depois em São Paulo. Armou-se um espetáculo, e eu no meio com a pasta. As pessoas atiravam moedas, eu cantava coisas do tempo de colégio, a Victoria Santa Cruz, a peruana, cantava, tinha uma lindíssima voz. Depois juntamos as moedas e fomos a um lugar no antigo mercado, Les Halles, onde só se tomava vinho. Havia lugares assim onde se levava a comida e pedia-se vinho, e então compramos queijo, pão e nos sentamos para tomar vinho. Victor Garcia pegou todo esse dinheiro e deu ao garçom, uma coisa inconcebível. Esses lugares eram para gente muito pobre, e deixamos

todo esse dinheiro que nem sabíamos quanto era, Victor não sabia. Deu de presente, ele era assim com tudo.

Em um outro dia ele disse: "Vamos inventar uma raça". Havia uma arquiteta no grupo, muito engenhosa, que arrumou roupas de todo tipo, cinturões, trapos, e saímos pelo Champs-Élysées inventando um idioma. Ele falava qualquer coisa, não era nem português nem espanhol nem árabe, nada. Eram sons. Como nos Élysées há um desfile de nacionalidades, africanos, latino-americanos, como o Quartier Latin, então éramos uma raça de um país inexistente, criado por Victor.

Julio Ardiles Gray: "Tucumano, você está em Paris!"

Um dos líderes do movimento cultural de Tucumán nos anos 1950, Julio Ardiles Gray (1922-2009) poderia ser definido como a velha-guarda da modernidade cultural argentina. Dramaturgo, contista, poeta, romancista – seu livro O inocente *foi levado ao cinema por Gerardo Vallejo (2000) –, ainda colaboraria com a imprensa da sua cidade. Em seu amplo apartamento em Buenos Aires, concedeu esta entrevista ao fim de uma conveniente* siesta.

Quando e como o senhor conheceu Victor Garcia?
Julio Ardiles Gray: Em 1950, nós fundamos um grupo que se chamava Teatro Estable de la Peña El Cardón. O *cardón* é um cacto gigante do norte argentino, mede cinco, seis metros de altura. O grupo era formado por várias pessoas, entre elas Raúl Serrano, o engenheiro Jorge Wyngaard e Rosa Ávila. Foi o primeiro teatro a ter sala própria em Tucumán. Descobrimos o porão do café e confeitaria El Cardón na praça e perguntamos ao dono se podia nos deixar utilizar esse depósito que tinha entrada à parte. Fizemos as arrumações, e o espaço cênico tinha oitenta lugares, não era grande, mas era a primeira sala não oficial de Tucumán. Ao redor desse grupo vieram muitas pessoas, entre elas Victor, que era um rapaz que teria 16, 17 anos nessa época, muito interessado pelo teatro. Não era ator, mas nos ajudou a construir a sala. Eu ainda o vejo carregando madeira, as coisas para o palco, fazendo tarefas menores, mas para ele era a descoberta do teatro.

Nessa época, Victor vivia com a família na fazenda?
Ele tinha uns tios, os Peral de nome, donos de uma casa de roupas para operários, camisas para trabalho, botas de borracha, essas coisas, e Victor vivia com eles para ir ao colégio, porque a fazenda onde estavam seus pais era longe. Quando precisamos de roupas para o teatro, ele pegou emprestado a roupa da casa dos tios, e isso lhe deu maior destaque dentro do grupo. Nesta sala estrearam uma farsa minha que se chamava *Farsa del doctor Gañote y del rico tarugo*. Victor não atuava, mas sempre estava dando voltas nos arredores. Depois o perdi de vista, e soube que havia se mudado para o Brasil porque outros companheiros me contaram. Diziam: "Sabe que Victor Garcia foi para o Brasil?", e desde então só voltei a vê-lo em 1962. Em 1961, ganhei uma bolsa de estudos de pós-graduação em jornalismo em Paris, e não sabia que Victor estava na França. No inverno de 1962, em fevereiro, fui ao Teatro de Lutèce assistir a *La pensée*, de Andreiev, com Laurent Terzieff. Estava tão cheio que tive de ficar no "poleiro" e me sentei na primeira fila porque eu ainda tinha dificuldade de entender o francês. Estava ali na frente, e, de repente, antes de apagarem as luzes, ouço alguém que me diz: "Tucumano, você está em Paris!". Pensei comigo que era ilusão. Que devia ser um delírio de tanto esforço para ouvir bem o francês. Bom, passa um minuto e me voltam a dizer: "Para você, eu digo, tucumano, que lindo que é Paris!". Me viro e lá estava Victor, umas seis fileiras atrás. Na saída, fomos tomar um café perto, na praça Monge, e ele me contou que estava na Universidade do Teatro das Nações. Fiquei sabendo que as coisas estiveram pretas para ele porque tinha viajado da forma mais dura possível até a Espanha, e em Paris havia dormido debaixo das pontes e se alimentado nas cantinas do Exército de Salvação até que o adido cultural da embaixada argentina, senhor Ocampo, um grande pintor, e sua mulher, Elvira Orphée, haviam lhe dado o quarto de empregada para ele viver. Elvira era tucumana.

Vocês conviveram muito tempo em Paris?
Não. Voltei em 1963 para a Argentina, e nesse ano aconteceram várias coisas. Jorge Lavelli ganhou o Concurso das Jovens Companhias, cujo prêmio era de cinco mil francos. Tínhamos quatrocentos francos de bolsa, imagine ganhar cinco mil francos! As notícias chegavam pouco a pouco porque eu estava muito isolado em Tucumán, onde voltei ao jornalismo na *Gaceta*. Nessa época não havia televisão, não havia fax.

Quando voltaram a se encontrar?

A última vez que me encontrei com Victor foi em Buenos Aires quando ele trouxe *Yerma* com Nuria Espert, em 1974. Foi uma sensação, porque era uma montagem revolucionária. Desde o princípio ele se interessou em romper com o espaço convencional da cena italiana. Em 1966, Victor já estava fazendo coisas importantes em Paris. Em *Cemitério de automóveis*, havia uma plataforma onde andavam motocicletas, e no centro havia carcaças de automóveis, e aí se desenrolava a ação. E quando ele veio com *Yerma*, e visitou seus familiares, fiquei sabendo que estava com problemas de saúde. Era um homem que se dava com muita intensidade, como essas estrelas fugazes que se incendeiam pelo esforço. Depois fui surpreendido pela notícia da morte tão precoce.

Victor demonstrou na juventude um temperamento especial?

Não, não. Era um rapaz bem normal conosco no El Cardón, um adolescente que ajudava na carpintaria, a colocar as cadeiras, cobrar as entradas. Não era um homem estranho. Para mim, ele era um adolescente, e eu, muito mais velho. Em 1952, eu tinha 30 anos; e ele, 18, suponho, *muy jovencito*. Essas são as recordações que tenho. Eu o vi ou convivi com ele em três ocasiões: na montagem da minha primeira peça; depois, em Paris; e, pela última vez, fugazmente, na saída de *Yerma* em Buenos Aires, e aí sim o achei gasto, estranho.

Raúl Serrano: Desmesurado na criação e na vida

Em 1961, quando Victor Garcia estava em trânsito do Rio de Janeiro para Paris, seu primo Raúl Serrano chegava a Bucareste, Romênia, para cursar o Instituto Ion Luca Caragiale de teatro e cinema. Participantes da cena de Tucumán durante a adolescência, a vida em seguida os separou, exceto em um encontro ocasional. Em tudo e por tudo eram diferentes.
Raúl Serrano é um conhecido autor, professor e diretor de teatro argentino. Diretor da Escola de Teatro de Buenos Aires, tem largo currículo de encenações, obras teóricas e cursos ministrados na Argentina e no exterior. Compareceu à entrevista com boa vontade e alguma nostalgia dos dias passados. Um tempo em que Victor Garcia lhe aparece frágil e sem clara vocação artística.

Gostaria que falasse da sua convivência com Victor.

Raúl Serrano: É uma relação anterior ao teatro. Minha mãe e os pais de Victor são de uma aldeia próxima a Salamanca e Hinojosa del Duero. Somos meio parentes, tínhamos a mesma idade, e em todos os aniversários estávamos juntos em uma época particular de Tucumán.

Como era essa época?

Quando veio Perón, Tucumán teve um interventor de direita, mas ao mesmo tempo a universidade teve aumento de verbas. O escritor Tomás Eloy Martínez, eu e Victor, toda uma geração, vivemos nesse clima, em uma calma bem provinciana, muito clerical e conservadora, ao lado de um proletariado que se tornou peronista. Era difícil se localizar nesse meio, mas o clima cultural era fantástico. Em 1952, fundou-se a Federação Tucumana de Teatros Independentes, com 16 grupos, entre os quais um dirigido por mim, e três deles com sala permanente.

Victor estava com você nesse grupo?
Victor ainda não fazia teatro; eu fazia de atrevido, havia atuado no teatro universitário mesmo sem ser da universidade. Eles precisavam de meninos nos espetáculos. Então, com essa minha experiência, e contra um grupo católico meio de direita chamado Teatro de Arte, fundamos o grupo Teatrote, mais para a esquerda cultural. Em determinado momento, esse grupo tomou a vanguarda do teatro de Tucumán.

Nessa altura Victor Garcia entra em cena?
Victor, em algumas declarações, disse: "Comecei fazendo lendas do norte do país". É certo porque ele fez uma peça minha chamada A *alma de madeira*, baseada em uma lenda. Há um fato anedótico nessa história porque Victor era pequenino, tinha uma voz nasal, e eu dizia: "Este para teatro não serve". Foi um aprendizado. Na vida não se deve fazer prognósticos, porque, se ele como ator talvez não tivesse jeito, nunca pensei que teria grande futuro como diretor. Mas não o conheci como encenador. Meu contato é das primeiras épocas, quando nem ele sabia que iria fazer teatro. Em *A alma de madeira*, há narrador que faz monólogos ao longo da peça. Eu interpretava um dos papéis centrais, e Victor, o desse narrador. De repente me dei conta de que ele começou pelo segundo monólogo, não pelo primeiro. Tive de me meter a explicar em cena o que se queria dizer.

O Teatrote fazia excursões pela província?
Nós buscávamos sair do público tradicional de San Miguel e íamos a cidades da região, escolinhas perdidas por ali. Veja quem ia: concerto de música clássica de Miguel Ángel Estrella, músicas folclóricas cantadas por Alma Garcia, aulas de teoria do teatro com Julio Ardiles Gray.

Como foi a criação do grupo El Cardón?
Quando fundamos o Teatrote, nosso administrador trabalhava no Banco da Província. Um dia foi preso pichando as ruas, e a polícia apanhou com ele a lista dos sócios do grupo, de professoras e funcionários públicos.

Diante do temor, que se generalizou, de que iam perder os empregos, decidimos desfazer o Teatrote. Mas havia a *peña* folclórica El Cardón na praça da Independência, onde estava o café frequentado por criadores de cavalos. O café tinha um porão maior e outro bem pequeno que não estava em uso. Havia uma comunicação entre os dois, e se entrava pela porta ao lado do café. E nos cederam o lugar com a única obrigação de colocar o nome Teatro de la Peña El Cardón. Fora isso, teríamos total autonomia de repertório. Esse espaço menor tinha uma grossa camada de terra porque estava fechado havia uns vinte anos, e Victor trabalhou com pá e balde na reforma da sala.

Passados esses anos, você e Victor não se comunicaram?

Não, não, e éramos parentes. A história de Victor, como se sabe, é muito torturada, sua personalidade só poderia ser exercida livremente fora de Tucumán; porque lhe era difícil enfrentar a família. Eu nem sabia, nós não sabíamos àquela altura que ele era homossexual. Quando ele veio a Buenos Aires com *Yerma* e o reencontrei, quase não o reconheci. Estava desgastado, e eu tinha a imagem de um adolescente saudável. Ele também não nos procurou quando veio aqui. Visitava sua mãe, não sei quem mais, mas não nos via. Quando nos cruzamos, não se tocou nesses assuntos. O que eu ia dizer? "Oi, *che*, por que está assim?" Não podia.

Assim como era grande e desmesurado na sua criação, também era na sua vida, mas em outro sentido. Para mim, Victor é uma lição porque, se tivessem perguntado, na década de 1950, qual seria o seu futuro teatral, eu teria dito: nada. Bom, ele é dez vezes mais importante do que eu na história do teatro. Isso é algo a se levar em conta. O teatro é tão complexo como a vida: tem tantos modos de intersecção com ela, tantas visões... Victor é um desses casos.

Juan José Hernández: Nostalgia de Tucumán

Quando o contista, poeta e romancista tucumano Juan José Hernandez (1931-2007) faleceu, publicou-se na Argentina que ele será recordado pela impecável elegância de seu estilo. A mesma impressão deixou como pessoa ao receber o visitante em um apartamento sóbrio no centro de Buenos Aires para falar de tempos distantes.

Um artista que resolveu pacificamente pela literatura todo o seu universo afetivo e as memórias da mesma Tucumán, dele e de Victor, em livros como Así es mamá, La ciudad de los sueños *e nos poemas reunidos em* Desiderátum. *Colaborador de vários jornais e revistas argentinos, seus ensaios críticos estão reunidos em* Escritos irreberentes.

Em poucas palavras, ditas com calma, ele consegue um perfil do tumulto existencial de Victor Garcia.

Juan José Hernández: Em nossa juventude, não éramos amigos íntimos. Um dia ele me apareceu em Buenos Aires. Para variar, meu apartamento era na rua Tucumán. Ele vinha do Brasil, em 1961 mais ou menos. Não sabia o que fazer, não tinha trabalho. Eu sabia que ele havia feito um espetáculo com Pomona Sforza no Rio de Janeiro. Ele me mostrou os *slides* onde aparecia uma bailarina alta com um traje de jérsei.

Victor era pequeno. Em Tucumán diríamos que parecia um *ocuchita* – ratinho, na língua indígena quíchua. Eu me dei conta disso quando o revi em Paris. Encontrei-o rodeado de gente morena e lhe disse: "Escute, você está repetindo Tucumán". Porque o físico tucumano comum é moreno, mistura de andaluzes com árabes. Um tipo físico que em Paris eles segregam porque pensam que são argelinos.

Victor dava a impressão de não ter nada. Perguntei se tinha um apartamento, e ele responde que "não, não, gosto de viver em hotéis". Eu o encontrava, mas tínhamos atividades diferentes: ele no teatro, eu na literatura. Ganhei uma bolsa de estudos de seis meses, era um bom dinheiro. Primeiro fui aos Estados Unidos, depois Europa, Inglaterra, França e Espanha.

Victor tinha uma grande facilidade para se fazer amigo das mulheres que tinham algo de protetoras com ele, mas depois acabava mal. Podia ser desamparado, mas podia ser violento e muito distante. Vou lhe contar a relação dele com Nuria Espert. Eles brigavam de morte, passavam da amizade mais apaixonada às patadas. Esse aspecto um pouco exasperado dele é muito espanhol. Vi isso nas aldeias da Espanha, o que leva ao barroquismo, ao levar as coisas pelo caricatural. A tradição vem de Quevedo, na literatura, e de Goya, na pintura.

Em nosso último encontro, Victor estava com problemas de saúde, não andava bem. "Tucumán, como estará Tucumán?", perguntava. Tinha essa espécie de nostalgia, lembranças da infância.

Michelle Kokosowski:
Garcia, o que o anjo disse ao demônio

Depois de estudos teatrais na França e em outros países, particularmente com Jerzy Grotowski, Michelle Kokosowski tornou-se, em 1968, diretora de estudos do Centro Universitário International de Formação e de Pesquisas Dramática (Cuiferd, na sigla em francês) e, em 1970, diretora artística do Festival Mundial de Teatro de Nancy, então dirigido por Jack Lang. A partir de 1975, desenvolveu no Departamento de Teatro da Universidade Paris VII um ensino artístico e pedagógico sobre as artes cênicas. Fundou em 1990 a Academie Expérimentale des Théâtres (Academia Experimental dos Teatros), espaço de transmissão e experimentação inovadoras na história do teatro contemporâneo, e a dirigiu até se decidir pelo seu fechamento, em 2002.
Já era noite avançada quando a amiga de Victor Garcia retomou a história dos acontecimentos vividos com o diretor e consentiu em deixar passar através da malha de sua memória pedacinhos de teatro e de vida[1].

Michelle Kokosowski: Vem-me, na lembrança do Victor, uma imagem frágil, a do seu corpo franzino, a de seus cabelos emaranhados que o vento levantava. Por que será que é à fragilidade que nos prendemos para fazer com que um ser volte à nossa lembrança? Não sei. Talvez seja porque adivinhamos, muito rapidamente, assim como com o Victor, que por detrás da aparência andrógina, sob os dois olhos penetrantes, fincados em um rosto cinzelado *à la* Artaud, algo de incandescente queima, algo que só pode vir lá

---

1. Testemunho exclusivo para este livro colhido por Yan Ciret, crítico e jornalista, colaborador da Académie Expérimentale des Théâtres.

do fundo de uma paixão devoradora. Essa imagem que, pela primeira vez, vi nos anos 1960 continua até hoje intacta em mim, inalterada, porque se sedimentou na minha memória ao longo de nossos encontros sucessivos. Espaçados no tempo, foram sempre intensos – eu ia dizer vitais, se a morte brusca não os houvesse tão cedo interrompido.

Lembro-me de sua articulação violenta de um francês que havia reinventado para uso próprio. O sotaque hispânico que permeava sua voz jamais lhe permitia levantar o tom, o som nunca era gritado, como se as paixões passassem pela expressão calma. Ele só levantava a voz para os atores, quando se tratava do trabalho. Aí ele não transigia. Sempre o vi como uma espécie de nômade, transportado por um corpo barroco, presa de repentes, com uma maneira selvagem de viver seus arrebatamentos. E no meio desse turbilhão de vida, algo da infância preservada. Mas de uma infância em que teria feito um pacto com o diabo. Victor Garcia era o homem de dois rostos. Nele o anjo se aliava ao demônio. Sempre usava essas duas máscaras – a da inocência e a da perversidade. Creio que minha fascinação por ele vinha desse paradoxo, dessa ambivalência, que o fazia misturar candura infantil e satanismo.

Agora outras imagens me voltam, as da Universidade do Teatro das Nações, onde o havia encontrado. E, então, ele, entre os exilados latino-americanos que vieram viver em Paris. Haviam encontrado na França a terra de seus desejos, fugindo da opressão que grassava naquela época em quase todo o continente sul-americano. Lembro-me de que nenhum deles havia esquecido seu país e que todos guardavam uma queimadura, mas a dor de exílio, eles a haviam transformado em desejo – desejo de teatro para o Victor. Temos dificuldade em imaginar, em uma época em que tudo ia pelos ares, que vitalidade extraordinária existia nesses escritores, nesses pintores, nesses homens de teatro, nesses músicos.

Nada parecia poder detê-los, tão grande e ilimitada era a força deles, mesmo em suas vidas cotidianas. Seria preciso falar de Fernando Arrabal, de Copi, de Alejandro Jodorowsky, de Jorge Lavelli, de Jérôme Savary e de tantos outros, contar todas essas noites em claro passadas nos bares da praça de la Contrescarpe, delirando sobre Artaud, invocando o sagrado. Tudo isso na maior das paixões.

Tenho de dizer que foi aí a primeira influência maior da minha vida de teatro. Mas o que tinha visto em Victor Garcia que explique tal ruptura?

Creio poder dizê-lo da seguinte forma: a consagração do ator. Uma maneira de fazer do corpo do ator signos. Victor havia encontrado, o que é extremamente raro, uma escrita própria do ator. Ele conseguiu, de certa maneira, sacralizar e dessacralizar o teatro, quer pelo escárnio, quer fazendo uso da violência pelo anátema. Havia em Victor uma busca da verticalidade que emparelhava com uma convocação do céu e dos infernos. Ele tinha se lançado em uma busca última. Antes de tudo, negando todo e qualquer realismo ou naturalismo. Ele sabia que estava além – na transcendência dos códigos. Conduzia o ator para além da masculinidade e da feminilidade para metamorfoseá-lo em figura eterna. Victor trabalhou sobre os limites do teatro. Soube fazer surgir a beleza excessiva do próprio fogo da ação teatral. Quis – exigência última – que o palco fosse a cena do poder assim como da oração interior, dos instintos e do sagrado. O local encarnado do ritual e da tourada: o local do maior perigo.

Minha segunda associação com Victor se deu quando da sua encenação de *As criadas*, de Jean Genet. Primeiro em língua hispânica, com Nuria Espert, a grande atriz espanhola que o havia feito ir a Madri. Depois, em francês, com outro elenco. Havia conseguido deslocar a imagem de Genet sem traí-lo. Sua encenação o havia tornado menos "literário"; por outro lado, Victor quis construir totens, grandes figuras evoluindo no interior de uma representação litúrgica. Ao mesmo tempo, respeitava as indicações cênicas de Genet. Aliás, depois de ter visto as representações de *As criadas*, lembro-me de ter encontrado Victor e ter-lhe dito: "Você é um clássico graças à sua rebelião. Você foi o único que tratou Genet com todo o rigor necessário, até o ponto da precisão mais radical dos signos". Isso se devia ao fato de que ele havia tratado a língua de Genet por meio de cantos, gritos e encantações. Produzia uma revolução em uma obra, no final das contas, clássica. E, por meio disso, atingia bem a perfeição do classicismo.

Outra lembrança me volta à memória. Lembro-me de que Jack Lang, quando ministro da Cultura da França, havia organizado em Montpellier encontros sobre o tema do Mediterrâneo, cuja organização havia confiado a Jérôme Savary. Victor, que estava presente a um debate, levantou-se, desabotoou a braguilha dizendo: "O Mediterrâneo é como o jato do meu mijo". Aí podíamos ver o Victor Garcia escandaloso, o provocador. Mas suas provocações nunca eram gratuitas. Ele queria que compreendêssemos, com seu ato, que outra direção de pensamento era possível.

Mais tarde nós nos vimos em outra situação, esta mais dolorosa, com o Copi já doente, em um local que se chamava Les Trottoirs de Buenos Aires. Um local que hoje já não existe, de tango, fundado pelo escritor Julio Cortázar. No escuro, de início, só vi os olhos de Victor e as costas do Copi recurvadas como as de um pássaro. Beijamo-nos, abraçamo-nos, depois tivemos acessos de riso. Lembramo-nos de nossas juventudes. De repente, abandonei meus amigos e fui com o Victor e o Copi até o apartamento deste último, em Pigalle.

No caminho, Victor, perdendo o equilíbrio, caiu em meus braços, caía de bêbado e de fraqueza, e, com muita doçura e durante horas, ficou agarrado a mim. Essa noite foi uma das mais estranhas que vivi. Quando o dia amanheceu, evocávamos ainda Genet, Ruth Escobar, que tinha sido a Irma do seu *O balcão*. Victor descreveu para nós, pormenor por pormenor, o conjunto do espetáculo como se revisse todas as sequências no seu movimento dramático. Falou-nos da cenografia, dessa torre que havia imaginado para permitir aos espectadores suspensos no vazio observar a cena como se observa uma experiência feita em um laboratório. Assistíamos ao canto tragicômico de *O balcão*, que ele revivia no presente, diante de nós, com o domínio de um maestro inspirado.

Pouco tempo depois, com o caminhar da doença que acabaria por levá-lo, Alain Crombecque e eu fomos suplicar à Direção dos Espetáculos e dos Teatros do Ministério da Cultura uma ajuda para esse grande criador que, nesse momento terrível de sua vida, tanto tinha necessidade. Conseguimos como única contribuição obter o montante módico de quarenta mil francos. O cúmulo é que esse dinheiro levou tanto tempo para ser desbloqueado que, quando foi liberado, já era muito tarde para Victor.

Após a noite que acabo de evocar, não mais nos vimos. Um dia, no entanto, recebo um telefonema de Victor. Marcava um encontro comigo ao meio-dia, na frente da porta principal do Cemitério do Père-Lachaise. Acrescentou: "Koko, ao meio-dia, essa será nossa hora". Lembro que uma tempestade inundava Paris nesse dia. Revejo Victor sob a chuva, sem guarda-chuva, esperando por mim molhado da cabeça aos pés, com uma rosa na mão. Eu havia feito a mesma coisa, prevendo nosso encontro.

Fizemos uma troca de nossas flores. Depois, fomos para um café, o que ficava bem na frente da porta de entrada do cemitério. Havia me convocado para assinar um pacto comigo. Pensei que queria que eu ocupasse, junto a ele, uma função de produtora ou de assistente. Ele me disse que não. Perguntei que pacto era esse. Respondeu-me: "Você não sabe quem você é, quero fazer o *Dom Juan* do Tirso de Molina, e meu Dom Juan é você". Fiquei boquiaberta. Continuou: "Vou fazer um desenho" e rabiscou na toalha da mesa. "Você conhece as múmias do Egito? Porque todo seu corpo nu será recoberto de bandagens, somente seu pescoço e sua cabeça aparecerão, seus seios não existirão mais, você será assexuada, somente suas pernas e braços ficarão visíveis, e nosso Dom Juan só existirá por meio de sua voz andrógina".

Esse pedido teve o efeito de um choque em mim. Decidimos fazer uma leitura, no dia seguinte, no apartamento de Vincent Lo Monaco, seu assistente e colaborador, seu ator e seu amigo derradeiro, aquele que o acompanhou junto comigo no último período de sua vida. Ele era muito alto e muito bonito, e o Victor lhe pedira que me desse a réplica. Pensei no estranhamento da cena, em Vincent, que era o verdadeiro Don Juan, em mim, que nunca havia aceitado ser uma atriz. Victor estava na fase terminal de sua doença. No final da leitura, concluiu com um simples "perfeito, não me enganei". Fui embora, depois houve uma viagem a Rimini para ver Grotowski. Quando voltei, soube da morte do Victor, no hospital.

Mas nosso último encontro aconteceu depois do seu desaparecimento. Tivemos que cuidar dos preparativos para seu enterro, da família, do lugar no cemitério, eu queria que fosse para o Père-Lachaise. Novamente aí, contradizendo a opinião da Direção dos Teatros, que pensava que eu tinha ideias de grandeza por querer colocá-lo em um lugar tão prestigioso. Tínhamos também que avisar o mundo de sua morte. Juntamente com o Alain Crombecque e o Vincent, tivemos de mover montanhas para reencontrar seus amigos, seus produtores. Não tínhamos nenhuma ajuda, tivemos que fazer uma coleta de dinheiro, fazer também com que os mais chegados do mundo inteiro viessem saudá-lo pela última vez.

No dia do seu enterro, fiquei em pé perto de sua cova. Recebia cada pessoa que, saindo do séquito, vinha dar uma flor. Tudo se fez em silêncio total, sem nenhum rito especial.

Eu queria que sua última morada fosse um canteiro de areia e pedregulhos. Queria que ficasse próxima de uma árvore. O que não imaginei, quando o vi pela primeira vez, é que um dia o velaria, para além da morte, sobre o túmulo desse grande artista sul-americano que veio viver, criar e morrer em Paris.

Alain Crombecque: A vida sempre em jogo

Dirigente da União Nacional dos Estudantes da França (Unef), Alain Crombecque (1939-2009) mudou sua rota ao conhecer Victor Garcia. Formado em jornalismo, entrou para o teatro. Tornou-se administrador de grandes festivais, como o de Outono de Paris e os de Avignon, além de produtor de outros diretores, como Patrice Chéreau. Solicitado a falar desse período inicial, enviou um fax emotivo: "Não consigo redigir a contribuição que você me pede, e lamento. Há, talvez, a possibilidade de uma entrevista, mas não vejo bem com quem".
Crombecque finalmente respondeu às perguntas levadas a ele pelo jornalista brasileiro Fernando Eichenberg.

Em que circunstância conheceu Victor Garcia?

Alain Crombecque: Por acaso. Em 1967, 1968, conheci vários argentinos em Paris, entre os quais Jorge Lavelli, Jérôme Savary, Alfredo Arias, Copi e Victor. A ligação deu-se por intermédio de Savary, que vivia na praça La Contrescarpe, no Quartier Latin. Eu era o encarregado de assuntos internacionais e culturais da União Nacional dos Estudantes da França (Unef) e, em 1967 ou 1968, organizei um festival de estudantes em Paris com um pavilhão em uma pracinha perto da Contrescarpe, curiosamente sob as janelas do grande encenador Jean Vilar. Apresentamos lá espetáculos chineses, um desfile de moda de Paco Rabanne, a peça *Sainte Geneviève dans sa baignoire*, de Copi, um espetáculo de Savary chamado *Les Boîtes*, ações do Teatro Pânico de Fernando Arrabal, Roland Topor e Alejandro Jodorowsky.

Em seguida, Arrabal confiou a Victor a encenação de *Cemitério de automóveis*, e fui designado administrador e assessor de imprensa da produção. Ele já era conhecido, havia já um grau de respeito. *Cemitério de automóveis* foi um verdadeiro eletrochoque em Paris. Participei dessa produção que o tornou verdadeiramente conhecido na França e internacionalmente.

Que impressão teve dele?

Acho que foi talvez o diretor que esteve mais próximo do pensamento de Antonin Artaud. Em Victor Garcia, o ato era direto por uma necessidade interior, era alguém que não acumulava os espetáculos. Em cada um deles, sua vida estava em jogo. Seguramente pode-se dizer que era um diretor barroco tocado particularmente pelo teatro do século de ouro espanhol. Era também um artista que tinha alguma coisa entre a nostalgia da Argentina e a Europa, alguma coisa de completamente conflitante entre esses dois mundos. Alguém para o qual o ato teatral era como uma espécie de dinamite. Ele dinamitou as instituições como o National Theatre, de Londres. Victor imaginava espaços cenográficos e máquinas que não tinham nada a ver com a cenografia habitual.

Como vocês trabalhavam juntos?

Nenhum de nós pensava em fazer carreira, e foi por acaso que me ocupei do espetáculo dele. Depois comecei a pôr em ordem seus papéis, dar certo apoio administrativo, encontrar dinheiro quando precisava encontrar dinheiro. Nunca fui um colaborador artístico. Houve outras pessoas, mais mulheres, que tinham profunda relação de amizade com Victor, sobretudo nos momentos em que ele estava perdido ou em extrema dificuldade. Mas, em suas dificuldades de vida, Victor era de uma lucidez aterradora.

Foi uma relação mais de amizade do que profissional?

Vivíamos juntos, fazíamos festas, Copi, Savary, Victor, eu e alguns outros. Eram os anos de 1969, 1970, 1971, 1972, anos de extrema liberdade. Um ambiente libertário. Havia fascinação pelos argentinos, uma espécie de moda em Paris. Victor estava no teatro, mas pelas margens, jamais por uma instituição francesa. Era sempre por Nuria Espert, Ruth Escobar, mas também por Laurence Olivier, que o convidou a Londres; e, depois, um dia ele estava em Israel. Eram mais relações feitas de encontros. Eu fui a um dos seus encontros parisienses. Victor não era um homem de certezas.

Você acompanhou a relação de Victor Garcia com Peter Brook?
Eu me lembro muito bem desse encontro inacreditável. Brook tinha reações extremamente afetuosas com ele, acho que fascinado por esse jeito de Victor que não era teórico, mas de busca desesperada da beleza, uma busca quase mística do amor e da luz.

Como ele estava no final de sua vida?
Estava em tratamento de desintoxicação. Cada vez a situação era mais problemática, mas tinha uma capacidade física incrível. Passava por um estado de quase coma e, 15 dias depois de vê-lo no hospital, ele já estava como um adolescente. Apesar de toda uma rede de amizades, Victor estava em profunda solidão. Como Jean Genet, não tinha domicílio fixo. Nunca se sabia bem onde ele estava. Dormia uma noite na casa de Copi, outra em um hotel, passava muito tempo nos cafés. Transitava muito e era um viajante sem bagagem.

Morreu no hospital, eu não estava lá. Ele se hospitalizou sozinho, ou quase, e não sei o que se passou. Fui vê-lo antes disso, e ele estava em forma, tinha vontade de escapar.

Resumindo, como você se recorda de Victor Garcia?
[*Longo silêncio*] Ah, os tucumanos! Ele tinha uma espécie de força, uma extrema rapidez, às vezes com extrema violência, e havia evidentemente também o lado autodestrutivo com o álcool, que foi um problema. Sua vida privada era também feita de excessos. Teve uma carreira bastante caótica e fulgurante. Um diretor que estava nos limites do teatro. Victor Garcia era alguém, como dizer?, como um meteoro. O teatro o consumia.

Michel Launay: A capacidade de fazer sonhar

Michel Launay, o cenógrafo que deu forma a grande parte das encenações de Victor Garcia, é um homem loiro, grande, filho da região da Bretanha, onde nasceu em 1943. Direto e caloroso, fala rápido, com interjeições e frases acompanhadas por gestos expressivos. Ao terminar a entrevista, propôs que, no Bar des Arts, no coração do Quartier Latin, tomássemos um vinho em honra a Victor.

Já era cenógrafo quando conheceu Victor?

Michel Launay: Na realidade, sou autodidata. Comecei no teatro aos 17 anos como ator em pequenos grupos, mas rapidamente me dei conta de que era melhor estar do outro lado da profissão. Como eu tinha um belo físico, me chamavam para os papéis de jovem protagonista, mas não era esse meu interesse. Cruzei com Victor em 1963, na Universidade do Teatro das Nações, e simpatizamos um com o outro.

O que nele chamou a sua atenção?

Sua capacidade de fazer sonhar. Eu estava surpreso que alguém se interessasse por mim, e rapidamente ficamos amigos, embora nem sempre tivéssemos as mesmas ideias. Tenho facilidade para coisas práticas, encontrar soluções rápidas, um palco dinâmico. Uma relação mais de escultor com a matéria, e isso agradava a Victor. Era sempre fácil falar sobre o trabalho porque Victor tinha certa dificuldade de se exprimir por palavras, o que ele queria. Dizia coisas vagas, falava por metáforas, e isso me convém. Compreendo isso melhor do que uma linguagem precisa. Ele me propôs trabalhar em *Cemitério de automóveis*, na Bienal de Paris, e chegamos a colocar seis toneladas de carros na Sala Gaité. Depois nos reencontramos em Dijon, em uma equipe em que também estava o cenógrafo uruguaio Néstor de Arzadun.

Trabalhavam por subentendidos?
Sim, mas ao mesmo tempo era Victor com seus princípios. Pode ser alguma influência do lugar onde nasceu e de pessoas próximas aos índios. Ele dizia que gostava de brincar com as crianças indígenas. O fato é que ele conseguia chegar aos intérpretes. Vi maus atores fazerem coisas impressionantes. Victor não explicava nada, ao contrário, mas conseguia o que desejava. Dizia que explicar demais cortava a magia, e então colocava as pessoas em situações para que essa magia saísse. Queria criar uma arte que não tivesse outras referências que não ela mesma. Um pouco como Picasso.

Victor conquistava pela ternura. Podia dizer coisas insuportáveis na aparência, mas depois havia qualquer coisa terna. Tinha mesmo uma maneira de acariciar as mulheres.

Acho que Coimbra foi o lugar onde ele estava mais feliz. Uma aventura com jovens que viviam em repúblicas. Bebia-se e comia-se bem, as pessoas eram realmente formidáveis. Trabalhávamos dia e noite. Ele falava com os estudantes e em trinta segundos sabia qual era o problema deles, tinha o senso psicológico das pessoas.

Como você acompanhou o final de Victor Garcia?
Começou depois de *Calderón*, no Palais de Chaillot. Victor tinha vontade de montar *Os biombos*, de Jean Genet, que gentilmente dizia: "Tudo o que eu escrevo é para você". Então se começou a trabalhar em cima disso longamente, porque as condições de produção eram duras. Victor não tinha companhia, teatro, nada. Aqui é preciso ter um local, senão você não existe. Victor não queria fazer um espetáculo, mas trechos, as pérolas de *Os biombos*. Quando foi preciso pedir os direitos para o texto, de repente não se sabe o que aconteceu, não chegamos a ver Genet porque havia gente em volta que defendia interesses. Não se sabe se ele chegou a saber de nós.

Sem autorização, vocês criaram outro projeto?
Victor rapidamente voltou a trabalhar com *Calderón*, que era uma coisa que não tinha corrido bem no Irã, o cenário não funcionava. Era obstinado.

Comecei a fazer os figurinos de *Calderón*, que é tudo transparência, a pureza, e é preciso que se tenha o material, tule, seda. O espetáculo era muito bonito.

Como foram seus últimos encontros com Victor?

O que me inquietou é que ele estava calmo, menos reivindicativo, mais resignado. É aí que a gente se engana, e é aí que vem a tempestade.

Victoria Santa Cruz: Havia algo de líder nele

Victoria Santa Cruz é uma personalidade influente nas artes e nos estudos sobre a presença negra na vida do Peru. Dedica-se a teatro, dança e música e tem vários discos gravados. Sua carreira passou por Paris, onde conheceu Victor Garcia. Retornou ao seu país em 1966, e não mais se encontraram.
Dirigiu a Escola Nacional de Folclore entre 1969 e 1972. Em 1973, foi encarregada da formação do Conjunto Nacional de Folclore, que dirigiu até sua dissolução. Entre 1982 (ano da morte de Victor) e 1999, lecionou na Universidade de Carnegie Mellon, Estados Unidos, e ainda deu cursos na África (Senegal, Marrocos e Egito).

Como vocês se conheceram?

Victoria Santa Cruz: Em 1962, recebi uma bolsa do governo francês para estudar na Universidade do Teatro das Nações e Escola Superior de Estudos Coreográficos. Eu reconheço as pessoas pelo timbre da voz, quando são sinceras e honestas. Foi muito curioso meu primeiro encontro com Victor porque alguns companheiros do curso, ao chamar pelo meu nome e eu responder, Victor automaticamente também respondia. Isso se repetiu várias vezes até que, de repente, Victor me pergunta: "Você se chama Victoria, não?". A amizade não foi imediata, mas senti que lhe inspirava certa simpatia. Meus comentários, quando falávamos de certas obras teatrais, pareciam-lhe interessantes.

E que impressão você teve dele?

A primeira impressão foi algo estranha. Ele dizia frequentemente palavras toscas, com um sentido de humor algo maligno, e, não obstante, não se podia negar que tinha graça. Fazia perguntas e ficou surpreso ao saber que eu conhecia Shakespeare. Expliquei que meu pai estudou nos Estados Unidos desde os sete anos e voltou ao Peru aos 32, e isso chamou a atenção dele.

Como Victor se relacionava com outros colegas?

Ele tinha muito senso de humor e estava sempre rodeado de companheiros da universidade. Havia algo de líder nele. Entrei para o grupo em que ele era o diretor para montar *O pequeno retábulo de dom Cristóbal*, de García Lorca, em forma de marionetes. Eu disse que, além de atriz e bailarina, era figurinista e me ofereci para desenhar e fazer o vestuário da peça. A aluna designada para desenhar os figurinos era uma francesa, mas eu os executei. Assinalo isso porque meu nome foi omitido no programa do espetáculo, que foi um êxito. A segunda obra, *A rosa de papel*, de Valle-Inclán, também foi um sucesso.

Vincent Lo Monaco: Ele era muito católico

O ator Vincent Lo Monaco é um inconfundível homem do Mediterrâneo – moreno, agora grisalho, traços angulosos. É emotivo, com um olhar em que se nota um lampejo de timidez e melancolia. Participou de Calderón, *em 1981, ao lado de Paulo Goya. Continua na profissão, sobretudo em cinema e séries de TV. Poucos como ele chegaram tão perto da intimidade de Victor Garcia.*

Você, como o Victor, tem uma história de imigração familiar, não é?
Vincent Lo Monaco: Sou filho de pai siciliano e de mãe grega e nasci em Túnis, durante a imigração da minha família. Tenho nacionalidade francesa porque, na época, a Tunísia era protetorado francês. Cheguei à França entre os sete e os oito anos.

Como se encontraram?
Eu tinha paixão por teatro, mas era uma coisa de amador, na casa de cultura do bairro. Aos 19 anos, fui ver *As criadas*, de Genet, com a Nuria Espert, encenada por um homem que eu não conhecia, ou seja, Victor Garcia. Nuria veio para o Teatro da Cidade Universitária Internacional de Paris. André-Louis Périnetti era o diretor, e creio que foi ele quem pediu a Victor um novo projeto, e então, nesse mesmo ano, ele trouxe *A parábola do banquete*, de Paul Claudel, em que eu interpretava um padre com um grupo de estudantes de teatro de Portugal.

Sempre houve bom entendimento entre vocês?

Com o tempo, começamos a discutir e a ter uma relação ambígua porque ele era um tipo como Pasolini, só para fazer um paralelo. Uma de suas grandes obsessões era a união da matéria com o espírito. É por isso que negligenciou a carreira, não a aproveitou. Queria fazer uma coisa quando achava que essa coisa podia transcender, ser algo maravilhoso. Naturalmente, esta não é uma época de respeitar o lado espiritual, pelo menos na Europa. Essa foi, na minha opinião, sempre sua grande ambiguidade e seu grande trauma. Mas fomos muito amigos. Eu tinha mulher e um filho, ele vinha à minha casa e era uma coisa realmente bela, fraternal. Falávamos e falávamos, e, depois, ele foi a Portugal para outra montagem e, quando voltou, viveu nos primeiros tempos em nossa casa. Quando, em 1969, houve a proposta de Ruth Escobar para *O balcão*, em São Paulo, ele me convidou para trabalhar com ele.

Por que não aceitou?

Eu tinha projetos em Paris, uma vida particular, e, além disso, não falava português. Só depois aprendi espanhol e um pouco de português.

Eu também era um tipo muito independente, muito louco, com vinte e poucos anos, e ele era difícil de conviver até para trabalhar. Se Nuria Espert e Ruth Escobar puderam trabalhar com ele, fazer coisas lindas, é porque são metódicas, muito organizadas e mais ou menos da idade dele. Eu tinha uns treze anos a menos e precisava viver independentemente das minhas aventuras teatrais.

Ele falava sobre o passado familiar?

Quando ele era menino, teve problemas de saúde e também psicológicos. O pai era um tipo autoritário. Diante dessa personalidade, Victor se bloqueou. Guardou para sempre o trauma de menino. O pai foi o grande amor simbólico de sua vida. Até os seus oito ou dez anos, nunca o havia beijado, mas um dia tomou-o em seus braços e o beijou pela primeira vez, e foi uma grande iluminação.

Creio que sou o único a quem confidenciou essa cena. Para mim, ela pode explicar muita coisa, pode explicar a homossexualidade um pouco frustrada dele, que era uma coisa mais cerebral e se acentuou com o fato de que, aos trinta anos, já bebia. Victor vinha à minha casa porque precisava de alguém em quem tivesse confiança, como um irmão. Todo esse trauma criou uma falta de liberdade sexual, e então essa sexualidade tinha muito do fantasma do pai. Falamos disso tomando vinho. Eu dizia: "Mas, Victor, eu vivi sete anos na América do Sul, me apaixonei muitas vezes, tenho um filho, e você se diz homossexual, mas não o vejo nunca com um alguém, um tipo". Isso era o grande truque dele, uma forma de espiritualidade que ele queria. No teatro, sua obsessão era a transformação da matéria em espírito. Obsessão que, em minha opinião, corresponde a uma vida sexual completamente falhada. Na fantasia, ele dizia também qualquer coisa das pessoas, que fazia isso e aquilo, mas não era verdade.

Que tipo de fantasia?

A mim, disse que algo havia se passado entre ele e Nuria Espert. Em seguida me disse: "Não, não, não é verdade, eu delirei com Nuria, delirei com todo mundo". Porque ela era uma mulher por quem ele tinha amor, mas era espiritual. Comigo também delirava. Quando estava tocado, dizia: "Ah! Este é um belo homem", e insinuava que fazia amor comigo. Mas é diferente a realidade do delírio. Eu tinha minhas mulheres, e ele respeitava. Era assim também com o cenógrafo Michel Launay, casado e que tem filhos. Se há pessoas que ele respeitava muito, digo honestamente, eram Michel Launay e a mim. Entre os produtores, respeitava Nuria Espert e Ruth Escobar, mas com essa ambiguidade. Respeitava Nuria, Ruth, respeitava André-Louis Périnetti, mas, ao fim e ao cabo, não lhe interessava porque era gente de teatro organizada.

Mas eles eram os seus produtores?

Ele tinha uma espécie de ódio de toda a gente que produzia. Queria trabalhar algumas vezes, depois tomar uns goles, falar. Não interessava o trabalho como produtividade, e nisso era o oposto, o contrário de Jérôme Savary, que é uma máquina, produz duas ou três obras por ano. Victor às vezes dificultava seu próprio contato com Nuria Espert. Dizia para mim: "Agora não falo mais, atenda você o telefone". Isso é um pouco da sua ambiguidade com o teatro – como até um pouco com sua vida sexual, a impossibilidade de viver. Se é possível definir essa situação em uma frase, eu diria que sua grande viagem mental, sua grande obra filosófica foi a do alquimista que passa toda a sua vida – a dele durou 47 anos – para transformar a matéria em cristal, em diamante, para não dizer ouro. Para ele, cada coisa que tinha de fazer, os figurinos, o cenário, contava muito. Olhava uma tábua e dizia: "Esta madeira, se for cortada de tal jeito, resulta em uma matéria e não em outra, como um músculo". Ele estudou medicina, as veias, então queria observar a matéria das coisas e transformá-las em algo um pouco sublime, como foi *Bodas de sangue* em Tel Aviv, que representava um grande diamante. Como foi também em São Paulo. Ele estava muito contente com *O balcão*, *As criadas* e *Yerma*. Depois Victor não controlou mais o delírio.

Como esse descontrole se manifestava?

Era um tipo de pessoa com quem não se pode conviver muito porque acorda e já bebe, e você não pode seguir assim. Disse-lhe várias vezes: "Mas o que se passa, Victor? Se você continua a beber e quer se matar um dia, então saia da minha vida, ou então vamos negociar". Eu era obrigado a pôr um limite porque não se podia organizar com ele um método de trabalho. Tinha uma linguagem dupla que é difícil explicar. Victor sabia que os momentos de criação eram mais raros, que eram o fim de algo. Nunca me dizia, por exemplo: "Eu te dou a possibilidade de desenvolver meu projeto como assistente". Ele tinha certo orgulho de estar só.

Houve um afastamento entre vocês?

Sim, mas isso quando estive na Venezuela. Quando regressei, em princípio de 1982, encontrei Victor sentado em um café, e ele estava mal, a coisa já era grave. Entre 1980 e 1981, ele encontrou Michelle Kokosowski, que o apresentou a outras pessoas. Ela queria ajudá-lo e o ajudou. Havia uma pré-produção para *Dom Juan Tenório*, de Tirso de Molina. Ele disse a ela: "Você vai ser Dom Juan". Era muito interessante do ponto de vista estético, o problema era Kokosowski não ser atriz. Houve o adiantamento de dez por cento para começar a pesquisa sobre Tirso de Molina, e Victor me disse: "Vicente, vamos fazer um trabalho fabuloso, chega de álcool". Todas as manhãs era café, chá, laranjada, comia-se bem. Durante um mês foi perfeito. Eu lia, ele lia, tomávamos notas, às vezes chamávamos Kokosowski, mas ele preferia trabalhar sozinho, no máximo comigo. Durante um mês e meio, entre fevereiro e março, nem um copo de cerveja, nada. Depois, não sei o que se passou, e a bebida de novo. Ele saía e voltava à minha casa, onde tinha dois quartos, em um deles ficava a televisão e uma pequena cama. Victor se estendia nela vendo TV, ou dormia porque passava o dia bebendo.

Onde ele realmente morava?
O dinheiro dessa produção vinha de um centro teatral no sul da França, dirigido por Jérôme Savary no período de Jack Lang no Ministério da Cultura. Eu, da minha parte, já havia gastado de dez a 15 mil francos com Victor. Então, quando ele sentiu que não estava bem, me disse: "Vamos ao banco tirar uma parte do dinheiro para você". Porque viveu em minha casa nos seus últimos seis meses, apesar de Alain Crombecque ter conseguido para ele um estúdio em um belo edifício no cais do Sena. Paguei o aluguel por seis meses, mas ele caía na rua, bêbado, a polícia o recolhia, e ele retornava de manhã à minha casa. Não gostava de estar sozinho naquele estúdio e me dizia: "Eu fico aqui". Bebia e voltava quase morto.

Como foi exatamente a morte dele?
Na realidade, não foi o álcool diretamente. O álcool debilitou o corpo. Eu já não podia mais porque era loucura. Bebia um pouco, mas não suportava, não era possível. Voltamos ao projeto do *Dom Juan* e de *O público*, de Lorca, entre bebedeiras. Então, em uma dessas vezes, eu lhe disse: "Olha, eu vou sair de férias uma semana com uma amiga". Eu não aguentava mais depois de seis meses. Você não sabe, não pode imaginar o que é cuidar de alguém descontrolado pelo álcool. Você não é um enfermeiro, não sabe como fazer, não pode seguir o delírio todos os dias durante seis meses. Então saí de férias – acho que no dia 20 de agosto de 1982 – e lhe disse: "Olha, se você quiser, fique aqui, mas lá no seu estúdio estaria melhor". Passei uma semana nos Alpes, e, quando voltei, Victor estava em minha casa, sozinho com a televisão e com o que pôde comprar de bebida: cerveja, vinho, uísque. Estava muito mal, era como um velho de oitenta anos que precisa ser levantado para caminhar. Aos 47 anos, ele não caminhava. Bom, então chegamos ao apartamento dele de táxi, depois de horas colocando suas coisas em uma maleta, coisas que ele esquecia aqui e ali, em toda parte. Chegamos, e eu disse: "Agora fique tranquilo, eu venho todos os dias, faço uma comida quando puder, mas escute: você está se suicidando. Ou você reage, ou tenho que tomar uma medida para fazê-lo reagir".

Dois ou três dias depois, a polícia me ligou avisando que Victor havia caído na rua e fora levado ao Hospital Salpêtrière, que é perto da Place d'Italie. Ele tinha o meu número de telefone, e, assim, me localizaram.

Como ele estava?
Cansado de todas as coisas que fizeram nele para tirar o efeito do álcool. No segundo ou terceiro dia, fui levar um pijama, e Victor me perguntou: "*Vicente*, o que tem aí, um animal?". Era apenas a base de vidro da mesa de cabeceira, e ele, no delírio, imaginou ser um animal. Notei que tinha um inchaço na garganta e perguntei à enfermeira o que era aquilo. Ela respondeu: "Não é nada, é um abscesso". Então ele me disse em espanhol: "Sabe, *Vicente*, te juro que, se saio desta, nunca mais vou beber". Isso foi às oito da noite, não sei mais o dia.

Victor morreu no dia 28 de agosto.
Bom, então foi entre 25 e 28. No dia 28, às oito da manhã, recebi o telegrama do hospital: "*Monsieur* Victor Garcia morreu em seu leito, de um acidente...". Às 8h30, eu estava lá: "O que é um acidente?". Disseram que ele se sufocou durante a noite. Aquela bola na garganta o sufocou. Perguntei se ele havia chamado a enfermeira, e sim, parece que chamou, mas era uma infecção grave e o corpo estava demasiado débil. Ele tinha uma cirrose crônica de quase vinte anos. Os médicos disseram que era um estafilococo. Se o seu corpo não reage a isso, você pode morrer com uma gripe.

Não se fez um relatório médico sobre a morte?
Não pedimos. Eu estava chocado e só avisei Juana, a irmã dele, na Argentina; Michelle Kokosowski se organizou para chamar as pessoas, conseguir dinheiro para o enterro e arrumar o túmulo no Cemitério do Père-Lachaise. Eu estava muito triste e não reagi quando Michelle, que é judia, disse: "Victor era revolucionário, um artista. Não vamos pôr uma cruz. Não vamos pôr nada". Não reagi, mas ele, na sua cabeça, era muito católico. Dizia: "Sou ateu, mas católico, apostólico, romano". Não criei caso, e ficou sem a cruz.

David Hersey: Um gênio controverso

David Hersey, um americano alto e bem-humorado, já criou em Londres a luz para centenas de peças dramáticas, balés e grandes musicais como Cats *e* Os miseráveis. *Ainda iniciante, fez a luz de três espetáculos de Victor Garcia – em Londres, Paris e Shiraz, no Irã. Seu depoimento é o clarão de afetividade de quem conseguiu ver o lado aventuresco do teatro e, realmente, se divertir ao lado de Victor.*

Você é a pessoa que melhor se relacionou com Victor Garcia na Inglaterra.
David Hersey: Sou de Nova York e estava em Londres havia uns dois anos quando apareceu esse espetáculo sem que ninguém soubesse nada a seu respeito. Na época, eu trabalhava com uma empresa prestadora de serviços que tinha um contrato para fazer a iluminação do National Theatre.

E o trabalho com ele?
Victor me disse basicamente o seguinte: "Vá embora e redescubra a luz sobre o palco. Quando tiver feito isso, volte e converse comigo". Eu estava em uma posição extremamente boa naquele trabalho. Contávamos com quatro eletricistas nos ensaios, antes de irmos para o palco, o que nunca tinha acontecido antes. Então, pensei: "Tudo bem, vamos esquecer a iluminação teatral tal como nós a conhecemos", e começamos a fazer experiências com diferentes fontes de luz, coisas que normalmente não eram usadas em cena, algumas das quais se tornariam comuns no palco depois disso.

O quê, por exemplo?
Lâmpadas de sódio. Tínhamos lâmpadas de mercúrio, que produzem uma luz fria pouco aconchegante e que não é apropriada para a pele. As de sódio são diferentes. Havia uma lâmpada para iluminar as partidas

de futebol televisionadas, modelo csi 64, usada apenas em postes e grandes campos de futebol. Emprestamos umas duas dúzias delas e as utilizamos em mastros de, digamos, seis metros de altura. Ou seja, havia dois atores no *Arquiteto* e 13 eletricistas para fazer a montagem funcionar na prática. Nós fizemos uma porção de coisas que hoje em dia são consideradas normais porque temos o computador, máquinas. Nós tínhamos apenas pessoas. A experiência resultou tão extraordinária que me transformou. O meu trabalho de verdade, como iluminador, começou com esse espetáculo. Aprendi a olhar e tenho de agradecer ao Victor por isso, porque ele simplesmente me desafiou e me fez mudar tudo aquilo que eu sempre tivera por certo. Você chegou a ver alguma foto da encenação?

Sim.

Havia o piso de aço que os atores, Anthony Hopkins e Jim, odiavam porque cortava um bocado. O espaço tinha mais ou menos nove metros de largura por nove de profundidade e cerca de 11 metros de altura; e em qualquer ponto daquele ambiente podia estar um ator. Então, nós tínhamos refletores no próprio palco, de vários tipos diferentes, alguns dos quais pareciam muito ameaçadores. Por exemplo, Hopkins representava todas as cenas olhando quase direta e fixamente para um deles durante uma hora, sabe, a um metro de distância dele. Era um tempo muito longo; mal se podia perceber seu movimento. À medida que as luzes iam diminuindo, o espaço simplesmente encolhia, terminava naquele minúsculo bloco de luz. Um dos personagens subitamente começava a chorar. Então, para realizar aquilo, nós tínhamos mais ou menos 15 ou vinte lâmpadas, todas focadas nesse lugar em que um dos atores permanecia imóvel e o outro caminhava em direção a ele. Tínhamos um microfone nas coxias e outro que acompanhava o ator, e essas luzes estavam ligadas a esse sistema, de modo que o som do choro fazia com que essas 15 ou vinte luzes coloridas piscassem.

Havia recursos sonoros?

Precisávamos conseguir o efeito de uma bomba atômica, e, para isso, começávamos com o som, que era baixo, e ficava gradativamente mais e mais intenso. Como a cena anterior era uma penumbra, os olhos da plateia estavam bem abertos; aí na bomba atômica iluminávamos o centro do palco com aquelas luzes de estádio de futebol. As 25 de uma vez. Parecia que estávamos olhando um negativo. E, quando você imagina que a luz não pode ficar mais brilhante, surge um outro nível, mais luz ainda. Os atores estavam tão reluzentes que quase incendiavam diante dos nossos olhos. E isso se prolongava até o *black-out*. Foi extraordinário.

Pelo visto, então, vocês ficaram amigos.

Bom, eu me dava muito bem com ele [*risos*] e me diverti à beça. Nunca será demais enfatizar a transformação, a intensidade de viver uma experiência em que você passa um mês em intensa colaboração com eletricistas, experimentando coisas, usando as luzes como câmeras, encontrando ângulos, encontrando os meios de realizar a cena. Foi maravilhoso. Acho que todo mundo deveria ter uma experiência do gênero uma vez na vida.

Você é mais um a dizer que Victor usava metáforas.

Não consigo lembrar de nenhum exemplo específico, mas era sempre com o elenco, claro. Eles queriam saber sobre o que era a peça, porque eram atores ingleses, mas ele nunca explicava. Nunca. O Victor falava a maior parte do tempo exclusivamente por meio de metáforas, muito raramente por meio de frases completas, e só em português.

Em português?

Ou francês. Mais tarde descobri que ele conhecia um bocado de inglês, mas se recusava a admitir isso. Era um segredo até onde iam os seus conhecimentos de inglês.

Como o público reagiu?

Era um mistério. As pessoas ou amavam o espetáculo ou o odiavam. Tinha gente que o considerava absolutamente surpreendente, e ele de fato foi um grande precursor, mas era totalmente contrário à tradição teatral britânica. Os ingleses pensam o teatro em termos da palavra falada, mas para Victor eram simples adereços, qualquer outra coisa, de modo que pudesse retorcê-las, quebrá-las, cortá-las, modificá-las, não importa: elas não passavam de um material. Mas, na Inglaterra, a palavra deve ser direta, e, portanto, alguns não conseguiam descobrir sobre o que se estava falando; outros achavam o espetáculo extremamente instigante.

Foi Peter Brook quem recomendou Victor Garcia ao National Theatre?

Sim. Peter Brook falou para o dramaturgo Kenneth Tynan, assessor literário do National Theatre quando Laurence Olivier estava na direção. E foi ótimo sacudir o *establishment*.

Por quanto tempo o espetáculo ficou em cartaz?

Normalmente fazíamos as peças em repertório, portanto acho que deve ter ficado em cartaz por dois ou três meses, alternando com outros espetáculos. O normal, acho, mas não me lembro bem.

E o trabalho de vocês em Paris?

Ele estava começando a ficar estranho na época que fizemos *As criadas*. Eu tive apenas três experiências com Victor, mas as três foram totalmente diferentes e inesquecíveis.

Afinal, como foi em *As criadas*?

O espetáculo foi no Espace Cardin, que tinha todo o interior branco. Veja bem, eu não estou falando de gelo, ou cinza, estou falando de um branco brilhante. O cenário foi desenhado por Michel Launay, uma pessoa exccelente para se trabalhar. Eu gostava dele. Eles me deram um cenário de piso inclinado. Era preciso ser uma cabra para caminhar por ele. Era oval, e no centro havia uma abertura com uma cama. Esse grande espaço oval era polido como um espelho e, atrás dele, havia painéis por toda a volta, com sete metros de altura e entre um metro e meio e dois metros de largura, que formavam um grande círculo. Tínhamos então esse auditório branco, um espelho aqui e outro espelho ali, e uma contraluz que incidia sobre o piso atingia o painel e era refletida diretamente em direção ao público. Bom, nós nos divertimos muito, e meu francês ficou quase tão bom a ponto de Victor perceber isso. O lado social da coisa foi esplêndido. Mas as críticas não foram boas.

Depois, vocês trabalharam juntos em *Autos sacramentais*, de Calderón de la Barca.

O que resultaria em algo... [*risos*]. O grupo ensaiou em São Paulo. Vocês ouviram falar sobre o cenário?

Sim, um diafragma gigante de máquina fotográfica.
Mas as dificuldades técnicas em construir aquilo com lâminas exigia engenheiros sofisticados. Era perigoso, e alguém podia arrebentar o tornozelo. Aí o elenco brasileiro veio para Londres, e eu os adorava, tão calorosos. Se você saía da sala por cinco minutos, quando voltava era como o reencontro de amigos que se tivessem perdido uns dos outros. Abraços e beijos, era ótimo. Eles chegaram, tomamos um avião e partimos para o Irã. O cenário seguiu em outro, e precisava fazer uma baldeação em Roma. Só que, em vez de Roma, eles o mandaram para algum outro lugar e o perdemos. Chegamos sem nenhum cenário, e o Victor entrou em um de seus estados de mau humor e disse que, sem cenário, eles não podiam ensaiar: "Como é que vocês esperam que eu ensaie sem o meu cenário?". Então, nós ficamos à beira da piscina. Eu costumava acordar ao amanhecer porque fazia tanto calor durante o dia que era impossível sair. O amanhecer era lindo, e eu saía a procurar antiguidades.

O cenário acabou aparecendo.
Finalmente, recebemos a notícia de que tinha sido encontrado, estava a caminho, e todo o mundo começou a ensaiar. Em uma tarde, à noitinha, eles começaram a ensaiar, nos jardins do hotel, exercícios vocais e improvisações, e tudo aquilo em português, é claro. Aquela gritaria. Corriam e gritavam, e lá dentro os hóspedes jantando, todos muito bem-vestidos. Os atores vestiam macacão branco, mas, você sabe, a intenção do Victor obviamente era que os atores ficassem nus. Conseguiu isso naquele entardecer, ao pôr do sol. Só sei que em pouco tempo havia 25 brasileiros nus se contorcendo de um lado para outro, ensaiando em português. Um garçom saiu para fumar um cigarrinho e estancou, completamente petrificado. As pessoas que estavam jantando simplesmente não podiam acreditar no que estavam vendo. Jamais vou me esquecer da expressão no rosto deles.

Houve pressão oficial, e o elenco usou macacões brancos.
O cenário chegou, mas a essa altura estava ficando mais difícil responder a algumas das ideias do Victor. Fizemos algumas luzes, mas só podíamos trabalhar realmente à noite, quando estava fresco o suficiente. Depois de toda aquela confusão para conseguir o cenário para que a peça pudesse acontecer, ele não funcionava. De maneira que Victor aboliu o cenário. Você pode imaginar, a imperatriz Farah Diba, mulher do xá, e todo aque-

le séquito no teatro do festival com seus diamantes e suas pérolas, todos ali sentados na expectativa de assistir a alguma peça surpreendente de vanguarda; e eis que surge aquele bando de brasileiros tagarelando em português. A plateia ficou olhando, e ninguém sabia o que significava aquilo.

Como você se comunicava com Victor no meio dessa confusão?

Na verdade, era difícil porque ele estava bêbado a maior parte do tempo. Começava logo cedo pela manhã e não parava. Isto é, foi completamente diferente da primeira vez, quando nos encontramos em *O arquiteto*. Agora a coisa tinha ido longe demais. Eu tentava observar o que ele fazia com as pessoas e tentava imaginar o que realmente pretendia, e buscava elaborar alguma coisa com base naquilo. Mas o problema com o Victor é que ele fazia determinada coisa unicamente porque seu objetivo real era algo diferente. E você não podia tomá-lo ao pé da letra; você tinha de tentar adivinhar. Mas, mesmo naquelas condições, havia momentos em que de alguma forma surgia uma imagem extraordinária.

Em Londres, você refez a iluminação original de Shiraz?

Ah, sim. Porque ali estávamos em um espaço fechado e se podia ter uma ideia melhor do que estávamos fazendo, mas não ficou gravado na minha memória como *O arquiteto*, do qual eu ainda me lembro com muita nitidez. Acho que o público inglês ficou chocado com *Autos sacramentais*.

Mas Victor voltaria a Londres com sucesso.

Tornei a vê-lo quando ele veio com *Yerma*. Foi um sucesso, e havia também Nuria Espert. Houve outro, *Divinas palavras*, também muito interessante. Os dois eram espetáculos mais bem-acabados do que aquele que nós fizemos.

Para terminar: o que na personalidade de Victor o atraía mais?

A imaginação dele. Eu respondia, de alguma forma, à sua impressionante imaginação, sei lá... Ele era muito inteligente, adorava certo tipo de brincadeira. Era um gênio à sua maneira. Um gênio confuso, é claro, mas nunca conheci ninguém como ele antes ou depois, sem sombra de dúvida. O tempo que passamos juntos foi realmente muito intenso. Eu jamais esquecerei.

Ricardo Pais: Visão fantasmagórica de Deus

Extrovertido e sempre em atividade, o encenador Ricardo Pais estudava direito em Coimbra quando atuou no teatro com Victor Garcia. Formou-se em direção no Drama Centre, de Londres, ocasião em que voltou a se encontrar com Victor. De volta a Portugal, iniciou extensa carreira cênica, além de ter sido diretor do Teatro Nacional D. Maria II, de Lisboa, e do Teatro Nacional São João, do Porto.

Como Victor Garcia chegou a Portugal?

Ricardo Pais: A Casa da Imprensa, de Lisboa, promovia um festival internacional de teatro, e o organizador era o ator Rogério Paulo, que havia sido estagiário no Teatro das Nações, em Paris, ao mesmo tempo que o Victor. Penso ter sido o Rogério Paulo a trazer cá o espetáculo do Victor, e foi um sucesso monumental. Como o Círculo de Iniciação Teatral da Academia de Coimbra tinha por hábito trazer novos diretores para trabalhar lá, alguém se lembrou do Victor Garcia, e achamos uma grande sorte termos conseguido apanhar aquele homem que tinha trinta anos quando chegou a Coimbra e encenou os chamados *Autos sacramentais*, compostos primeiro pelo *Auto de São Martinho*, *Auto das oferendas que Deus fez à Virgem por intermédio de São Lázaro*, e era onde eu entrava. Eu tinha 19 anos e estudava direito. Em seguida, ele fez *O grande teatro do mundo*.

Qual a reação da cidade?

Foi um sucesso imenso. Isso deve ter sido então em 1965, porque, em outubro de 1967, quando o espetáculo já durava um ano e meio, nós fomos à 7ª Bienal de Paris, no Teatro Palais de Chaillot.

Que imagem você guarda do Victor Garcia de Coimbra?

Uma energia transbordante. Diante da sua força criativa, não nos passava pela cabeça que ele já estivesse em um estágio destrutivo, embora, em pequenas coisas, eu tivesse a intuição de que ele era uma pessoa de relações e paixões complicadas.

Um exemplo desse tipo de conflito?

Ele esteve apaixonado por um de nossos colegas, um amigo que eu tenho ainda, só que ele não tem rigorosamente nada de homossexual. Esse rapaz bonito, frágil, olhos claros, magro e com ar angelical veio a ser o protagonista do *Assim que passem cinco anos*. Simbolicamente, portanto, aquela paixão do Victor Garcia teve a sua realização cênica. Ele distinguia as relações de trabalho das suas relações pessoais, odiava que dependessem dele emotiva ou intelectualmente, mas não deixava de ser profundamente empenhado nas pessoas, de ter uma capacidade de comoção com elas como eu nunca tinha conhecido, e que foi determinante na minha maneira de me aproximar dos outros e de fazer teatro.

Como avalia a estética dele?

O Victor era muito torturado por suas próprias crenças. Havia nele uma espécie de misticismo, de exorcização do catolicismo. Era um dominador, mas não acreditava nos poderes, principalmente nos poderes instituídos. A Igreja era um fantasma, e não é à toa que ele se aproxima de Fernando Arrabal, que tem a herança de Goya, aquela visão distorcida, monstruosa e fantasmática da religiosidade. Em *Auto das oferendas que Deus fez à Virgem por intermédio de São Lázaro*, por exemplo, a humanidade era representada por um enorme inseto com uma roupa terrível, uma coisa larvar, feita com bexiga de porco. Essa visão ao mesmo tempo barroca e fantasmagórica de Deus atravessou a obra dele. A grande busca da obra de Victor era a busca de Deus. Todos os grandes dispositivos cênicos do Victor eram dispositivos de vertigem, de vazio.

Isso ficou evidente em *O balcão*, de Jean Genet, no Brasil.

O balcão é a explosão desse conceito que estava claramente nos *Autos sacramentais* e em *Assim que passem cinco anos*. Tudo era feito em círculos, tudo girava sobre rodas, e no meio do palco estava aquela terrível cama hospitalar de parto. Há uma busca, uma espécie de circulação no vazio que é a busca barroca da imagem de Deus e que Victor fez com uma violência terrível. O próprio Deus era representado como uma espécie de papa Pio XII, etéreo, amaneirado, quase homossexual. Então havia esse sentido crítico da imagem estabilizada da hierarquia do poder aliado a um sentido de vertigem barroca, do desejo de superar a vida e a morte, que – eu penso – terá sido um momento quase único na vida de Victor.

De que modo Victor formulava suas ideias?
Ele nunca teve a preocupação do discurso intelectual. Ao contrário, ele recusava. Ele via sempre os intelectuais, fosse à direita ou à esquerda, como formas de poder organizadas, e o Victor tinha pavor dos poderes organizados. Então, ele nunca arriscaria constituir um discurso intelectual porque seria sujeitar-se a uma regra. Era uma coisa que ele não queria, pactuar com a autoridade do discurso intelectual. Isso o Victor não fazia. O que ele tinha eram laivos súbitos de uma clarividência inacreditável, e isso foi a grande lição que recebi dele e com certeza os que fizeram teatro com ele também. O Victor tinha uma grande capacidade de metaforizar. O seu espaço do teatro era um espaço da metáfora, da transformação e da simbolização. O processo de metaforização dele com o ator era de uma inspiração divina. Uma frase que nos dissesse punha-nos completamente na rota certa, em instantes. Em Coimbra, ele era mais velho do que alguns de nós, então tinha um pudor muito grande em lidar com esses jovens, todos estudantes, e não gente de teatro. Tinha um pudor de parecer que ia pervertê-los, e, nas grandes loucuras, em bebedeiras pela noite afora, Victor nunca passava de certa medida. Punha-se de espectador, vendo nosso processo de individualização, de crescimento, as crianças que Victor não queria violar. Então havia uma restrição que eu penso que é equivalente à que ele tinha com as mulheres. Eu diria que os dois grandes polos de vivência de Victor foram os espetáculos de Coimbra, incluindo esse espetáculo profundamente significativo do ponto de vista de sua sexualidade que era o *Assim que passem cinco anos*, uma espécie de manifesto homossexual do Lorca, e depois a *Yerma*, o grande espetáculo uterino, sobre a mãe, sobre a fertilidade da mulher, sobre a dominação da mulher e sobre o discurso físico do homem. Enquanto em um ele

se exprime maravilhosamente sobre o pudor dos nossos corpos, não violentar etc., no outro ele exprime toda a exuberância que tem a mulher Yerma como seu *alter ego*, como desdobramento de si próprio. Depois, o Victor faz uma série de outras coisas em que ele se perde um pouco na sua relação com os corpos e se obriga a provocá-los de uma maneira mais decadente. Foi o que se deu em Londres com Anthony Hopkins, com pouco sucesso.

Você somente o reencontraria em Londres?

Eu me exilei na Inglaterra e fiz uma tentativa de encontrá-lo em 1968, quando me casei e fui a Paris em lua de mel, em plena revolta de maio. Tentei vê-lo e não consegui. Quando Victor chegou a Londres, procurei-o no Teatro Nacional [*National Theatre*] e fui engajado como um dos produtores do seu trabalho porque Victor não falava inglês.

Você disse que ele teve pouco sucesso em Londres.

O Victor estava em um dos piores momentos da vida dele. Só o encontrei tão deprimido em 1981, em Paris, quando o vi pela última vez, um ano antes de ele morrer, e ele estava muito malvestido, pobre, com o aspecto péssimo. Em Londres, Victor não conseguia criar o ambiente necessário. Ele teve como assistente de direção o Roland Joffé, que se tornou diretor de cinema e fez, entre outros, *A missão*, com o Robert de Niro, filmado entre Brasil, Paraguai e Argentina, e *Gritos do silêncio*, sobre a guerrilha do Camboja. O Joffé, que era do National Theatre e foi assistente porque falava francês muito bem, tentou desesperadamente entender Victor e não conseguiu.

Mas o que era tão difícil entre profissionais experientes?

As pessoas não o compreendiam muito bem. Falavam de teatro em uma linguagem que era o inverso da linguagem dele, de emoção pura, de sensibilidade. Os atores ingleses não têm, ou não tinham, noção de espaço como Victor tinha, nem do corpo. Nos últimos anos, houve uma aproximação a outros métodos de representar, mas naquela altura o teatro deles era muito rígido. Anthony Hopkins pensava ser o substituto do Laurence Olivier.

E a reação do outro ator, Jimmi Dale?

Acho que Jimmi Dale nunca entendeu muito, era um ator de *music hall*, e todos ficaram pasmos quando Victor disse que o queria no espetáculo. Essa história é curiosa. Quando Victor chegou a Londres, foi ver diversos espetáculos para escolher o elenco, mas uma hora ele chamou o Laurence Olivier e disse: "Eu quero ir-me embora, não gosto dos atores, não gosto dessa gente posada, falsa, que não tem nada a ver com o que eu imagino que a representação deve ser, então não quero mais essa gente". Olivier respondeu: "Calma, tem um ou dois dos quais com certeza você vai gostar". O Olivier, que era muito intuitivo, o induziu a assistir a um espetáculo em que o Anthony Hopkins e o Jim Dale entravam. O Dale, que estava como convidado especial nessa produção, ele escolheu logo. Achou-o divertido, genuíno. Em *O arquiteto*, o Jim fazia o próprio arquiteto que está na ilha deserta, e o Hopkins, o imperador que chega de repente. Os dois eram ótimos para os papéis, mas o Victor falava uma linguagem que eles não compreendiam.

Victor não fez nenhum esforço para chegar a uma comunicação?

O Victor não cedia a outras linguagens cênicas. Sua ideia de teatro era a sua ideia de teatro. Nunca se preocupou em entender as diferentes técnicas. Quando as pessoas entravam naquele jogo alucinado dele, quando ele acertava e conseguia transmitir isso aos atores, então era maravilhoso. O Victor podia ter explorado o lado musical, ligeiro e comediante do Jim Dale nisso tudo, mas ele [*Dale*], nesta montagem, não tinha graça nenhuma.

Não houve um grupo de personagens inventados por Victor?

O Victor começou por imaginar um espetáculo em que os dois personagens solitários de *O arquiteto e o imperador da Assíria* fossem acompanhados por um exército de formigas, e, então, eu criei um coro de formigas com dezenas de atores e estudantes. Dizia que eles teriam mais ou menos a função do coro grego. No primeiro dia de ensaio, o Victor estava atrasado. Tínhamos convocado "as formigas". A conversa dessa gente era comezinha, coisa de assalariados procurando o primeiro emprego. Não tinham ideia nenhuma do que a linha da direção significava. Uma hora depois, entrou o Victor e a primeira coisa que ele me disse foi: "Eu não quero mais as formigas, não quero mais esses caras. Não estou aqui para ter representantes do sindicato dos trabalhadores de teatro, isso é um movimento sindical, gente interessada no trabalho por trabalho, não quero eles aqui". Foi preciso dizer às "formigas" que elas não eram mais necessárias.

E como Laurence Olivier reagia?

Durante o coquetel oferecido quando o Victor chegou a Londres, Olivier disse que queria assistir aos ensaios para aprender, e o Victor dizia que não havia nada a aprender com ele. Volta e meia, alguém dizia "está aqui *sir* Laurence", pronunciado com um som parecido com "só-lange". Victor ouvia como "Solange", que é uma das criadas da peça do Jean Genet. Passou a chamar *sir* Laurence Olivier pura e simplesmente de Solange, com aquela maldade caprichosa que era muito típica dele. A "Solange" apareceu efetivamente em um ensaio, vestido com seu terno cinzento, sapatos pretos, gravata cinzenta, óculos meia-lua. Ali estava aquele monstro sagrado e parecia um bancário da City de Londres. O Victor, em profunda crise de criação, não queria a presença de *sir* Laurence e acabou levando o Anthony Hopkins e o Jimmi Dale para um canto da sala e pediu para repetirem o texto baixinho só para ele. Olivier não escutava nada do que estava acontecendo e se pôs a conversar com aquela corte de funcionários públicos do Teatro Nacional: "Gostei de ver, tenho certeza de que vai ser muito bonito". O espetáculo, no entanto, teve uma recepção muito fria. Só assisti à pré-estreia e não quis ver mais porque não gostei nada.

Victor tinha consciência desse resultado?

Melhor que todos. Ninguém conhece mais nosso trabalho do que nós mesmos. Ele sabia que estava mau muito antes de toda a gente saber. Mas depois ele voltou à Inglaterra com *As criadas*, que foi um êxito, e no ano seguinte trouxe *Yerma*, todas produções espanholas da Nuria Espert. *As criadas* já foi muito bem, mas *Yerma* foi alucinante, e, aí sim, Londres estava aos pés de Victor Garcia.

Como foi o reencontro de vocês em Portugal?

Em Londres, durante dois anos e meio, fiz um curso de direção de teatro. Com a Revolução dos Cravos, em 1974, comecei a trabalhar em Portugal com um grupo que já acabou, chamava-se Os Cómicos. Quando Victor veio a Lisboa encenar *As quatro gêmeas*, do Copi, ele me fez um convite que na hora não entendi, que era fazer uma das mulheres da peça. Duas delas seriam eu e o ator João Perry travestidos. Não aceitamos, e fiz bem, porque o Victor saiu-se muito mal na experiência. Era uma coisa estranha, sem nenhuma razão de ser. Não cheguei a ver o espetáculo porque soube que não era bom. Ele já estava muito desorientado em sua vida. Fomos jantar ele, eu, minha mulher – de quem ele gostava muito – e amigos comuns, como o médico chamado Alberto Pinguinha, uma pessoa com umas mãos fantásticas. Foi ele quem realizou todos os adereços de *Assim que passem cinco anos*. O Victor dizia que, se ele não fosse médico, poderia ter sido escultor. Pois fomos jantar todos, e pudemos fazer um pouco as contas do nosso passado. O Victor, assim que me viu, disse-me: "A primeira pessoa em que pensei quando houve a revolução em Portugal foi em ti, porque achei que tu ias voltar logo. Só depois comecei a pensar nas outras pessoas". Eu fiquei muito comovido com aquilo.

Os lusíadas de Victor : João Rodrigues, José Tavares Pinto, José Baldaia, Maria João Delgado e Teresa Alegre Portugal

Os atores de Victor Garcia em Coimbra estão definitivamente marcados por esta aventura da juventude. Hoje são advogados, médicos e professores universitários, administradores. A exceção é Ricardo Pais. Vivem em Lisboa, Porto, Coimbra, Alcobaça e Marco de Canaveses, a terra natal de Carmen Miranda. Recolher as impressões dessas pessoas – que em fotos dos espetáculos dos anos 1960 estão transfiguradas em misteriosas figuras de autos medievais – foi uma das tarefas gratificantes na realização deste livro.
É o caso de João Rodrigues, executivo da editora Sextante em Lisboa – e intérprete de Autor-Deus em O grande teatro do mundo. *Em sua evocação, João resume a emoção do grupo que se reuniu em Coimbra para esta entrevista. Juntos, eles relembraram os espetáculos da mocidade, intactos. No jantar que se seguiu o tempo recuou.*

João Rodrigues: No outono de 1966, Victor Garcia chegou a Coimbra como encenador residente do Citac, sucedendo a Luís de Lima, António Pedro, Jacinto Ramos e Carlos Avilez, conhecidos encenadores. Creio que os intermediários do seu nome para essas funções foram os seus companheiros de Olimpo agora, Alain Oulman e Adriano Correia de Oliveira, na sequência da extraordinária revelação de Victor no Festival de Lisboa, patrocinado pela Casa da Imprensa, com *O pequeno retábulo de dom Cristóbal*, de Lorca. Pouco menos jovem que todos nós, frágil, tímido e provocador, Victor, ao longo de três anos – o seu consulado no Citac duraria até o verão de 1968, e aí dirigiria *Autos sacramentais* e *O grande teatro do mundo*, de Calderón; *Assim que passem cinco anos*, de Lorca, e *A sabedoria*, de Claudel. Ele viria a deixar marcas indeléveis naquele coletivo e naquelas mentes, marcas que se estenderam a toda a academia e que perduram (bem vejo como os nossos abraços contêm a memória daqueles dias felizes). Lições de liberdade física e intelectual, de bom gosto, de audácia estética, libações libertárias – aquela noite inesquecível e confusa em casa de Copi, depois da apresentação dos *Autos* e do *Grande teatro* na Bienal de Paris de 1967 –, contatos com gente estranha e brilhante que ele trazia sempre e instalava inevitavelmente no Hotel Astória – os cenógrafos Michel Launay e Néstor de Arzadun, os pintores Nicole Claveloux, Bernard Bonhomme e Jean Triffez, entre outros. Lembro-me de acompanhar Victor ao alfaiate, às praias e aos campos de arroz de Montemor-o-Velho. Lembro-me do entusiasmo dele por Fernando Pessoa, pela peça *O judeu*, de Bernardo Santareno. Lembro-me de ouvir, sempre mais uma vez, o último disco de Otis Redding no comboio para a Figueira da Foz, em um toca-discos portátil a pilhas. É uma poderosa imagem de ternura e força criadora que, como sempre, não bate certo com a morte.

***

No centro histórico do Porto, uma cidade em que o granito e o azulejo se combinam em uma mistura de severidade e leveza, um escritório discreto era o local de trabalho do advogado José Tavares Pinto. O terno sóbrio e a reserva inicial criaram um momentâneo formalismo. Sensação breve que se desfez em minutos. Esse cidadão discreto e torcedor militante de futebol – adiou um encontro para não perder um jogo – continuaria, como advogado, a assessorar profissionais do teatro do Porto. Ajudou a revalidar o visto de permanência do diretor brasileiro Ulysses Cruz, convidado pelo grupo Seiva Trupe. Tavares Pinto interpretou Lázaro em O auto da Virgem. *Seu depoimento, em que o verbo às vezes está no presente, revela que esse passado emocional se manteve através do tempo. José Tavares Pinto faleceu em 2001.*

José Tavares Pinto: O ator no teatro de Victor Garcia era mais um elemento da grande construção cênica. É um instrumento dinâmico fazedor de sons, o que se diz não é muito importante. O texto era um elemento musical na construção global do espetáculo. Em 1970, estive em Bali, e o teatro que vi ali era Artaud e Victor Garcia. Este homem deu-nos uma dimensão completamente diferente do prazer artístico, da mais extrema emoção. Ele chamava gentes que eram técnicos de som e luz, fazendo-os atores. De certo modo era um regresso à antiguidade do teatro, à magia e ao sagrado, à criação da liturgia a partir de coisas cotidianas, a nora [*roda d'água*], as tripas dos animais, um carro de bois, objetos de hospitais que ganham súbita nobreza.

Ao começar o espetáculo, o ator coloca-se em cena estático em determinada posição durante alguns segundos. Como um *flash*, de modo que dê ao espectador a informação sobre o tipo de personagem que ele é, se é boa ou má. Havia isso no *Auto das ofertas*, paradas súbitas e o imediato regresso à trama, como fotografias que captam o momento estático dentro de uma montagem com um ritmo avassalador. Victor dava a perceber assim o contrário do que estava a acontecer.

Ele falava um espanhol que era meio português. Uma pessoa tímida, mas segura das suas coisas. Capaz de ser simultaneamente dialogante na explicação de uma coisa como absolutamente impenetrável quando não gostava das pessoas. No Porto, um ator local perguntou-lhe por que, afinal, ele havia feito *Os autos* daquela maneira. Victor respondeu apenas: "Boa noite, tive prazer em conhecê-lo". E foi-se embora.

Anos mais tarde, fui a Madri assistir a *Yerma*, do Lorca, com Nuria Espert, que ele havia dirigido. Ao final, apresentei-me a ela, que, ao saber que eu havia sido ator dele, não me deixou ir embora. Ficamos horas falando do Victor. Eu mesmo conheço gente que tem uma impossibilidade de ver teatro depois de ter trabalhado com ele ou assistido a seus trabalhos.

Nosso encontro final foi no Teatro Experimental de Cascais durante os ensaios de *As criadas*, de Jean Genet. Viemos em um grupo e assistimos aos ensaios; depois voltamos para a estreia. É uma emoção muito forte. Há coisas que conservam grande pureza, grande fraternidade. Talvez a última coisa que eu deva dizer é que eu, na peça *O grande teatro do mundo*, tive que substituir o ator que interpretava O Rico. Perguntei ao Victor se queria me explicar alguma coisa. Victor respondeu: "Você já percebeu que o meu teatro é a transformação dos homens em deuses perante os deuses ridículos. Agora você é um deus, é a parte que ajuda os homens a chegar aos céus".

Neste aspecto, Victor Garcia é uma espécie de Prometeu aguilhoado. Cria a beleza e uma humanidade nova pela criação de um mundo diferente.

★★★

O casal Maria João Delgado e José Baldaia, do Porto, integrou esse grupo caloroso. Loira, temperamento intenso, ela é formada em letras e tem um escritório de tradução. Foi a protagonista no Auto da Virgem, *a Formosura em* O grande teatro do mundo *e A moça/manequim em* Assim que passem cinco anos, *de Lorca. Sutilmente bem-humorado, José Baldaia é advogado. Victor o chamava de "o condezinho" por estar quase sempre de colete. Baldaia foi o responsável por toda a produção dos espetáculos de Victor com o grupo e guarda em sua casa de campo a roda d'água usada em* O grande teatro do mundo.

José Baldaia: Victor era uma pessoa extremamente discreta sobre sua vida e seu passado. Para a montagem de *Assim que passem cinco anos*, do Lorca, usamos carrinhos de hospital cortados e soldados de outras maneiras, e ele nunca me disse que havia estudado medicina. Era muito curioso, e andou conosco pela região para comprar a nora e o carro de bois em Feira, uma aldeia perto de Coimbra. Depois ajudei o Michel Launay a desmontar a nora, uma máquina toda enferrujada, e havia aquela dificuldade de comunicação para explicar o que era uma chave inglesa, o Michel pedindo óleo lubrificante etc.

A política não era sua preocupação diária ou mais evidente, mas o Victor tinha respeito pela nossa situação muito delicada e nos dava todo apoio moral. Era implicitamente solidário.

Maria João: Victor geralmente trabalhava o texto sozinho ou com alguém com quem ele gostava de trabalhar, como o João Rodrigues. Depois ia construindo o espetáculo de acordo com o que os atores podiam dar corporalmente, de acordo com a forma como sabiam se expressar em gestos. Todos faziam tudo no grupo, incluindo a preparação dos figurinos, do cenário e das luzes. Conhecíamos assim todo o processo de criação. A *Parábola da sabedoria*, de Paul Claudel, foi uma direção mais difícil porque ele teve muito pouco tempo. Acho que já estava também encenando *Cemitério de automóveis* na França, e em nossa encenação teve que trabalhar com muita gente, éramos umas quarenta pessoas. Victor teve a grande ideia de usar um barco em cena, o que resultou em uma obra de grande beleza, talvez a melhor esteticamente de todas elas.

***

Teresa Alegre Portugal esteve sempre em atividades artísticas e políticas. Ex-secretária da Cultura de Coimbra, é irmã do poeta e político Manuel Alegre. Foi casada com António Portugal, já falecido, compositor, exímio executante de guitarra portuguesa e parceiro musical de Adriano Correia de Oliveira. É da autoria dele a trilha sonora do Auto de São Martinho, *de Gil Vicente. Embora tenha participado da direção do Citac, Teresa nesse período estava grávida e, como diz com bom humor, "não estava em condições de fazer todas aquelas maluqueiras que o Victor exigia dos atores". Mas guarda lembranças precisas dessa época.*

Teresa Alegre Portugal: Sobrava a força naquele corpo franzino. Só os olhos atraiçoavam a estatura – era ali que líamos a grande inquietação: ele queria desarrumar as rotinas, abalar os preconceitos estéticos, perturbar as certezas escolásticas. Questionar e descobrir. Ir sempre além no teatro, como na vida. Por isso o palco não lhe chegava e desventrava-o até a pedra. Por isso o espaço cênico se transformava no espaço planetário. Victor Garcia queria mais que o limite e, assim, saiu de cena antes do tempo.

Eunice Muñoz: Aquela imaginação delirante

Eunice Muñoz figura entre os grandes nomes do teatro português. Atriz de temperamento dramático, construiu extensa e brilhante biografia artística nos palcos, no cinema e na televisão. Foi uma das intérpretes preferidas de Victor Garcia, com quem fez As criadas, *de Jean Genet. A diferença de idade e sua autoridade natural deram a ela o privilégio de tratar Victor como um irmão menor. Ambos se reconheciam e respeitavam no talento*[1].

Como vocês se encontraram pela primeira vez?

Eunice Muñoz: Conheci o Victor em 1966, no Teatro Avenida, em Coimbra, onde eu estava representando *O homem que fazia chover*, de Richard Nash, com a Companhia Portuguesa de Comediantes.

O Victor Garcia, que eu mal conhecia, foi ao meu camarim e disse-me assim: "Mas, afinal, o que você está a fazer aqui? Por hoje está bem, é até interessante a peça, mas você tem que fazer altíssimos textos". A partir daí nossa mútua admiração foi grande. Victor era um homem muito especial, uma pessoa que sofria imensamente. Tinha grandes depressões, volta e meia dizia: "Estou tão triste hoje, Eunice, tão triste", e viam-se as lágrimas que corriam. Era hipersensível, parecia um rapazinho, e até bastante tarde manteve aquela juventude, apesar de tudo.

---

1. Entrevista concedida no Teatro Nacional D. Maria II, em Lisboa.

Quando percebeu o talento daquele argentino com aparência de rapaz?

Eu vi seus espetáculos de Coimbra, e havia uma evidência completa do gênio daquela criatura. Mais tarde, ele veio a Cascais dirigir *As criadas*, de Genet, a convite do Carlos Avilez. Aí nós já éramos amigos, aquelas coisas que não se explicam. Houve uma química entre nós.

O que surpreendeu no estilo de encenação dele?

Paralelamente ao fato de ser um encenador muito exigente, ele também era de uma ternura, de uma estima enorme por seus intérpretes, tinha imenso cuidado com eles. O cenário de *As criadas* tinha uma grande inclinação, e eu era quem mais tinha problema porque usava sapatos com 24 centímetros de altura, mas ele nunca me deixou andar sem alguém a me apoiar ao fazer esses movimentos. Dizia: "Eunice, é muito perigoso, é muito perigoso". Então eu punha a mão no ombro dele, e ele andava comigo. Victor era incapaz de nos dizer se uma cena estava boa ou não, ou como estavam as palavras. Ele tinha acima de tudo a ideia geral do que era o espetáculo, a ideia plástica, mas a personalidade dele era tão forte e o magnetismo dele era tão extraordinário que produzia grande efeito sobre os atores. Principalmente se o ator fosse sensível e, portanto, tivesse esse tipo de receptividade; senão, era muito difícil, e os atores ficavam muito perdidos, sem saber bem, porque não havia nenhum á-bê-cê transmitido por ele. Ele costumava dizer: "Não tenho nada que ensinar porque eu vou buscar atores que têm escola. Não vou ficar a explicar-lhes como eles hão de dizer". É exatamente nessa linha de ação que ele era incapaz de dizer esquerda, direita, agora vai para o lado. Então ele pedia a uma amiga sua, a atriz catalã Nuria Espert, que viesse a Portugal nos dar a marcação. E ela, gentilíssima, linda, uma mulher muito bonita, veio explicar-nos como devia ser feita a marcação toda porque o cenário era o mesmo da Espanha. Foi assim que nós conhecemos a Nuria. E era assim o trabalho.

E fora dele conversavam muito?

O Victor ficava muito na minha casa, íamos juntos para o ensaio. Ele se dava muito com meus filhos. Era um homem não comparável a ninguém, parecia uma criança e ao mesmo tempo tinha aquelas maldades das crianças. Um dia veio aqui tomar um vinho do Porto, e eu disse para ele observar que bonito era o copo. Tinha desenhos tão bonitos... E ele ficou a olhar para mim e abriu a mão. O copo quebrou-se no chão... E eu disse: "Victor, isso é uma maldade". Ele era capaz de fazer essas coisas de criança, e até se percebia a razão com todo aquele público feminino que teve desde que nasceu. Não havia homens além do pai, só mulheres. As tias, as irmãs, a mãe, a avó, todas as mulheres daquela família em Tucumán se debruçavam sobre aquele menino. Ele tinha tudo misturado, essas ruindadezinhas de menino caprichoso.

E o episódio do Victor nu durante uma festa em Lisboa?

Foi na casa do pintor Pedro Leitão, que tem uma casa linda no bairro da Estrela. Entre os presentes, estavam Manuel Vinhas, um grande empresário na época, e a mulher. Como o Victor não gostava nada desse tipo de ambiente e tinha aquele prazer de chocar as pessoas, então chocou assim. Foi um episódio divertido [*risos*].

Basicamente um solitário?

Completamente solitário. Ele também tinha uma coisa curiosa que era perguntar aos casais como se conheceram. Fazia parte de seu exame em relação aos outros, uma coisa que o interessava imenso. Dizia que se conhecem melhor as pessoas quando elas contam como se conheceram. É interessante, não é?

Falava da família?

Falava. Do lenço que o obrigavam a usar sempre, portanto detestava lenço, das cuecas que também era preciso usar. Ele não gostava porque, sempre na família, as mulheres e a mãe diziam: "Veste as cuecas, leva o lenço". Daí eu ia sempre à porta e dizia: "Victor, o lenço" [*risos*].

Tinha suas explosões nos ensaios?

Tinha, tinha. Havia momentos de paciência, mas havia outros que não. Ele era um ser apaixonado e, portanto, a partir do momento que alguém lhe desse uma representação que o apaixonasse, ele ficava completamente rendido. Mas, até chegar lá, era muito penoso para ele, era terrível. Tinha dificuldade em vencer a parede e em comunicar-se com os atores. Estou convencida de que o Victor tinha muito medo deles, tinha de arrumar coragem, sabe Deus onde, para conseguir vencer essa barreira e poder dizer alguma coisa aos seus intérpretes.

Vocês voltaram a trabalhar juntos em 1977.

Estivemos para fazer *O dia de uma sonhadora*, uma peça do Copi, mas depois não foi possível. É quando se resolveu fazer outro Copi, *As quatro gêmeas*. O Victor tinha feito uma desintoxicação, que era uma coisa que lhe doía muito. Ele me dizia: "Isso é uma coisa horrível, me limparem, uma sensação medonha". Estava com problemas nas articulações das pernas, mas, nos primeiros tempos, estava contente porque não bebia. Suportou um mês ou dois e depois começou de novo. De qualquer forma, quando fizemos *As quatro gêmeas*, ele conseguiu aquilo que queria e trabalhou com muito entusiasmo. No elenco, estávamos eu, Graça Lobo, Vicente Galfo, um colega que já faleceu, e o Carlos Cristo.

O espetáculo não teve a mesma repercussão de *As criadas*.

Foi diferente. Ele pôs sua generosidade a serviço de *As gêmeas* porque sabia que nós queríamos aquela peça e apareceu um empresário para o projeto. Era sempre muito difícil arrumar alguém para financiar.

Quando se encontraram pela última vez?

Em Paris, em 1979. Foi uma coisa muito triste e amarga. Eu estava em Paris com um amigo em tratamento de saúde, e soubemos que Victor estava na casa de uma moça. Era uma jovem interessante, pintora. Ele não tinha casa, e jamais teria, porque não queria, não estava interessado em casa, essas coisas. Tinha uma mala pequena, modestíssima, e ia com aquela malinha para qualquer parte do mundo. Ficava em casa de amigos ou em hotéis. Quando ouvia aquelas músicas do hotel, ele dizia: "Essa *musiquita* é igual em todos os lados, *musiquita* insuportável".

O que houve de estranho no encontro?

O Victor era uma pessoa muito ciumenta das pessoas das quais gostava, e ele tinha ciúmes desse meu amigo. E estava mal, muito inchado, decadente fisicamente, fiquei impressionada. Precisava do apoio da bebida cada vez mais, o que evidentemente estava a destruí-lo. E ele foi tão desagradável, tão incômodo durante aquele encontro, tão agressivo que eu, a pretexto de ter de me levantar cedo, disse: "Olha, Victor, já são horas de me ir". Pronto, ficamos assim. Foi a última vez.

Você sente ainda hoje a marca de Victor em sua interpretação?
Não. Crescia-se muito como profissional ao trabalhar com o Victor. A pessoa ficava mais crescida. Todos os espetáculos do Victor, o tipo de direção que nos dava, foi uma coisa que ficou com ele e ficou comigo. Não tenho nenhuma obra depois dele em que eu tenha chegado àquela experiência. O contato com ele era tão rico, há uma lembrança muito profunda. Entre todos os encenadores que passaram por mim em seguida, nenhum tinha o estilo do Victor Garcia, aquela imaginação delirante. Portanto não há nada que tenha ficado para eu empregar. Empreguei sim, mas para dentro.

Carlos Avilez: Em que língua nós falávamos?

Carlos Avilez é uma referência na modernização do teatro português. Em 1965, foi um dos fundadores do Teatro Experimental de Cascais (TEC), onde sempre exerceu seu talento de diretor sem medo de dividir o palco com outros colegas. Entre os cargos que já ocupou, está o de diretor da Cia. Nacional D. Maria II. Esse artista polido é o responsável pelo convite a Victor Garcia para fazer As criadas, *de Jean Genet, em Cascais, belíssimo balneário nos arredores de Lisboa.*
Avilez não teve problemas com Victor, não viu nele defeitos. Poderia ser uma atitude diplomática, mas ele apenas reitera um dado nessa história: Victor Garcia parece ter sido feliz em Portugal como em nenhum outro lugar onde viveu ou pelo qual passou.

Por que trazer Victor Garcia ao Teatro Experimental de Cascais?

Carlos Avilez: Sempre quis fazer *As criadas*, mas, quando assisti ao espetáculo do Victor em Barcelona, vi que era ele o diretor [*para isso*]. Foi extremamente fácil trazê-lo, e ele era aquele homem genial do palco e uma pessoa de bom trato e de uma sensibilidade como eu nunca encontrei.

Nunca houve problema de relacionamento no trabalho?

Ao contrário, ao contrário. Tive sempre o princípio de que os encenadores, quando estão no palco, têm de estar sozinhos, isolados. Continuo mantendo isso. A relação do Victor era com os atores, não com a companhia, os produtores. Sempre tive esse cuidado de deixá-lo completamente solto. Mas o que aconteceu é que, como grande admirador dele, foi a única vez que assisti a ensaios de um colega. Um colega que já era um mestre. Normalmente não faço isso, mas, naquela vez, achava que seria uma lição muito grande. Então, eu assistia aos ensaios como um membro do TEC. Terminado o trabalho, eu ia ao encontro dele, e tínhamos um excelente relacionamento. Foi sempre uma pessoa de grande calma e de extraordinário trato. Um grande senhor.

O que chamou especialmente sua atenção no estilo dele?
A violência, a raiva, que julgo as condições essenciais para um encenador.

Como essas características se manifestavam no trabalho?
Na comunicação com os atores e nos resultados que ele obtinha. *As criadas* era uma coisa espantosa, e os momentos mais impressionantes eram os grandes silêncios que havia nele. Um espetáculo inquietante, um espetáculo profundamente perturbador em que o espectador ficava agarrado às cadeiras. Era um grande grito. Victor Garcia era um gênio com uma mensagem a transmitir, e isso acontecia.

O público reagiu bem?
Houve êxito estrondoso. Foi em 1972, e até hoje há espectadores que me falam de *As criadas*. Foi importante para nós e para o teatro português. No elenco estavam Eunice Muñoz, que Victor considerava uma das melhores atrizes com quem tinha trabalhado, Glicínia Quartin e Lourdes Norberto, que fazia a Senhora; em seguida a Graça Lobo foi fazer. Um espetáculo lindíssimo. O teatro não é tão efêmero como se diz. Quando vejo agora as fotos de *As criadas,* noto que o espetáculo está presente. Falamos dele uns aos outros e continuamos a falar do Victor Garcia em Cascais.

A censura da época aceitou a montagem sem obstáculos?
Não, era proibidíssima fora daqui. Só podíamos nos apresentar em Cascais.

Houve algum outro contratempo?
Usávamos o Teatro Gil Vicente, e o prédio pertence aos Bombeiros. Um dia houve um baile deles, e tivemos de desmanchar o cenário, o que deixou Victor profundamente irritado. Ele era muito cioso do espetáculo, e de um perfeccionismo sem limite, capaz de ficar uma tarde inteira arrumando o

cenário do jeito que queria. E era engraçado ver a relação dele com as atrizes das quais gostava. Havia uma relação de paixão no caso da Eunice Muñoz.

Onde Victor vivia?

Nós quisemos hospedá-lo em um hotel cinco estrelas, e ele não quis. Preferiu um apartamento ao lado do teatro, e ficou muito contente. Creio que foi muito feliz enquanto esteve conosco. Da mesma forma sei que foi muito feliz quando esteve em Coimbra. As pessoas com problemas de inquietação e de procura, como Victor, nem sempre são felizes, mas os momentos em Cascais foram importantes na vida dele.

Ele falava muito da família e do passado em geral?

Não, não. Falava como homem de teatro. Acho que esses criadores como o Victor, quando acabam os ensaios, descansam nessas conversas.

Você é um dos poucos que apresentam um Victor Garcia calmo.

Totalmente calmo. Almoçávamos, jantávamos, passeávamos. Sempre teve à sua volta pessoas que dele cuidavam muito bem. Nunca tivemos a menor discussão. Estávamos sempre de acordo em tudo.

Tiveram depois outros contatos profissionais?

Ele voltou em 1977 para fazer *O dia de uma sonhadora*, do Copi, com a Eunice Muñoz, mas aqui o projeto foi mudado e deixou de ser comigo. Era com o empresário Sérgio Azevedo, em Lisboa, e mudaram *O dia de uma sonhadora* para *As quatro gêmeas*, também do Copi. Mas, apesar de ele trabalhar em outra estrutura, continuamos a nos dar bem. Ele era um amigo, e havia entre nós uma relação de respeito.

Como foi a encenação de *As quatro gêmeas* em Lisboa?

Foi em um bar que se chamava Frufru, e era com Eunice Muñoz, Graça Lobo e dois atores, Carlos Cristo e Vicente Galfo. Uma experiência completamente diferente, mas ele era sempre espantoso. Só que talvez não fosse o espaço certo para fazer isso. Durou muito pouco.

E o último encontro?

Foi em um bar de Lisboa chamado Drogaria, aonde ele ia à noite. Falamos, falamos como falávamos sempre. Isso durante *As quatro gêmeas*. Depois Victor partiu e não voltou mais a Lisboa.

Vocês conversavam em espanhol ou português?

Uma mistura. Havia muitas coisas para dizer. Curioso, nunca pensei em que língua falávamos.

Carlos Quevedo: Voar alto, mas não por muito tempo

Cartaz do espetáculo *As quatro gêmeas*, de Copi, apresentado em Lisboa, em 1977.

Carlos Quevedo é um argentino falante, com capacidade de rodar o mundo e se integrar logo em qualquer lugar. Com ele, nada de nostalgias do tango. Chegou a Paris bem jovem e tornou-se assistente de Victor Garcia, que o levou para Portugal. Lá, Quevedo se estabeleceu e tornou-se jornalista.

Como vocês, dois argentinos, se cruzaram em Paris?

Carlos Quevedo: Quando *Divinas palavras*, da companhia de Nuria Espert, veio a Paris, em 1976, Victor me propôs trabalhar como tradutor e assistente entre a equipe técnica espanhola e o pessoal do Teatro Chaillot. Depois, começou a dizer que eu tinha de fazer teatro e me chamou para ser assistente de *Cemitério de automóveis*, em Madri. Quando, em 1977, o convidaram para montar *As quatro gêmeas*, de Copi, em Lisboa, ele perguntou se me interessava um trabalho de três meses. Vim. Conheci a atriz Graça Lobo e me apaixonei. Quando nos separamos, já tinha a minha vida aqui, amigos, meti-me neste ritmo de Lisboa que é um pouco de *siesta* e pronto, fiquei em Portugal.

Como eram as relações de vocês?

Muito simples. Eu tinha 22 anos, Victor tinha quarenta e inventou que eu era uma espécie de Rimbaud, e eu estava muito impressionado com ele, com sua personalidade, um tipo inteligentíssimo com um senso de humor incrível. Passávamos os dias a falar, a conversar e beber sempre juntos. Victor era uma pessoa muito solitária e já estava numa altura em que se embebedava e, logo depois do jantar, desmaiava. Alguém tinha de levá-lo para casa, geralmente eu. Punha-o no ombro, metia-o no táxi, o deitava, e foi assim. Eu vivia com uma francesa, e Victor veio morar conosco por um mês, era uma relação simpática. Não, não podia ser simpática, a palavra *simpática* não existe. Ele sempre interferia em qualquer tipo de relação, se metia, discutia, falava mal das outras pessoas, falava mal dos amigos, ou da casa da outra pessoa, ou da comida da outra pessoa [*riso*]. Pronto, é mais ou menos isso.

Como você via a estética de Victor?

A característica mais forte dele era o teatro violento. Nada de efeitos decorativos, marcações para preencher tempo ou para dar delicadeza. Não, não havia delicadeza nesse teatro. Ele estava obcecado com ritmo, o espetáculo não podia decair em termos de emoção.

***As quatro gêmeas* não deu certo. O que houve, afinal?**

Um pesadelo. Primeiro, porque íamos fazer outro texto do Copi, *O dia de uma sonhadora*, com o Teatro Experimental de Cascais. Como o Carlos Avilez, diretor do grupo, não conseguia subsídios, Graça Lobo propôs fazermos outra peça com menos personagens e dividir a produção com Sérgio Azevedo, empresário de revistas musicais interessado em Victor por uma questão de prestígio. O lugar que nos ofereceu era o antigo bar Frufru, que não existe mais. Começamos a ensaiar com Eunice Muñoz,

Graça Lobo e os atores, Carlos Cristo e Vicente Galfo. A montagem demorou muitíssimo, começou em julho e ficou pronta em dezembro. Houve público só na estreia, e depois não apareceu quase ninguém. Havia acontecido a Revolução de Abril, e a peça estava fora do tempo, do clima que o país vivia. A política dominava, todos se posicionavam à esquerda ou à direita, e, quando no teatro também havia uma clara atitude ideológica, aparece *As quatro gêmeas* falando de drogas, onde estão os dólares, os personagens vestidos de forma estranha. O espetáculo era fabuloso, mas deve ter sido visto por umas duzentas pessoas no máximo.

Parece que Victor não estava bem.
Já estava mal em Madri, quando terminamos *Cemitério de automóveis*, a única peça que ele fez na Espanha sem a Nuria. No primeiro mês em Portugal, Victor não bebia, o médico o tinha proibido absolutamente. Estava correndo tudo bem até os ensaios finais. No dia anterior à estreia, Victor apanhou uma bebedeira e nunca mais parou.

Eunice Muñoz acha que Victor bebia para superar a timidez.
Tinha mais a ver com pânico, que é diferente, tinha a ver com o terror de não dominar a criação, não resolver a obra até o final. Os ensaios do Victor eram fabulosos, o melhor dos espetáculos eram esses ensaios. As provocações que ele fazia aos atores, os insultos, como os insultava, como os tratava. Acho que precisava beber para fazer isso e que não podia ser de outra maneira, por mais pena que nos dê. Um Victor sóbrio, saudável, vegetariano é impensável no universo de apocalipse em que vivia. Para Victor, uma discussão no jantar era a última discussão do século, uma mesquinhez feita por alguém era a maior mesquinhez do século. Tudo nele era extremo e violento.

Mas várias pessoas falam dele como alguém muito generoso, sobretudo com os atores de Coimbra.
Sim, ele não gostava de falar com estranhos, falar de dinheiro ou de coisas organizadas, mas tinha o comportamento indiscutível de dar importância às coisas que lhe pareciam importantes. Quando não dava importância, não dava mesmo, mas, quando dava, uma maneira de dizer bom-dia podia ser algo gravíssimo.

Como você, tão mais à vontade na vida, resumiria esse seu conterrâneo?

Ele sempre repetia que o pai havia lhe dito que ele era uma pessoa que podia chegar a voar alto, mas não por muito tempo. Acho que o Victor tomou ao pé da letra.

Nuria Espert: "Nosotros que moriremos jóvenes"

Nascida em Barcelona, em 1935, Nuria Espert é outra dessas atrizes que figuram entre as primeiras da cena de um país. Com ela, Victor Garcia realizou dois belos espetáculos.

Nuria tem um histórico de militância antifascista. Filha de operários anarquistas de Barcelona, levou a obstinação familiar para o teatro. Em uma Espanha franquista e com uma Igreja Católica arquiconservadora, fazer teatro de vanguarda era um risco que ela quis assumir.

Em meados de 1968 estava em Paris com seu marido, o produtor Armando Moreno, visitando Arrabal. Do encontro surgiu o nome de Victor Garcia, que se fez notar no teatro francês por suas encenações de Cemitério de automóveis. *A última versão acabara de receber o grande prêmio do Festival Internacional de Belgrado, na antiga Iugoslávia. Arrabal mostrou as fotos da montagem, e Nuria e Moreno decidiram que ali estava o encenador que procuravam – e ele já estava veraneando ali ao lado de Barcelona. Duas ou três semanas mais tarde, todos se encontram, e, como sempre, Victor encontrou em Nuria a mulher cúmplice e protetora.*

Os dois carrascos não passou na censura, mas As criadas, *apesar de ser Genet, foi tolerada. O espetáculo não chamou grande atenção em uma temporada de Barcelona que Nuria define como "sin pena ni glórias". Mas Victor tinha prestígio em Belgrado e voltou a ser convidado para o festival.* As criadas *fez sucesso lá, e a repercussão abriu caminho para o triunfo em Madri.*

Terminado esse trabalho, Victor partiu ao encontro de O balcão, *outro Genet, dessa vez em São Paulo. Voltaria ainda à parceria com Nuria em* Yerma, *de Lorca, que foi apresentado em São Paulo no Festival Internacional de Teatro*

(1974), e Divinas palavras, *de Valle-Inclán. As duas montagens foram sucessos internacionais.*

Foi uma relação forte e tumultuada até o fim, vínculo de certa maneira perceptível na forma como ela vê hoje seu teatro: "Tornei-me diretora e com êxito. Vê-se bem que não sou Victor Garcia, infelizmente não tenho nada a ver e felizmente sou inteligente para não querer ter algo, não posso, não tenho a estatura dele".

Durante este depoimento, Nuria Espert lutou para não chorar quando evocou aqueles dias. Seus lindos olhos esverdeados ficaram marejados. Houve pausas longas, mas ela falou.

Nuria Espert: No princípio era uma amizade em que eu dominava bastante a situação. Fazendo *As criadas*, havia horas boas e horas más, mas tudo sob controle. Estreamos em Barcelona, e Victor foi fazer *O balcão*. Sempre que ele viajava, você podia relaxar, porque, quando ele estava contigo, era uma tensão permanente. Então eu me alegrava muitíssimo quando o via e também me alegrava quando ele ia embora. Ele gostava de mudar de cidade, aborrecia-se depressa com os lugares. Quando começava a se sentir mal, parecia que era culpa do lugar. Algumas vezes, quando o meu marido me dizia: "Vamos a Barcelona", eu respondia: "Bom, não vamos levar Victor Garcia. Vamos sós porque, se levarmos Victor, também vamos estar mal em Barcelona". Mas ele gostava muito da Espanha. Gostava de Barcelona e Madri. Passeamos por toda Andaluzia e Catalunha.

Depois dessa coisa extraordinária que foi *O balcão* no Brasil, voltamos a nos encontrar em Paris e a planejar *Yerma*. Demoramos mais de um ano por uma série de dificuldades, umas políticas, outras artísticas, para que os inventos cenográficos de Victor, tão belos, se convertessem em realidade. Quando se acreditava que ia funcionar, não funcionava, e se experimentava de novo. Victor se defendia da maneira que conhecia, que era bebendo. Estivemos em todas partes com *Yerma*: na Europa, Nova York, América do Sul. Victor ia e vinha. Eu o ajudei a ensaiar *As criadas* em Portugal.

Victor falava de seu pai, e as violências que contava eram sempre as mesmas. Quer dizer, não houve mais que alguma incompreensão ou desagrado paterno com relação a ele. Não eram tantas enormidades, mas ele contava uma vez, outra vez, e outra, de tanta dor e desespero. Ele tinha um rosto bonito, uma bela boca, olhos maravilhosos com umas sobrancelhas de Elizabeth Taylor, um sorriso formoso, mas faltava-lhe altura nas pernas.

Imagino que ele, tão amante da beleza, não encontrava em si essa beleza. E aí vinha o álcool como algo que o animava. O que nunca soubemos foi o efeito da bebida no seu trabalho. Cheguei a pensar nisso nos períodos dele sem álcool, quando entrava em uma clínica para se desintoxicar. Eram parênteses, como uma calma anormal, um vazio porque ele vivia para seu talento, era como um sacerdote do seu talento buscando que esse talento aparecesse como um relâmpago curto. Então Victor bebia e chorava, contava sua infância em Tucumán, que já havia contado, e de repente, no meio disso, aparecia uma coisa que era muito mais que um espetáculo.

Yerma teve uma carreira de anos. Victor e eu nos queríamos muito bem, mas cada vez era mais perigoso fazer um espetáculo com ele. Eu gostava dele sinceramente como gostei de pouca gente, como quis ao meu marido, minha mãe e a minhas filhas. Gostava de Victor, mas me aterrorizava a ideia de fazer outro espetáculo porque teria de segui-lo ao inferno, teria de me meter profundamente em uma coisa que vai muito contra a minha natureza. Sempre acreditei que Ruth Escobar e ele se gostassem menos, mas trabalhassem melhor. Creio que tinham uma relação mais violenta, que ajudava os dois. Comigo era uma relação de irmã, de mãe. Estar com Victor era como se ele chupasse o sangue. Um vampiro. Da Ruth ele não devia chupar o sangue porque ela não deixava, mas eu deixava por amor e por egoísmo também. Sabia que ele, nutrindo-se de mim, tirava o melhor de si mesmo. Com esse ânimo fizemos nosso terceiro espetáculo, que foi *Divinas palavras*. E foi assim: durante oito anos, de 1969 a 1977, mais juntos que um casal, mais juntos que um par de namorados, mais juntos que dois siameses grudados. Era duro e horrível porque, estando tão próxima, podia me dar conta de como sua criatividade era cada vez mais forte – mas que ele a dominava cada vez menos. E me dei conta de que suas horas lúcidas eram menores. Quando começamos *As criadas*, nos juntávamos às duas da tarde e trabalhávamos magnificamente até as oito, e não quero dizer ensaiar, quero dizer conversar, passear, pensar, falar com as atrizes, irmos comer, tudo isso. Em *Divinas palavras* já foi menos tranquilo, mas de resultado maravilhoso. Parece-me que, dos três espetáculos, era o que tinha coisas mais bonitas e, ao mesmo tempo, mais defeitos. O que fizemos melhor foi *As criadas*, o que teve mais êxito e mais nos serviu, a Victor, a mim e a todos. *Divinas palavras*, creio que era o que tinha uns momentos assim, como Goya.

Victor queria que continuássemos trabalhando juntos, mas eu não podia mais. Terminamos a parceria ainda que tenhamos nos visto mais um par de vezes. Na última vez, eu estava no Teatro Nacional, em Madri, interpretando *Dona Rosita, a solteira*, de Lorca, com direção de Jorge Lavelli. Ele sofreu ao ver que já não tinha mais lugar na minha vida. Eu gostava dele da mesma maneira, mas gostava mais de mim mesma.

A notícia da sua morte chegou quando eu acabava de fazer um recital com poesias de Rafael Alberti. Ao chegar em casa, encontrei o aviso de minha filha. Foi horrível, e senti muita culpa, como se tivesse abandonado o meu marido ou um filho. Quando perguntava por ele, me diziam que estava mal, para morrer, mas ele era tão forte. Eu o havia visto doente tantas vezes que nunca pensei que ele morreria. Ele falava muito de morrer e me colocava junto quando dizia *"nosotros que moriremos jóvenes"* [Nuria ri, e é a única vez]. A mim me parecia que ele dizia sem convicção, que era uma maneira de falar, porque, quando entrava em um hospital para se cuidar, melhorava imediatamente. Em dez dias desinchava, desaparecia a barriga, o rosto voltava a ser belíssimo, e ele saía dali um rapazinho. Tinha a minha idade, mas, quando saía, parecia meu filho. Apesar disso as entradas nas clínicas eram cada vez mais frequentes. Não sei se eu não soube aguentar ou se me dei conta e não me importei naquele momento. O caso é que para mim foi um choque tremendo. Fui com meu marido a Paris, e eu nunca chorei tanto em um enterro. Tinha vergonha porque eu sabia que os amigos que haviam estado com ele até o final não gostavam de mim porque pensavam que eu o havia afastado quando não precisei dele. Não compreendiam por que ele não estava na Espanha comigo em vez de estar em Paris sozinho. Mas era ele que não tinha mais como estar na Espanha com Nuria. As coisas, quando passam, é porque têm de passar. Fiquei muito mal, ainda estou, mas agora é doce falar dele. Não sei se teria sido melhor que Victor tivesse morrido na Espanha fazendo *Divinas palavras*.

Depois de Victor Garcia, tornei-me outra atriz para sempre. Tenho sido uma boa atriz, digamos, mas ele me fez uma boa atriz diferente. De Bertolt Brecht e Sartre, eu passei às mãos de Victor e cresci toda, por dentro e por fora, e isso é até hoje. E não é tanto porque ele me ensinasse como ser uma atriz diferente, porque ele aparentemente não sabia dirigir intérpretes. Pelo menos não seguia os caminhos de todo mundo. Ele não te dizia: "Cuidado como dizer isso" ou "aqui o que Yerma quer é...". Não usava essa linguagem.

Dizia à atriz que fazia a Madame de *As criadas*: "Você é uma taça de champanhe: plim!". Parece abstrato, mas não é, é concretíssimo. Essa atriz ficou com os olhos assim, mas, quando estreou, ela era uma taça de champanhe que fazia aquele som. Em outro ponto de *As criadas*, nos disse: "Vocês são assim como dois indiozinhos em uma missão, quando vão recitar o Pai-Nosso e ganhar um copo de leite". Essa era sua maneira de dirigir, e éramos inteligentes o suficiente, e as boas atrizes que ficamos depois. Quando você olha os papéis desse modo, já não pode vê-lo como Stanislavski e se agarrar às suas experiências interiores para ter uma emoção.

Todo meu trabalho posterior está marcado por esse tipo de olhar que às vezes encontro sozinha, e às vezes ele me faz falta para encontrar, porque dá outra dimensão, tira você do realismo, tira da sua própria experiência, se projeta.

O perigo que se corre é, de repente, você se projetar tanto que, em um espetáculo pequeno, você está projetada demais.

Ninguém que trabalhou com ele foi indiferente. Fizemos *Yerma* tantos anos, sete ou oito anos, e por aí passaram quase todas as atrizes da Espanha. As lavadeiras, por exemplo, que eram seis. Passaram cinquenta ou sessenta atrizes porque uma estava grávida, outra ia fazer outra coisa em cinema ou televisão. E se ensaiava de novo porque era "o planeta" que dava vida à ação. Elas podiam saltar para este lado ou para o outro, isso não tinha nenhuma importância. O que tinha importância é que aquela máquina as lançava no espaço. Passados vinte anos, não posso encontrar uma dessas atrizes sem que falemos de Victor, *es imposible, es imposible*. Elas vêm me cumprimentar quando há uma estreia e em dois minutos estamos falando de Victor. Ninguém era o mesmo depois de passar por suas mãos, mesmo que fosse em um papelzinho, pendurado em uma lona que se movia, que falava ou não falava. Todo mundo ficou marcado, e os que ficaram mais marcados foram os que o odiavam. Um diretor de teatro dizia: "Isto não é teatro, isto não é Lorca", mas você vê sua carreira posterior tão marcada por Victor que lhe sai pelos poros, sai por todas as partes. Peter Brook disse que o teatro europeu é antes e depois do Victor. Não conheço todo o teatro europeu, mas o teatro espanhol é outro depois dele. Não melhor, mas as pessoas o olham com olhos diferentes desde Victor, e tudo parece pequeno depois de Victor, quase tudo parece pouca coisa. Creio que ele não tem continuadores, não tem discípulos, não deixou teorias escritas, não explicou como fazia as coisas. Elas existiam e desapareciam.

José Monleón: Um buscador de imagens

Com seu jeito afetuosamente professoral, o crítico e ensaísta espanhol José Monleón, nascido em 1927, em Valência, suportou toda a ditadura de Franco (1939-1975). Não por acaso, é o autor do estudo Trinta anos de teatro da direita. *Fundou, em 1957, a revista* Primero Acto, *uma das boas publicações teatrais da Europa. Tornou-se ainda titular da cadeira de sociologia do teatro da Real Escola Superior de Arte Dramática.*

Pode-se dizer que Victor ainda marca o teatro espanhol?

José Monleón: Sim. Na Espanha, como em toda parte, tem havido sempre um conflito entre uma tradição teatral conservadora, cotidiana, e senhores que tentam romper essa situação. Os que tentam romper a tradição podem ser autores, como foi o caso de Federico García Lorca em seu momento, e vamos associá-lo em seguida a Victor Garcia. Lorca levantava o problema do que chamava de "teatro irrepresentável", teatro do surrealismo, um teatro contra o realismo psicológico preciso, ainda que algumas de suas peças, como *A casa de Bernarda Alba*, possam ser submetidas a um realismo psicológico. Mas o sonho dele era fazer irromper o surreal, um pouco o ilógico, o que não se vê, o que não aparece de imediato.

Ia também contra o teatro ao ar livre, que para ele era como o teatro falso, convencional, o teatro dos prestidigitadores. Então havia uma coisa entre ser um mago ou um prestidigitador. O prestidigitador é o que faz o truque; o mago é aquele que faz o que não tem explicação, e Lorca achava que o teatro devia ser um assunto de magos, e não de prestidigitadores. É o que Lorca defendeu em obras como *O público*, e isso tem muito a ver com alguns diretores e cenógrafos que se encaminharam para a mesma direção. Em seu trabalho, Victor Garcia escolhia Lorca não por acaso, mas precisamente porque ele é dos que pertenciam à corrente que negou o realismo psicológico, do teatro de argumento benfeito, engenhoso.

São poucos esses desesperados que tentaram ir mais além. Creio que todas as montagens de Victor tinham – para aflição dos seus colaboradores – uma necessidade das imagens que seu subconsciente pedia e de uma explicação racional para o que propunha. Ele tinha exigências que não se entendia muito bem e que depois faziam sentido na representação. Nesse aspecto, Victor teria uma marca dentro do teatro espanhol na corrente dos artistas que, antes e depois dele, tentaram aprofundar esse teatro rebelde, imaginativo, aberto, surreal.

Como o teatro local reagiu ao diretor que retomava a linha de Lorca?
Victor Garcia teve muitos problemas. Inicialmente foi saudado como uma espécie de gênio porque vinha da França, mas imediatamente começou a ter inimigos. Eu contribuí decisivamente na produção espanhola do seu *Cemitério de automóveis*. Andávamos loucos procurando carros velhos, transformamos todo o teatro em uma garagem, o que nos custou uma fortuna. E então chegou o público tradicional e disse "não", "não" e "não" e que teatro era outra coisa. Queriam algo respeitável, e havíamos feito uma espécie de ato de destruição da respeitabilidade do teatro. Funcionou mal, teve pouco público e arruinou o produtor. Foi uma pequena catástrofe.

Quando foi essa montagem?
Depois do período dele com Nuria Espert. Victor estava um pouco perdido. Eu disse a ele que queria fazer *Cemitério de automóveis*, e fizemos o espetáculo em um teatro que se chamava Barceló e que haviam transformado em um salão de baile. Estreamos, e, apesar de o elenco ser de primeira, foi um grande desastre porque chegava em um momento de transtorno na Espanha. No fim do franquismo, surgiu certa esquerda que apoiou o teatro mais crítico e compreensível, contra o sistema e com uma lógica no final. Essa defesa do surreal, do instintivo e do obscuro, parte do nosso público não aceitou nunca. Victor foi aceito em um pri-

meiro momento porque trazia um fulgor de *Yerma*, um êxito extraordinário. Ele está na lista de nossa gente heterodoxa, maravilhosa e maldita, como Valle-Inclán e García Lorca.

Como o senhor, um teórico, ligou-se a Victor, arredio aos intelectuais?
Bom, às vezes nos entendíamos e às vezes não, mas eu tinha muito afeto por ele porque trabalhava com Nuria, e minha mulher, Oliva, foi atriz em *Yerma* e *Divinas palavras*, tornou-se gerente da companhia de Nuria. Victor tinha muito mais relação com Oliva. Ele tinha uma coisa agressiva que a solidão e o álcool lhe davam. Quando bebia, suas reações eram inesperadas e, às vezes, muito desagradáveis. A última vez que o vi foi terrível, no chamado Encontro Norte-Sul, reunião que Jérôme Savary organizou em Montpellier, França. Estava bêbado, mas, como tínhamos muito carinho por ele, deixávamos que falasse, mas ele, como acontece com quem bebe, dizia a mesma coisa e ficava pesado, muito agressivo.

O senhor acompanhou de perto a aproximação de Victor e Nuria Espert?
Ajudei a convencê-la a aceitar Victor Garcia. Nuria queria também romper a linha tradicional de teatro, mas ele era um terrorista de certo modo. Então ela o amparava e o protegia, uma espécie de casal que durou um tempo. Uma das razões maravilhosas de ele ter gostado de Nuria Espert é porque ela, além de ser boa atriz, era como sua mãe ou sua irmã mais velha, uma espécie de amparo. Nuria perdoava tudo dele. Fizeram três espetáculos, mas Victor era um homem que, em médio prazo, queimava tudo o que fazia. Suponho que ficou impossível para ela continuar ao lado dele. Mas, também, era o mesmo que dizia: "Esqueça que você é uma atriz. Você é uma pedra, é um ventre". Esse tipo de exigência rompia o naturalismo e deixava aberto um mundo.

Qual sua explicação para Victor ser tão sofrido e torturado?
Imagino que a homossexualidade, naquela época, não era fácil de carregar. No caso de Victor, isso produzia certo exibicionismo como atitude defensiva. No programa de *Cemitério de automóveis*, haveria uma foto dele. O fotógrafo fez as fotos, mas ele não gostou; fizemos outras, e ele também não gostou e disse que ele próprio traria uma. Era uma foto de vinte anos

antes. O problema é que ele estava gordo, inchado de álcool. Ele era um homem que tinha um rosto nobre, mas um corpo um pouco malfeito. Esse homem que fisicamente estava arruinado de repente se expunha como se fosse um boa-pinta, um retrato de Dorian Gray, como se não envelhecesse. Ele não se aceitava como era e me parece que isso produzia uma agressividade, a necessidade de beber como refúgio, mas isso, ao mesmo tempo, era uma de suas fontes de criação. Essa não aceitação de si próprio também era um dos alimentos de sua criatividade porque Victor é desses artistas terríveis que tiram seu gênio um pouco da dor, do desespero. Então ele mantinha essa luta com o mundo. Victor era um buscador de imagens dentro da arena, e isso é o que o define e converte em um artista com um lugar importantíssimo na história da heterodoxia teatral espanhola.

Elie Malka: Um louco admirável

Nascido em Israel, onde estudou arte dramática, fez a ligação entre o universo de Victor Garcia e o Teatro Nacional Habima. E viu de perto o encontro de culturas e temperamentos opostos, visões artísticas conflitantes e o instante de aceitação entre pessoas. Anos mais tarde, sintetizou aquele período em um fax que enviou da L'Union des Théâtres de L'Europe (União dos Teatros da Europa), sediada em Paris e presidida por ele. Essa entidade, criada em 1990 por Giorgio Strehler (1921-1997), um dos mais influentes encenadores italianos do pós-guerra, tem como objetivo uma ação cultural que vá além das barreiras de língua em "favor de um teatro de arte como instrumento de poesia entre os povos da Europa". Estimula produções, coproduções e intercâmbios entre teatros e divide experiências, respeitando as identidades, tradições culturais e diferenças de cada um. Cada ano organiza um festival em um dos países do grupo.

Elie Malka: Victor Garcia foi convidado a dirigir em Israel por David Levine, na época diretor artístico do Teatro Nacional Habima, para montar, em hebraico, *Bodas de sangue*, de García Lorca, com o elenco do teatro. Acho que a escolha da peça foi feita em comum acordo entre o diretor e a direção do teatro, como é de hábito.

Nessa época eu já estava havia alguns meses no Habima e fui assistente de Joe Chaikin em *Dibbuk* e de David Esrig em *Troilo e Créssida*. Como, além disso, eu falava francês e espanhol, a direção do Habima me pediu para assessorar Victor. Nossas relações rapidamente evoluíram para uma amizade pessoal profunda.

A primeira impressão causada por Victor no pessoal técnico e administrativo do teatro foi aquela de um louco. Os atores acharam o mesmo. É uma impressão que persistiu até o fim nos burocratas do teatro. Mas, com o tempo, ela se transformou em admiração da maior parte dos atores.

★★★

"O que é que eu pedi?", murmurava Victor Garcia. "Um diamante! É muito um diamante?"

Ele deixou cair a cabeça sobre a grande mesa do diretor-geral e choramingou: "Um só diamante... e talvez alguns rubis". O diretor-geral, o diretor artístico e o chefe dos técnicos do Teatro Nacional estavam estupefatos: "Ele ficou louco?", perguntou o diretor-geral. "Que diamante?", perguntou-se o chefe dos técnicos. "Por que ele chora?", espantava-se o diretor artístico.

Como, felizmente, era meu segundo encontro com Victor Garcia (eu o tinha visitado na véspera), essa cena não me espantou totalmente. Mas foi o que se passou durante a primeira reunião de produção para falar do cenário de *Bodas de sangue*, de Lorca. Victor só teve tempo de pensar no diamante e nos rubis. Alguns dias mais tarde, o cenário teria, na sua imaginação, tomado ainda outra forma, seja uma língua vermelha que avança do balcão e captura, como um lagarto monstruoso, os intérpretes sobre a cena, seja dezenas de barras de cabo de aço que fechavam a cena como uma harpa gigante e que vibram e ressoam ao ritmo de um galope de cavalos. Naquele momento, ele não tinha ainda imaginado o vestido de noiva com folhas secas de cactos que pareciam renda. A reação do diretor do teatro foi incluir na equipe um cenógrafo hábil e experiente para acalmar o dilúvio de ideias de Victor e trazer soluções práticas.

O primeiro encontro ocorreu em um pequeno bar obscuro e lotado do velho porto de Tel Aviv. Pedimos uma garrafa de vinho, o garçom acendeu uma vela, e o cenógrafo desdobrou a planta do grande palco do teatro. Victor explicou que desejava fazer um grande buraco de sete a oito metros de diâmetro no meio do palco, onde seria colocado o grande diamante sobre o qual se representaria a peça. "Um buraco, como?", perguntou o pobre cenógrafo, "Que buraco?". Como resposta, Victor colocou a planta acima da vela e quase a queimou completamente.

– Olhe aí, um buraco assim, por exemplo.

– E onde eles vão representar?

– Sobre o diamante.

– Sim, o diamante. Mas antes que se encontre o seu diamante de oito metros, onde eles vão representar?

– Bom, enquanto se espera, é você que se deitará no palco, e eles passarão sobre as suas costas – respondeu Victor, impaciente e tendo perdido na hora todo o interesse na discussão.

Suas instruções aos intérpretes não eram muito mais claras. Nem quando ele os fez correr em círculo no terraço do teatro, nem quando transferimos os ensaios para o lago da praça do teatro.

Um dia, um ator que interpretava o noivo lhe perguntou ingenuamente se ele matava Leonardo, o amante, porque ele amava a noiva ou porque ele a odiava. Victor respondeu com um lacônico "Ulalá!" e saiu da sala. Os atores me pediram para ir procurá-lo. Saí, chamei-o, e como o conhecia muito bem, respondi à pergunta como se a estivesse traduzindo.

O elenco ensaiou longamente a peça porque Victor foi hospitalizado duas vezes durante os ensaios, mas o espetáculo foi representado uma dezena de vezes, não mais. Não se podia, infelizmente, beneficiar-se de sua inacreditável beleza a não ser do balcão do teatro. Mas, dez anos mais tarde, o trabalho com Victor tinha ficado na memória dos intérpretes como a mais misteriosa, a mais única, a mais enriquecedora experiência de sua vida profissional. No espírito deles, e no meu certamente, ele ficou gravado como a lembrança maravilhosa de uma vitória única: o privilégio de tocar, por uma vez, com a ponta dos dedos, a alma do teatro.

Yona Elian: A mesma cena de várias maneiras

Yona Elian falou sobre Bodas de sangue, *às nove horas da manhã, em Tel Aviv, pouco antes de sair para os ensaios de mais uma filmagem. Ela nasceu em Jafa, o milenar porto no Mediterrâneo, ao lado de Tel Aviv. Tem uma voz clara e bonita. Atuante na televisão israelense, ela não menciona Victor Garcia como uma experiência remota, encoberta pelo tempo. Em nenhum momento deu a impressão de tirar velhas lembranças de um álbum de recordações. Aquele espetáculo continua no seu presente mesmo que seja como um simples detalhe, um alerta.*

Yona Elian: O processo de trabalho de Victor Garcia é muito importante para mim até hoje. Ensaiamos quatro ou cinco meses para as *Bodas de sangue*. No início, havia uma tradutora, uma vez que Victor falava conosco em francês, mas logo nos acostumamos e entendíamos tudo o que ele dizia. Victor tinha um ponto de vista muito próprio sobre a arte, de maneira geral, e o teatro em especial.

Nos ensaios, desenvolvemos um processo tão interessante quanto difícil. Ele pedia a mesma cena de várias maneiras, e ficávamos em uma situação em que se tinha de escolher entre um jeito antigo ou novo de atuar. "O jeito certo virá por si mesmo", dizia ele.

Até aquela época, em Israel, Lorca era sinônimo de folclore, tinha-se uma visão de turistas em relação à sua obra. Victor tirou tudo aquilo que pudesse dar essa impressão. Fez uma montagem sem efeitos. "Cristal puro", era o que ele queria. E Lorca é claro, é puro. Victor fez uma tragédia pura, cristalina, sem ornamentos. E para o público foi muito difícil alcançar. Estreamos em 8 de junho de 1980, e foram só 16 representações. Aquela era uma montagem para os dias de hoje. Victor estava muito adiante de seu tempo.

Victor dizia que, quando a primeira leitura de um texto ia muito bem, isso era ruim. Significava que tudo já estava terminado, antes mesmo do primeiro ensaio. Não deveríamos fechar o assunto logo no início. Isso é de uma ousadia, de uma coragem, principalmente porque a primeira coisa que o ator deseja é descobrir, o mais rápido possível, como fazer bem em vez de fazer bem e mal, desta e daquela maneira, experimentando, até que chegue por si próprio à melhor maneira de fazer.

Quando ele chegou ao teatro, achou muito burguês, com as cadeiras de veludo vermelho. Quando o diretor do teatro, muito orgulhoso, mostrou o lugar, ele disse que gostaria de usar dez quilos de dinamite para acabar com aquilo.

A imaginação de Victor sempre era maior do que as possibilidades reais. Ele queria, por exemplo, que eu usasse um vestido de madeira. Mas era impossível, eu não conseguia andar. Eu usava aqueles sapatos com plataformas enormes. Victor usou então muito couro nos figurinos, ele gostava do som farfalhante, *flap-flap-flap*, dos trajes, que se ouvia quando o palco girava e os atores dançavam. Acho que foi o trabalho mais bonito que já se fez em Israel.

Jornada Victor Garcia no Memorial da América Latina, 1995

O Festival Internacional de Teatro de São Paulo, organizado pela atriz e empresária Ruth Escobar, prestou grande homenagem a Victor Garcia, com uma exposição, no sesc Pompeia, de fotos de todas as suas encenações e uma noite de testemunhos dos artistas brasileiros que trabalharam com ele. A adesão foi completa – o ator Stênio Garcia, por exemplo, viajou do Rio para São Paulo especialmente para o evento. O encontro foi realizado no Memorial da América Latina, em 1995, então sob a direção do crítico e museólogo Fábio Magalhães, e, por feliz coincidência, estava na cidade o encenador Jorge Lavelli, outro argentino que fez carreira na França.

Jefferson Del Rios: São muitos os ângulos da vida e obra de Victor Garcia. Pode-se dizer que uma das faces da modernidade teatral da América Latina está nos espetáculos *Cemitério de automóveis*, de 1968, com base em textos de Fernando Arrabal, e *O balcão*, de Jean Genet, de 1969-1970, que, em 1995, completou 26 anos de sua temporada. Um quarto de século, portanto, do que há de mais criativo, inovador e insolentemente audacioso de Victor Garcia. Assim surgiu esta homenagem – uma iniciativa do Memorial da América Latina associada ao Serviço Social do Comércio – sesc e ao 5º Festival Internacional de Artes Cênicas de São Paulo. Por várias razões, foi impossível estarem aqui todos os brasileiros que trabalharam com Victor, mas, entre os presentes, encontra-se Raul Cortez, intérprete do Bispo em *O balcão*. O Raul ficou algumas semanas em cartaz, mas estava de tal maneira exausto depois de nove meses de ensaios que teve de sair durante algum tempo. Foi substituído pelo Rofran Fernandes, que estava no papel quando foram filmados trechos da montagem. Como os ensaios e o tempo em cartaz foram longos, houve muitas substituições. A própria Ruth Escobar, produtora e atriz de *O balcão*, que interpretava Irma, deixou o elenco, e o papel foi representado por Assunta Perez, Tereza Rachel e Elizabeth Gasper. É preciso mencionar ainda a prisão da atriz Nilda Maria por razões políticas. É um episódio pesado, e eu nem sei se ela gostará de relembrá-lo agora. Em todo caso, ainda nos perguntamos até hoje como se conseguiu concluir esse projeto de teatro em um período em que a democracia afundava no país.

O universo cênico de Victor Garcia sempre impressiona. Em *O balcão*, ele conseguiu um jogo de efeitos mecânicos monumentais, mas em forma de cerimonial que ia ao encontro da essência de Jean Genet. Trabalho que desfez a linguagem cênica mais conhecida para a reinvenção de outra maneira de fazer teatro, provocando com isso discussões estéticas que continuam até hoje. Nesta noite, estão conosco dois críticos da maior qualidade que escreveram extensamente sobre Victor Garcia: Sábato Magaldi e Ilka Maria Zanotto. Para dar início a esta jornada evocativa, eu pediria que o professor Sábato expusesse sua visão da obra de Victor Garcia. Sei que é uma tarefa ingrata abordar, assim de improviso, uma realização tão complexa, mas creio ser possível, digamos, uma consideração geral sobre o tema. Sábato foi importante não só como jornalista e crítico, divulgando e analisando *O balcão*, como também, paralelamente, atuando nos bastidores. Foi ele quem ajudou decisivamente no momento em que o processo de criação e as condições financeiras da montagem entraram em crise e estava quase impossível concluir o espetáculo. Os ânimos se exaltaram, e Victor pensou em desistir. Sábato usou o melhor de sua diplomacia para que o trabalho chegasse ao final.

Sábato Magaldi: De fato é um pouco complicado responder assim em poucas palavras. Creio que Victor Garcia era um artista completo, no sentido de que mobilizava todos os conhecimentos. O fato de ter trabalhado com arquitetura o levou a pensar cada espetáculo como um espaço próprio. Ele já havia feito aqui em São Paulo *Cemitério de automóveis* em 1968, no ano anterior à estreia de *O balcão*, que foi em 1969. Em *Cemitério*, ele não repetiu seu espetáculo parisiense, mas o de Dijon, onde teve mais liberdade. Para *O balcão*, Ruth Escobar destruiu a Sala Gil Vicente do seu teatro para a encenação que nós vimos. Infelizmente, não acho que quem conheça a peça só pela filmagem possa reconstituir o espetáculo. As condições do vídeo, embora ele tenha sido feito com empenho, estão longe de sugerir o que era a grandiosidade, a teatralidade do espetáculo. Victor abriu um buraco de 25 metros no meio da plateia, tendo ao fundo aquela calota espelhada que acabava projetando a luz para o alto com o belíssimo efeito final daquelas pessoas subindo pelas paredes do bordel, no começo de uma verdadeira revolução. Por outro, ele usou toda a parede do cenário, onde ficava a plateia, para transformar o público em um verdadeiro *voyeur* da representação, e há aquela plataforma de acrílico que sobe e desce mostrando os mais diferentes efeitos, a escada em espiral que é outro efeito plástico extraordinário. A música era de muita qualidade, muito pesquisada. Um dos grandes recursos do Victor no teatro foi sempre a música, ele soube realmente arregimentar muito bem todos os efeitos sonoros para dar esse sentido de ritual, de cerimônia ao seu espetáculo.

Por outro lado, ele tinha verdadeiro horror ao realismo e ao naturalismo. Em mais de uma montagem, usou até mesmo os coturnos, um efeito do teatro grego que ele transpõe para hoje, demonstrando assim distância da preocupação realista, o que já se notava no próprio *Cemitério de automóveis*. Havia uma sensação inicial de estranheza porque os atores não falavam coloquialmente, estavam longe de procurar um diálogo natural, e isso dava grande força à representação.

A cenografia também era extremamente eficaz, porque Victor sabia como poucos criar signos teatrais. Por exemplo, ele reuniu quatro peças com o título único de *Cemitério de automóveis*, mas há uma peça, um ato que está nesse espetáculo, que é *A primeira comunhão,* no qual dialogam a avó e a neta. E a avó sempre dando recomendações, e a jovem sempre repetindo "sim, mamãe, sim, mamãe". E à medida que ela vai assimilando aqueles conhecimentos, ela, que começa em cena absolutamente nua, vai se transformando, assim, em um verdadeiro bolo de noiva. Quando terminava esse ato, o público ficava fascinado porque era uma metáfora maravilhosa. Então ele tinha essa capacidade de reunir o que havia de mais moderno como mecanismo teatral, fazia questão de usar os verdadeiros recursos do século XX, com uma imaginação desenfreada, mas sempre fugindo do realismo. É uma linha que se poderia chamar de artaudiana, de grotowskiana, que atingia o espectador por toda a sua capacidade de absorção visual e auditiva. Mas não quero falar demais porque outras questões deverão ser levantadas para que possamos continuar na evocação carinhosa desse gênio de teatro que foi Victor Garcia. Muito obrigado.

JDR: Essa aversão ao realismo mencionada por Sábato Magaldi nos remete ao estilo de trabalho do diretor com atores. Stênio Garcia, um dos intérpretes centrais de *Cemitério*, tem algo a nos dizer sobre esse tema.

Stênio Garcia: O Sábato falou muito bem a respeito do não psicologismo, desse verdadeiro ódio que ele tinha ao naturalismo. Hoje em dia, nós estamos habituados a isso. A televisão nos leva à representação íntima por necessidade do próprio veículo, e naquela época, anos 1960, eu já fazia a telenovela *As minas de prata*. Estava acostumado também ao teatro estabelecido pelo Actors Studio e por tudo que se lia de Stanislavski, sobre o monólogo interior, essas coisas todas de psicologia nas relações. E o Victor, no primeiro instante de trabalho para *Cemitério de automóveis*, me perguntou: "O que você acha de teatro?". Aí eu comecei a dar esses referenciais, mas ele disse assim: "Esqueça tudo, procure ser taoista". Pela primeira vez, eu estava ouvindo falar sobre Tao ou taoismo, e aos poucos fui entendendo o que ele queria dizer. Era a integração com o todo, um diálogo com o universo que devemos estabelecer. Então naquele espaço em que a gente contracena no teatro, ele dizia: "Fale com o seu interlocutor como se estivesse falando com o Sputnik, com a Lua, ou com qualquer outro planeta. Esse é o diálogo que você tem de estabelecer". Outra hora, ele pedia: "Atravesse uma rua cheia de cuspe. Você pode cair e não quer cair, você tem medo de cair porque é horrível cair no meio daquela coisa. É essa briga permanente que você tem de estabelecer. Entre o tombo e o não querer se misturar com aquilo".

E, assim, fui construindo o entendimento do que seria o nosso trabalho. Notava que Victor me provocava em certas situações que ele criava. Às vezes, de repente, chegava por trás e me dava um beliscão no pé, no calcanhar, e eu reagia pela dor, mas não percebia que aquilo estava sendo arquivado na memória dele. Foi assim durante todo o processo de ensaios. Ele estava construindo o arquivo dele para transformar em expressões de espetáculo. Eu posso dizer que, na relação de trabalho, Victor era uma pessoa linda, ele tinha uma cultura geral absoluta, ele te encantava, era muito carinhoso com quem ele trabalhava. Esse é o registro que posso fazer de uma pessoa que acabei vendo pela última vez em Paris só de longe. Não cheguei muito próximo, e, depois, nos desencontramos na saída do teatro. Assisti ao espetáculo *Gilgamesh*, com guindastes em cena, e pensei: "O Victor continua o mesmo".

É isso o que eu me lembro dele... E muito mais.

JDR: Vamos ouvir agora a crítica Ilka Maria Zanotto, que escreveu um ensaio sobre *O balcão* para o *Drama Review*, a conhecida publicação de teatro editada nos Estados Unidos.

Ilka Marinho Zanotto: Comecei a escrever no jornal *O Estado de S. Paulo* em 1972 e fui convidada a escrever sobre *O balcão* para o *Drama Review*. Mandei ensaios sobre *O balcão* e sobre *A viagem*, adaptação de *Os lusíadas*, de Camões, pelo Carlos Queiroz Telles, espetáculo muito bem dirigido pelo Celso Nunes, embora eles só tivessem me pedido *O balcão*. A revista queria a descrição do espetáculo porque o editor Michael Kirby não acreditava só em crítica. Preferia um trabalho de repórter para que as pessoas futuramente tivessem uma ideia mais ou menos próxima do espetáculo, o que é quase impossível, porque milhares de palavras nunca descreverão um espetáculo teatral. Mas escrevi o artigo, que saiu em junho de 1973. Tive grande alegria quando o editor me escreveu dizendo que, para comemorar os trinta anos da revista, ele havia escolhido 24 espetáculos representativos do novo teatro mundial, e dois deles eram *O balcão* e *A viagem*. Foi publicado em 1974 na antologia *The New Theatre: Performance Documentation*. Quanto ao Victor Garcia, ainda em 1974, soube pela Ruth Escobar que seria possível uma entrevista. Ele já havia estado em uma festa em minha casa dois anos antes. Fui já sabendo que ele não era de falar muito, e almoçamos juntos. Victor não disse nada sobre seu teatro até o pôr do sol, quando então começou a se abrir. Primeiro perguntei da infância, ele falou das tias, da mãe, das irmãs, toda aquela história de Tucumán. Foi se abrindo, mas não falava de estética porque achava que os espetáculos falavam por si e que ninguém tinha de falar sobre a própria estética, que já fala por si. Mais tarde consultei o *Cahiers de Théâtre*, dirigido pelo Fernando Arrabal – e ali estão as propostas do Victor recolhidas por essa publicação –, e, ao escrever a matéria para o jornal *O Estado de S. Paulo*, fui intercalando aquelas ideias dele com a minha entrevista. Mas, naquele nosso encontro, ele me falou muitas coisas dele e me deu sua foto, que infelizmente sumiu no jornal. Queria que vocês vissem como ele era lindo, uma pessoa linda, na foto, todo de branco. No fim do meu texto, descrevi como, no crepúsculo, havia uma coroa de sol na cabeça dele. Eu me comovi porque realmente o Victor me passou a ideia de um gênio, um gênio. Tivemos a sorte de ele ter feito no Brasil *O balcão*, um dos espetáculos mais belos que já houve neste século.

JDR: E qual é seu testemunho sobre *Cemitério de automóveis*?

Ilka Marinho Zanotto: Vou contar um caso sobre esse espetáculo que julgo importante. Fui ver a montagem com o dr. Alfredo Mesquita, o criador da Escola de Arte Dramática de São Paulo (EAD), que sempre reconheceu que, em 1943, com *O vestido de noiva*, de Nelson Rodrigues, direção de Ziembinski, surgiu o novo teatro brasileiro. Ele, um homem acostumadíssimo a ver teatro no exterior, quando saiu do espetáculo não comentou nada. Anos depois, falando às pesquisadoras Maria Thereza Vargas, Mariângela Alves Lima e a mim para o número da revista *Dionysos* dedicado à escola, ele disse o seguinte: "Com *Cemitério de automóveis*, senti que o teatro estava morto para mim. O teatro no qual eu acreditava". Nós perguntamos: "Por quê, era ruim?". E o dr. Alfredo respondeu: "Não, não entra nisso o mérito, a beleza e a qualidade do espetáculo. É que era outro teatro".

Esse episódio mostra a inovação que Victor Garcia trouxe para o teatro no Brasil. Victor Garcia casava tudo muito bem, principalmente a visão de que tudo estava baseado na psicanálise e na arquitetura. Via o espetáculo com intuição total, com uma fulguração. Assim que lia uma peça, ele tinha uma intuição global do espaço cênico como um universo físico mesmo. E aí ele criava todo aquele cenário e colocava os atores dentro, e aquelas coisas lindas aconteciam. Era um teatro para ele, a vida dele.

JDR: Ao ser convidado a vir aqui, Raul Cortez disse: "Não gosto de falar em público, mas vou porque Victor ajudou a mudar a minha vida como ator". Interessante ele dizer isso, considerando-se que, em 1969, Raul já era reconhecido como um intérprete de primeira linha – desde 1963, quando participou, com Célia Helena e outros, da montagem de *Pequenos-burgueses*, de Górki, no Teatro Oficina. Então, vamos chamar o Raul Cortez e Célia Helena para que eles falem de Victor Garcia e de *O balcão*. Aproveito e passo aos dois uma pergunta que me chegou da plateia por escrito: "Qual foi a reação de Jean Genet quando esteve em São Paulo para assistir ao espetáculo?".

Raul Cortez: Eu presenciei uma reação do Genet. Ruth Escobar pediu a ele para acompanhá-la à Casa de Detenção, onde uma colega nossa, Nilda Maria, estava presa sob acusação de subversão política. Fomos até lá, Ruth, Genet e eu. Enquanto nós esperávamos que Nilda fosse trazida para conversar conosco, assisti a um diálogo absolutamente impossível. Jean Genet não falava nada de português, mas, de repente, ele começou uma conversa com o carcereiro que demorou acho que uns 45 minutos. O entendimento desse policial com Genet foi uma coisa extraordinária. Fiquei pasmo de ver como eles podiam se entender tão bem sem falar nem o português nem o francês. Quando Genet assistiu a *O balcão*, nós estávamos ansiosos pela opinião dele, mas, depois da metade, ele dormiu o tempo inteiro. "Não gosto mais de teatro", disse, "e já vi essa peça muitas vezes, não aguento mais, mesmo sendo essa coisa maravilhosa do Victor Garcia. Senti muito sono e realmente dormi".

Célia Helena: Sobre o Jean Genet, o Raul já falou tudo. Eu não tive proximidade com ele.

JDR: Celinha, não se esqueça então de falar como foi representar a vinte metros de altura naquelas gaiolas do cenário.

Célia Helena: Antes de falar do medo, que é mais ou menos da profissão, quero comentar o trabalho de atriz e a criação da personagem. Sem dúvida, Victor odiava o realismo. Mas tinha algo para colocar no lugar, no interior das personagens, as vontades das personagens. No fim, você tomava posse daquilo que ele queria com uma tranquilidade, com uma liberdade interior e uma criatividade, que a gente mesmo quase não acreditava. Na cena das duas gaiolas, ele puxava Ruth Escobar para um canto e explicava: "Eu queria que vocês fossem duas libélulas soltas no espaço. É assim que eu vejo vocês, duas libélulas voando, tentando se encontrar, tentando se amar, brigando, se separando". Só uma imagem como essa já dizia tudo. Foi uma das mais bem ensaiadas, e o Victor não gostava muito de ensaiar. Ou, talvez, não é que não gostasse, não havia onde ensaiar. O teatro em obras era um buraco, só tinha pedreiros. Vocês não imaginam a parafernália que havia naquele lugar. Então, se ensaiava na casa de um ou de outro, ou no bar, porque, às vezes, se chegava para ensaiar e não dava. Não se achava espaço, ia todo mundo embora, e o Victor ia beber um pouco. Era assim o trabalho. Mas, um dia, fomos à casa de Ruth e começamos a ensaiar essa cena, e ele ficou umas três horas, mais ou menos, dizendo frase por frase, intenção por intenção, o que estava por trás dos gestos. O que ele via, o que ele imaginava. Isso evidentemente puxava todas as outras cenas e puxava todo o espetáculo que ele tinha na cabeça. Nem sabíamos o que aquilo era, captava-se o que se podia captar das libélulas, do grande bordel, das máquinas que subiam e que desciam, dos revolucionários. Ele não dava esse tratamento pequeno, psicológico. Dava o todo, o maior, que é a base do ator. O porquê disso era o ponto de apoio para nós crescermos. Ouvi agora o depoimento em vídeo da Juana Garcia, irmã dele, contando que ele gostava de poesias. Uma vez saímos juntos, e ele abriu a Bíblia e disse: "Leia os *Cantares de Salomão*". E eu tive que ler, inibida. Já pensaram? Uma Bíblia em espanhol [*risos*]. Eu lia, e ele ficava de olhos fechados, bebendo um pouquinho e absorvendo aquelas imagens.

JDR: O trabalho de interpretação, nesse caso, parece que excedeu o que vocês imaginavam, inclusive na questão dos riscos físicos e do medo.

Célia Helena: Quando o cenário ficou pronto, nós entramos naquelas gaiolas suspensas que mediam um metro e vinte centímetros, menores do que esta mesa. Começamos a subir, e aquilo era de metal vazado, coberto de acrílico e iluminado embaixo. Com a luz amarela, não se via nada, estávamos soltas no espaço. Fiquei com muito medo e comecei a chorar. Victor corria, subia por fora naquelas espirais e dizia: "*Amor mio*, vai dizendo o texto, *amor mio*, diz o texto" [*risos*]. Fez isso várias vezes, subindo e descendo, do lado de fora, perto de mim, e eu e Ruth dizendo o texto. Gritando o texto enquanto as máquinas subiam e desciam até que nós fizemos aquele malabarismo, aquele balé no ar, as duas libélulas soltas no espaço.

Raul Cortez: É, mas um dia houve um tratamento diferente desse que a Célia está contando. Ela chorava de pânico, e o Victor dizia: "Deixe ela sozinha, dependurada, chorando quanto quiser, mas de lá ela não desce". A gente brigava muito com o Victor nessa ocasião porque ficava com pena da Célia, mas ele insistia: "Não, vamos deixar, que vai ser melhor. Ela vai vencer uma fobia para o resto da vida".

Célia Helena: É verdade.

Raul Cortez: Era um absurdo, vinte e tantos metros de altura e um piso de acrílico transparente. A impressão era muito maior. Todos nós corríamos risco de vida muito grande no espetáculo e não havia um seguro de vida para os atores. Até hoje me pergunto o que nos fez ficar nesse projeto durante tanto tempo sem ter nada de concreto. O que nos colocou assim tão unidos o tempo inteiro nesse projeto, além da coragem e audácia da Ruth Escobar? Eu acho que era a consciência de que estávamos sendo dirigidos por um gênio. O Victor ensaiava muito pouco, não dizia nada, mas a energia que ele passava trazia vibração, o sentimento de estar lidando com uma pessoa profundamente especial. Célia falou de como ele dirigia os atores. Durante os ensaios, fui ficando cada vez mais incomodado, porque sou uma pessoa, graças a Deus, bastante insegura. Preciso saber como e no que é que vou trabalhar, senão fico desesperado, e o Victor sempre pedindo para se ler o texto enquanto se servia de vinho rosé, que ele adorava tomar, ou então champanhe. Chegou um momento em que eu disse: "Victor, preciso de uma conversa com você porque realmente não sei o que eu faço". Ele respondeu: "Meu querido, trabalhe com as cores. Você já trabalhou com cor? Nas suas cenas, escolha uma cor e sublinhe os seus sentimentos. Faça isso em todos os seus diálogos". Até hoje eu faço assim. A melhor maneira de decorar para a televisão é através dos meus lápis de cor. Mas o que ele me disse e me tocou profundamente é que: "Um ator é um deus, ele tem o poder de conduzir toda uma emoção por duas, três horas para um público que, na maioria das vezes, a recebe muito bem. O espetáculo tem de estar na ponta dos dedos do ator. Ele o conduz como se fosse uma partitura. É na ponta dos dedos que ele sente o espetáculo". Foi aí que eu entendi uma série de coisas, inclusive que cada personagem tem seu perfume. Você tem de sentir o cheiro, o odor dele. Por todo esse lado mágico do ato de representar, eu sou profundamente grato ao Victor Garcia. Ele nos deu isso.

Célia Helena: Bonito isso... [*muitos aplausos*]

Raul Cortez: Você quer me deixar sem graça...

Célia Helena: É verdade, Raul, é verdade. Bonito depoimento de ator sobre a criação. É muito importante. O Victor tinha essa coisa mesmo. Com a delicadeza, essa sedução verdadeira que ele exercia em todo mundo. Ele seduzia, mas tinha uma firmeza interior, e a gente ia com ele. Com *Autos sacramentais* foi a mesma coisa. Meses e meses de luta, sofrimento, e o espetáculo aconteceu, apesar das dificuldades.

Raul Cortez: Nos *Autos sacramentais*, o cenário era um engenho fabuloso que ele tinha criado, mas não funcionou.

Célia Helena: Foi no Irã... Era um grande diafragma de máquina fotográfica que abria e fechava com os atores em cima.

Raul Cortez: Sempre correndo perigo de vida...

Célia Helena: Sempre correndo perigo de vida. Não funcionou, e tivemos de fazer o espetáculo, porque era o Festival de Shiraz, nas ruínas de Persépolis. Depois fomos para a França, ao Festival de Outono de Paris. Ruth tentou consertar a máquina, não conseguiu, e se fez sem a máquina em outros lugares. Ele encontrou outra forma de fazer o espetáculo, também muito bonito.

Raul Cortez: Na estreia, no Irã, vocês tiveram de tirar a roupa para atuar?

Célia Helena: Não deixaram. Houve a ideia de tirar a roupa. Para convencer o elenco a fazer isso, Victor fazia uma imagem bonita das coisas mais puras do universo. O ensaio era numa sobreloja na esquina da rua Conselheiro Ramalho com a avenida Brigadeiro Luís Antônio. Um dia, estávamos fazendo exercícios, e Victor simplesmente disse: "Tirem a roupa". Todo mundo continuou a andar, fingindo que não ouviu. Estavam ali Dionísio de Azevedo, Sérgio Britto, Seme Lutfi, Carlos Augusto Strazzer, pessoas de todas as idades. Aí ele repetiu: "Tirem a roupa, meus amores", e era tão poderoso isso que, pouco a pouco, fomos tirando, fomos tirando, e, quando terminou o ensaio, estávamos nus sem o menor problema. Com a delicadeza dele, o ensaio terminou bem. No dia seguinte, todos tiravam a roupa normalmente.

JDR: É um mistério como um artista que produzia tanta delicadeza tenha sido tão indelicado consigo mesmo. Victor Garcia carregava um grande conflito interior, não se cuidou direito e morreu cedo.

Ao fazer a pesquisa sobre Victor Garcia, fui inicialmente a San Miguel de Tucumán, sua terra natal, no norte da Argentina. Nessa busca, conheci em Buenos Aires a jornalista Gabriela Borgna, que tem o projeto de analisar o movimento do teatro independente, surgido na Argentina nos anos 1950 e 1960. Peço a Gabriela que descreva o período em que Jorge Lavelli, Victor Garcia e outros diretores começaram a atuar no teatro.

Gabriela Borgna: Victor estava ligado a duas gerações. Em princípio pertenceu à geração de tucumanos como Mercedes Sosa, o pianista Miguel Ángel Estrella, o jornalista e escritor Tomás Eloy Martínez, todos frutos de um momento da Universidade Nacional de Tucumán, o momento do primeiro governo de Perón. O peronismo teve uma tradição de deixar a educação superior com os setores mais reacionários, mas isso não aconteceu em Tucumán. Apareceu um reitor que era amigo de Eva Perón, muito progressista, que converteu esse período no que se chama "o século de Péricles" da universidade. Victor, Tomás, Mercedes, outro escritor, Juan José Hernández, todos pertencem a essa geração, todos saem de Tucumán pouco tempo depois de cair Perón, em 1955, e vão viver em Buenos Aires. Como diretor de teatro, como homem de teatro, Victor Garcia pertence à geração de 1960. Na Argentina, quando se fala de teatro dos anos 1960, se fala basicamente dos dramaturgos, da gente que renovou a perspectiva da escrita teatral. Apesar disso, nesse mesmo período de tempo, há uma série de diretores – Jorge Lavelli é o primeiro, depois Victor Garcia, depois Roberto Villanueva, depois Carlos Giménez, até chegar ao grupo Os Lobos, que saiu do Instituto Di Tella de experimentação teatral e artes visuais. Eles partem da Argentina e se convertem em pouco tempo nos renovadores mais importantes da cena teatral contemporânea daquele momento: não eram saxões, eram latinos. No período em que Grotowski iniciava suas pesquisas no Teatro Laboratório em Cracóvia, na Polônia, essa geração, sem saber o que se estava fazendo do outro lado do mundo, já buscava outras maneiras de fazer teatro, tinha outro tipo de preocupação formal. Os grupos independentes foram os grandes divulgadores dos autores internacionais, homens identificados pelo profundo sentido da ética, porque dotaram toda a gente que trabalha com teatro, todos os profissionais, de um único sentido ético que antes não existia na profissão. Um teatro que estava diretamente vinculado à esquerda, partidária ou não, pertencia à esquerda ou ao setor mais progressista do peronismo, um teatro de oposição permanente, uma oposição política muito franca. Eles todos se criam dentro desse teatro com esse olhar sobre o social e sobre a profissão. Creio que, basicamente, o que se passa é que, na transição dos 1950 para 1960, a sociedade argentina mudou muito profundamente, e esses teatros já não conseguiam representá-la. Foi uma mudança de muitíssima velocidade, havia ainda uma ilusão de progresso. Creio que a maioria dos diretores que foram embora da Argentina, na década de 1960, partiram porque o sistema teatral argentino, a produção cultural argentina, já não lhes podia dar mais nada. Eles vão em busca de outras coisas e se convertem como Jorge Lavelli e Victor Garcia, nos primeiros homens argentinos que se destacam em Paris. Victor é parte dessa geração. Esse é o âmbito cultural no qual Victor Garcia se forma. Quando vai de Tucumán para Buenos Aires, Juana, sua irmã mais velha, consegue-lhe um trabalho em um escritório de arquitetura. Ela, que na verdade funcionou emocionalmente, afetivamente, como sua mãe, era arquiteta e fez a cenografia dos seus primeiros trabalhos na Argentina. A formação arquitetônica de Victor, na realidade, deu-se como desenhista. Nesse momento estava estudando medicina na Universidade de Buenos Aires. Faltava ainda um ano para terminar o curso quando, um dia, ele chegou a Juana e disse: "O teatro ou a morte". Lamentavelmente, foi o teatro e a morte.

JDR: Estão presentes outros intérpretes de Victor Garcia. Um deles é Seme Lutfi, que não só fez *Cemitério de automóveis* como também *Autos sacramentais*; e ainda há Nilda Maria, que esteve em *O balcão*, e Assunta Perez, que fez *Cemitério* e *O balcão*. Peço que vocês três tragam suas visões sobre esse período de criação tão forte, que vai de 1968 a 1970. Comece você, Nilda, falando do encontro com Victor, e termine como achar melhor, comentando, ou não, sua prisão.

Nilda Maria: Eu acho que o encontro com Victor já foi bem relatado pelo Raul Cortez, foi precioso. A gente chegava e não sabia o que ia fazer. Durante nove meses foi sendo criado aquele clima, uma expectativa, à medida que o teatro ia sendo desfeito e reconstruído e aquelas armações iam ficando prontas. Acho que, dentro de nós, também alguma coisa ia sendo construída, ia ficando pronta. O meu personagem era Chantal, a liderança da guerrilha que ia tomar conta do bordel. E não se ensaiava nunca, e eu não sabia o que fazer. Aí um dia, depois de tantos meses a frequentar aquele teatro para nada, um dia Victor me pôs com os guerrilheiros em uma sala separada, só rapazes, e aí me chamou em um cantinho, mas de um jeito tão delicado, tão suave, tão amoroso, falou assim: "É o seguinte, todos vocês vão ter de tirar a roupa". Respondi: "Victor, eu nunca fiz isso em cena", e ele disse: "Meu amor, fica tranquila, é só a blusa, só a camisa, tá bom?". Continuei resistindo: "Mas nem a camisa eu nunca tirei", e ele também continuou: "Mas olha, ninguém vai olhar pra você. Nós vamos fazer um ensaio agora, a luz vai ficar baixa, ninguém vai te olhar, e você vai só pensar no seguinte: em um ódio profundo de alguma coisa, deve ter dentro de você um ódio, põe para fora". Ninguém sabia o que ele estava falando comigo, e os rapazes devem ter tido outra indução dele porque eles tinham um comportamento de profunda delicadeza comigo, como se eu fosse uma flor, e eu completamente cheia de ódio. Então o ensaio foi assim. Quando arranquei a camisa do Carlos Augusto Strazzer, foi com ódio. A gente estreou, e eu não sabia muito bem por que tinha de ser assim. Só fui entender durante os espetáculos. Primeiro, porque o meu personagem tinha de ter essa carga realmente, e, segundo, porque eu precisava de muita coragem, porque a ação começava na esteira lá em cima e, descendo, ultrapassava o último piso e ia até o porão do teatro. Isso dava 27 metros. Na cena da minha morte, eu era pendurada em um cabo de aço com um breque de mão; se ele quebrasse, eu me esborracharia literalmente lá embaixo. Eu descia com toda a velocidade de quem solta uma roldana, vinha pendurada naquilo. Então, era preciso ter uma coisa de coragem, tinha de ter mesmo. Eu subia na esteira, olhava lá pra baixo e pensava: "Meu Deus, vou despencar daqui com a velocidade do meu corpo porque tem de ser esse o tempo que ele quer". Não dava para um técnico ir soltando devagar: era soltar o cabo de aço, e, aí, lá embaixo, o outro técnico brecava para não matar a atriz, entendeu? [*risos*]. Então era uma benzeção, era tudo, todos os santos juntos, para o cara não errar lá embaixo. Só tinha um breque. Um dia fizemos um movimento lá, e a Ruth Escobar botou mais um mecanismo para travar, daí já tinha dois e era mais garantido; se pifasse um, puxava o outro. Enfim, esse é o aspecto do perigo que nos envolvia em *O balcão*. Todos nós tivemos mesmo risco de vida permanente. Agora, o que eu acho de especial na minha experiência é que vivíamos um período de extraordinária repressão, estávamos em um país totalmente calado, oprimido, cheio de medo, as pessoas sendo presas todo dia, todo dia ia gente presa. O país todo estava preso, e eu acho que estava levando meio a sério demais minha personagem. Paralelamente ao teatro, eu estava um pouco comprometida com a atividade política, e os militares vieram me buscar. O teatro estava lotado e eu não apareci no teatro. A Ruth Escobar imediatamente imaginou o que estava acontecendo, começou a acionar pessoas, mas era incomunicabilidade total. Fiquei lá seis meses, incomunicável, na prisão. Então, o que eu acho de extraordinário na história é que, como atriz, era chefe de guerrilha e acabei na prisão como guerrilheira. Dois dias antes de o Exército me levar, eu tinha a impressão de que iria realmente receber aquele tiro que se encenava. Antes de Chantal despencar pelo cabo de aço, ela levava um tiro, e morria lá embaixo... Nos últimos dois espetáculos eu achava que tinha alguém apontando uma arma na plateia e que ia efetivamente me atingir, e aí, no terceiro dia, eu morri mesmo. Daí para a frente foi praticamente a morte, durante seis meses. Então, voltando ao Victor, porque o depoimento é mais sobre ele do que sobre mim, o que eu acho impressionante é que esse homem tinha uma coisa a mais tão fantástica... Era como se ele me olhasse e visse uma coisa que transcendia aquilo que já estava ali, aquela atriz fazendo aquele papel. Era como se ele pressentisse que eu era também uma guerrilheira além de atriz. Ele não sabia, como ninguém sabia, mas, quando ele me pediu o ódio, era um ódio que ele já sentia que viria, que ele via dentro de mim, embora todo o meu trato fosse humilde, acanhado, enfim, de uma atriz, do que deve ser uma atriz, não é? Humilde. Mas ele sentia que tinha uma coisa a mais; isso é o que eu acho fantástico. Ele era extremamente doce, extremamente delicado, um príncipe, eu poderia dizer. Ele sempre me parecia que escolhia a roupa com cuidado. Você encontrava com ele sempre, sempre, bem cuidado, sempre muito leve, ele usava coisas transparentes, perfumado, com a taça melhor. Victor não bebia em qualquer taça, imagine!, tinha de ser uma taça de cristal, e aí ele servia champanhe. Às vezes era de manhã, e ele já estava com aquela coisa esvoaçante, com uma taça de champanhe, com aquele olhar lânguido para o mundo. Era um ser absolutamente diferenciado e que, claro, deixava você aos pés dele. A gente ficava totalmente seduzida: se ele pedisse para você se jogar de 27 metros e morrer lá embaixo, claro que você ia e morria, não é, Assunta?

Assunta Perez: Eu ainda não me refiz da emoção de rever o filme. Eu fiz o personagem da Irma. O papel foi criado inicialmente por Ruth Escobar, mas fiz durante muito mais tempo *O balcão* do que ela, e eu vinha de ter feito *Cemitério de automóveis* com o meu querido Stênio Garcia. Ouvindo o que os meus colegas já disseram aqui, em cada palavra de cada um deles, eu fui reconstruindo a memória de Victor Garcia, a lembrança dele. Com o tempo, algumas coisas fogem, e os colegas me lembram de muitos fatos. Fui reconstruindo peça por peça, parte por parte, essa pessoa realmente encantadora. Vejam vocês, eu fiz a Escola de Arte Dramática, onde me ensinaram que as palavras devem ter uma força, uma inflexão, um modo de dizer. É preciso saber valorizá-las. De repente, eu me encontro dentro de um teatro onde tenho de desfazer tudo aquilo que aprendi e tenho de aprender a falar "branco", sem entonação, sem absolutamente nenhuma intenção. Sábato Magaldi lembrou uma das partes da peça *Cemitério de automóveis*, que era a *Comunhão*, em que eu tinha de falar um trecho sem inflexionar. Deveria dizer o texto "branco" e projetado, usando coturnos, e contrapor o que dizia com o som de reco-reco. O Victor é a maravilha de um diretor que tinha tudo na cabeça... Ele disse: "Você vai fazer". Levei um tempo enorme para entender que ele queria que eu intuísse que deveria fazer um subtexto da minha própria fala, e eu é quem deveria escolher o momento certo. Levou um tempo, mas entendi. Entendi, fiz e me senti participante, criando junto, quer dizer, criando junto coisa nenhuma: Victor tinha tudo na cabeça e sabia perfeitamente onde puxar em cada um. Pela primeira vez, eu conseguia ver e desmanchar um pouco aquela ideia de que o diretor deve trabalhar o elenco até a exaustão, até que o ator se arrebente, cansado, para aí começar a produzir. Era na doçura, na inteligência que ele conseguia que o ator arrancasse a roupa, que se arrebentasse na realidade. O ator queria sempre dar mais do que Victor pedia, e Victor estava pedindo sempre mais. Ele o fazia conscientemente, ele sabia aonde queria chegar. Então, *Cemitério de automóveis*: Victor disse que estava mais satisfeito com o espetáculo do Brasil porque os atores brasileiros se jogavam. Eu me lembro da atuação do Stênio Garcia, foi um trabalho maravilhoso. Havia o trabalho dele em um plano acima e nós por baixo, embaixo de uma plataforma com os instrumentos musicais, com o berimbau. Ficávamos lá, deitados, tocando berimbau, contrapondo as cenas que ele estava desenvolvendo em cima com a Ruth Escobar. Havia uma organicidade no espetáculo, dada pelo Victor, e aos poucos nós íamos descobrindo aquela maravilha. O que o Alfredo Mesquita disse é verdade. Para ele, terminava o "seu" teatro, mas, para mim, o teatro começava. Era um mundo novo que se abria para todos aqueles que participavam do espetáculo. Não posso deixar também de reconhecer que foi fundamental ter uma pessoa como a Ruth Escobar para montar esses dois espetáculos. Ela construiu um teatro onde havia uma oficina mecânica para fazer *Cemitério de automóveis* e destruiu um teatro completamente para montar *O balcão*. Quando se fala dos atores brasileiros, e do perigo de vida, havia mesmo. Um dia, ao sair da gaiola suspensa, quebrou um cabo de aço, e por um mínimo eu não me espatifo lá embaixo. Quando Nova York quis levar *O balcão* para lá, eles exigiram seguro de vida para todos os atores, mas o espetáculo não foi para Nova York.

JDR: Este encontro está justificado diante da riqueza das declarações não só dos teóricos e dos críticos como também dos atores. Não há pessoa que tenha transitado pelo mundo teatral do Victor que não traga um testemunho automaticamente rico. Agora gostaria que se manifestassem o ator Seme Lutfi e o cineasta Djalma Batista. Djalma fez *O balcão*, e Seme, *Cemitério de automóveis* e *Autos sacramentais*.

Seme Lutfi: Estou me lembrando do que o Sábato Magaldi disse do signo teatral, das coisas que Victor colocava em cena. A maneira como ele colocava um pano, objetos vários, e como nos ensinava a enxergar uma escultura, um quadro, uma música, os rostos humanos... Ele sempre chamava a atenção para o nariz de uma atriz, para uma boca. Ele não falava assim: "Que boca sensual"; ele dizia: "Que boca justa que tem aquela pessoa". Ele era mesmo um artista do espaço e ficava fascinado com as máquinas grandes, com aquele elevador de garagem que suspende os carros. Um dia eu o vi estatelado olhando o funcionamento daquela máquina. É algo parecido com *O balcão*. Outra vez, ele estava tomando café, em uma xícara âmbar, e havia açúcar no fundo. Victor ficou olhando para aquilo e ele disse... Como é que ele falava?... "Que *raro* [*extraordinário*] seria ver os atores todos assim, na lama. Um espetáculo que tivesse um acrílico no fundo". E era assim, ele imaginava os espaços dele, através de uma xícara ou a partir de uma máquina imensa, e eu entrei nisso tudo. Tinha acabado de fazer *A cozinha*, de Arnold Wesker, dirigida pelo Antunes Filho, que era um espetáculo realista. Fui ver o *Cemitério de automóveis* e não achei nada. Fiquei absolutamente frio, saí do espetáculo e nada. Mas aconteceu de eu rever *Cemitério de automóveis*, e, aí sim, foi um deslumbramento. Então pensei: "Meu Deus, o espetáculo já está estreado. Quem me dera fazer um trabalho como esse, como eu queria... Mas será que o Victor vai voltar, ele já está na Europa, não vai dar. Como eu queria...".

Algum tempo depois, um dos intérpretes se machucou, e fui substituí-lo do dia para a noite. Ensaiei a tarde toda e, quando chegou a hora do espetáculo... Gente, eu não sei dizer... É, descobri o êxtase, principalmente naquela cena em que eu fazia uma espécie de Judas, o Stênio era o Emanu, era o Cristo. Chegou o momento do confronto do Judas com o Cristo e, na hora que eu olhei para você, Stênio, e você disse: "Sim, sou eu", eu levei um susto. Eu estava tremendo e suando e chorando, foi deslumbramento mesmo. *O balcão*, vocês viram o filme, era espetacular, mas *Cemitério de automóveis*, embora fosse tudo no chão, acho que voava muito mais. Depois fiz *O balcão* e também os *Autos*, fui ao Irã. A gente se sente obrigado a lembrar fatos com o Victor, e eu não consigo. A gente partilhava muitas coisas, mas não me lembro de nada agora. Espero ter acrescentado alguma coisa.

Djalma Limongi Batista: O meu depoimento vai ser basicamente o de uma pessoa que faz cinema e que viu *O balcão* quando era aluno da ECA [Escola de Comunicações e Artes da Universidade de São Paulo]. Fiquei completamente encantado e disse: "Vou entrar de qualquer jeito, quero fotografar". Havia um aspecto de *voyeurismo* no espetáculo que era fantástico. Acho que tive basicamente dois grandes mestres em artes cênicas, que me abriram a cabeça. Primeiro, o Victor e, depois, o cenógrafo Flávio Império. Fiz cinema na ECA, mas confesso que não tive nenhum respaldo de como dirigir ator, de como iluminar, nada disso. Tínhamos teoria de cinema, história do cinema, e via-se muitos filmes, é claro, mas com *O balcão* descobri a organicidade de um espetáculo em toda a sua grandeza. Ele era extremamente teatral e extremamente cinematográfico. Outra coisa que me impressionou é que a estrutura da montagem estava exposta. Toda a estrutura do cenário, os iluminadores apareciam e acompanhavam com foco todos os atores, as pessoas da técnica participavam do espetáculo, e isso era deslumbrante. Aquelas figuras decorativas, mas que abriam, desciam coisas, aqueles homens musculosos. Isso tudo me deixou louco para fotografar. Nunca fui ator, nunca quis ser ator, mas, para fotografar, entrei como figurante entre os revolucionários comandados pelo Seme Lutfi. O que me levou a isso? Basicamente essa beleza teatral, essa força visual que tinha naquele espetáculo. Era lindo demais... Também queria salientar que havia uma época por trás daquilo tudo. Uma época em que, por mais que fosse de ditadura violenta e de repressão, acontecia uma reação também. Havia uma juventude inteira que vinha com uma cabeça fantástica, revolucionando o mundo mesmo. Havia, especialmente, uma sexualidade aflorando que era violentíssima, e *O balcão* era a explosão disso. Era uma coisa muito forte, de energia e de beleza, com aqueles grandes atores, e nós estudantes. Havia um país que, embora estivesse no auge de uma ditadura, conseguia produzir um espetáculo que Victor Garcia não conseguiu fazer em lugar nenhum. Existia no Brasil essa vontade de existir, de acontecer. Estava em mim, com 19 anos, o desejo de ver e aprender uma coisa que uma escola superior da Universidade de São Paulo não me dava. O espetáculo, acho que é símbolo disso tudo. Logo depois eu saí do espetáculo, eu já tinha feito as minhas fotos, e ao vê-las agora, em exposição, me deu uma emoção muito grande. Muito obrigado.

JDR: Victor Garcia morreu em Paris, em 28 de agosto de 1982. E o elenco do espetáculo *Macunaíma*, dirigido por Antunes Filho, encontrava-se na cidade. Entre eles, estava a jovem atriz Lígia Cortez, filha do Raul Cortez e da Célia Helena, que haviam feito *O balcão*. Acho misteriosa e comovedora essa coincidência e gostaria que Lígia nos contasse como foi essa manhã de despedida do Victor.

Lígia Cortez: Inicialmente, queria dizer que eu vi *O balcão*. Não o espetáculo, mas o cenário. Tinha dez anos e sentia um medo enorme de cair daquela estrutura que se mexia quando a gente andava. Vendo agora o espetáculo – no filme –, fiquei impressionada e fiquei emocionada... Como se viabilizou um espetáculo desse? Mas, enfim, eu estava no grupo do Antunes Filho, no *Macunaíma*, e fizemos uma turnê muito grande. Estávamos em

Paris, e eu tinha muita vontade de rever o Victor Garcia, que tinha visto quando criança. Queria conhecê-lo, conversar. Por intermédio do Ariel Goldenberg, que era o nosso empresário, nós marcamos um encontro. Ele ficou encantado por saber que eu estava no espetáculo, a filha de Raul Cortez e de Célia Helena. Marcamos um encontro para três dias depois, mas ele já estava mal. No dia em que iríamos nos encontrar, recebi no hotel um telefonema do Ariel dizendo que o Victor tinha piorado e queria evitar esse encontro naquele momento. Pedia que se adiasse um pouco até ele melhorar. Estava se sentindo muito mal, tinha perdido um pouco o controle físico e se sentia humilhado de me ver naquela situação. Logo depois ele morreu, e então eu fui ao enterro. O Fernando Arrabal estava, tinha pouca gente, mas foi emocionante. Eu achei bonito e muito triste, era uma manhã cinzenta, todas as flores eram vermelhas e brancas, e aquilo fez um cenário lindo. E eu me lembro também que o Ariel transmitiu um recado do Victor dizendo: "Os atores brasileiros são maravilhosos"... É só.

JDR: Nós não vamos deixar que essa noite termine com um clima triste. O ator Gileno Del Santoro, que participou de *O balcão*, esteve aqui, viu o filme, se emocionou, chorou, e contou duas histórias do Victor Garcia que são simbólicas para que nós possamos terminar esta homenagem a ele. Victor, segundo o Gileno, disse um dia: "Não gosto dos monumentos". Aí alguém observou: "Mas você fez um monumento. O cenário do espetáculo pesa toneladas". E ele comentou: "Sim, mas ninguém o tira daqui para guardar. No fim da temporada, tudo vai ter de ser demolido, serrado, virar ferro-velho e acabar". Essa era a visão do homem que havia de fato criado um monumento teatral, mas que não seria um monumento estático.

Pouco depois, quando Victor já estava de partida para a Europa, todos se despedindo, o Gileno disse: "Vou sentir saudade de você", e Victor respondeu: "Não faça isso, não sinta saudades, não vale a pena, faça outras coisas". Por essa razão, creio que nós não precisamos ter saudades do Victor Garcia. Ele continua conosco.

Nós temos aqui um convidado especial, o diretor teatral Jorge Lavelli, e, então, acho que poderíamos homenagear Victor, um grande artista argentino, na figura desse outro grande argentino aqui presente, um dos maiores diretores de teatro da atualidade, que já realizou um belo espetáculo no Brasil, no Rio, *A gaivota*, de Tchekhov, com a Renata Sorrah e o Rodrigo Santiago, entre outros. Vamos nos despedir do Victor Garcia aplaudindo Jorge Lavelli.

Jorge Lavelli: Estou muito emocionado com esta reunião. O teatro, todo mundo sabe, é um ato efêmero e condenado à morte. É um gesto condenado à morte. É esse talvez o privilégio do teatro, mas também sua limitação. O que resta do teatro? Às vezes um documentário como este que vimos. É algo fragmentário desse espetáculo e ao mesmo tempo emocionante. Como restituir agora essa impressão? A única maneira de restituir o teatro é o que foi feito hoje aqui. É o que fica na memória, e se sabe muito bem que a memória é a coisa mais frágil do mundo porque não retém mais do que o essencial, o que emocionou, a grande experiência. E a experiência de todos vocês com relação a Victor Garcia e com relação a esse espetáculo é um testemunho ao mesmo tempo sentimental e forte. Victor teria gostado. Obrigado por esta homenagem.

JDR: Viva Victor! Agora vamos embora.

Reflexos de Victor

Com Victor Garcia, espectadores e estudiosos das artes cênicas se viram diante do fenômeno ou do impasse. Ele teve sua obra analisada por críticos e ensaístas de vários países. O resultado lhe é amplamente favorável, mas nota-se que houve dificuldade ou resistências pontuais em compreendê-lo fora do universo latino. Não se pretende aqui teorizar sobre barreiras entre culturas, mas constatar um fato.
O que se segue são as críticas de Sábato Magaldi e Yan Michalski e outros textos brasileiros, um estudo do francês Jean-Pierre Leonardini e extratos da imprensa estrangeira.

O BALCÃO[1]
SÁBATO MAGALDI

Só no Brasil – que, felizmente, está aberto para o imprevisível e a criatividade – seria possível realizar a montagem de *O balcão*, agora oferecida no Teatro Ruth Escobar. As rigorosas leis do profissionalismo nunca permitiriam esse esbanjamento de imaginação fora da realidade, e a tarefa amadora é forçosamente mais modesta, sem recursos para animar o universo encantado da obra de Genet e do encenador Victor Garcia. Anotemos sem retórica: estamos vivendo uma experiência teatral única no mundo, em que ao menos a curiosidade deveria provocar filas para a entrada nessa casa de ilusões.

1. *Jornal da Tarde*, São Paulo, 31 dez. 1969.

Assim como o bordel de Mme. Irma apresenta todos os prestígios da fascinação e da fantasia para os seus clientes, a majestosa e poética estrutura metálica do cenário de Wladimir Pereira Cardoso instala os espectadores como *voyeurs* desse jogo ilusório, tornados participantes de um ritual de frustrações e de sonhos que nos desnudam as nomenclaturas míticas da humanidade. O brilho falso da pompa, que permite a pobres mortais se converterem em bispo, juiz e general, na casa de ilusões acionada por mecanismos cenográficos, materializa-se em quase brinquedo na maquinaria engenhosa e sedutora exposta ao público. Magnífica e evanescente casa de ilusões para as personagens e para nós, *voyeurs*.

A liturgia exige grandeza e solenidade, e a lenta movimentação da plataforma de acrílico e da espiral que baixa dos urdimentos, servida por luzes irreais e pela música fantasmagórica do Oriente, instaura a cerimônia com magnitude desmedida. Os problemas do espetáculo estão na riqueza ainda irresolvida de duas linguagens que, juntas, ultrapassam a capacidade receptiva de cada indivíduo: a verbal, de Genet, e a visual, de Garcia. Preso ao tempo da maquinaria faustosa, o encenador foi obrigado a sacrificar diálogos belíssimos, e ainda assim é difícil acompanhar o desenvolvimento do texto. Para a cerimônia de Victor Garcia, talvez fosse recomendável um autor menos inspirado, que não concebesse a peça com o único estandarte da palavra. A contradição se encontra no fato de que ou Genet precisaria reescrever o texto para integrá-lo melhor na concepção de Victor Garcia, ou o encenador deveria, humildemente, expor o dramaturgo, para a literatura não parecer, às vezes, um ornamento demasiado. Este juízo é, porém, provisório, porque tudo leva a crer que, depois do nervosismo da estreia (nem houve ensaio geral, pela necessidade de se ajustarem pormenores), o ritmo faça a fusão de peça e sua metáfora cênica. Como conceito intelectual e artístico do mundo de Genet, não poderia ser mais feliz a imagem plástica permanentemente criada por Victor Garcia.

O fervor que levou um elenco de ótimas figuras a iniciar os ensaios, há seis meses, a abandoná-los para cuidar da sobrevivência e a retornar ao espetáculo, nas últimas semanas, se comunica totalmente ao público. É visível que os atores assimilaram tanto o texto de Genet como o espírito de Victor Garcia. Se cabe preferir um ou outro intérprete é porque ele se mostra mais aparelhado para participar da encenação. Tanto Raul Cortez como Sérgio Mamberti e Dionísio de Azevedo foram bem escolhidos para viver o Bispo, o Juiz e o General, e se Sérgio Mamberti impressiona mais é porque dispõe de um domínio vocal admirável, que serve melhor às falas de Genet, clássico pelo esplendor da linguagem. Ruth Escobar consegue principalmente transmitir a ideia intelectual de Mme. Irma. Célia Helena volta ao seu melhor padrão, vivendo Carmen com grande charme e firmeza. Das parceiras dos clientes, é Thelma Reston quem alcança maior rendimento interpretativo, ágil e incisiva, mas se saem bem Neide Duque e Vera Lúcia Buono. Nilda Maria e Carlos Augusto Strazzer fazem uma bela cena lírica, amparada por marcações de um simples e eficaz teor poético. Paulo César Pereio ainda precisa enriquecer mais o Chefe de Polícia (assumiu a responsabilidade do papel nos últimos dias). Jonas Mello é um convincente Carrasco, parecendo menos à vontade quando assume a veste de Artur. Mesmo a figuração contribui muito para a atmosfera de magia que domina o espetáculo. A cena final, em que o povo sai da parábola espelhada do fundo para galgar as paredes do bordel, símbolo da estrutura a ser destruída, representa um dos momentos mais deslumbrantes já revelados a qualquer público.

Pelas vicissitudes de seu preparo, pela coragem épica da empresária Ruth Escobar, pelo resultado artístico alcançado, com criação de beleza pura e austera, *O balcão* marca a história do nosso teatro e faz de nós, espectadores prosaicos, beneficiários de um raro privilégio.

O BALCÃO: TEATRO VISTO NA VERTICAL[2]
YAN MICHALSKI

Um acontecimento da mais alta significação na história do teatro brasileiro está sacudindo São Paulo, esgotando lotações e fornecendo assunto para apaixonadas discussões em toda a cidade: *O balcão*, de Jean Genet, na produção de Ruth Escobar, dirigida por Victor Garcia – um espetáculo completamente diferente de tudo que vi até hoje em matéria de teatro.

O balcão é um acontecimento marcante sob vários aspectos, mas alguns deles merecem ser particularmente destacados.

Todos os espetáculos renovadores montados no Brasil nos últimos anos vinham, de alguma maneira, a reboque de experiências realizadas em outros países. Isto não invalida seu mérito: eles eram autenticamente revolu-

---

2. *Jornal do Brasil*, Rio de Janeiro, 17 jan. 1970, Caderno B, p. 2.

cionários dentro do contexto brasileiro; vários deles eram admiravelmente imaginosos e belos; todos eles se empenhavam em transpor as experiências estrangeiras para a problemática e o temperamento brasileiro (o que não acontece, aliás, em *O balcão*); e alguns refletiam uma inspiração muito pessoal por parte dos seus diretores. Mas *O balcão* é o primeiro espetáculo brasileiro que constitui, segundo tudo leva a crer, uma inovação radical de âmbito mundial na concepção do espaço cênico. Não me consta que em qualquer lugar do mundo tivesse sido tentada até hoje uma experiência como esta, que implica em destruir praticamente um teatro para a construção de uma enorme torre de metal que atravessa o edifício desde o térreo até o último andar, e que constitui ao mesmo tempo o local da ação cênica e a plateia, derrubando a tradicionalmente horizontal dinâmica teatral para substituí-la por uma dinâmica vertical, tanto na movimentação da ação como no ângulo de visão dos espectadores. Pelo que tem de inédito e ousado, estou certo de que *O balcão* mereceria transformar-se, como talvez nenhuma montagem brasileira até hoje, em assunto de reportagens nas grandes revistas internacionais.

Ao lado do ineditismo, vale a pena meditar sobre o fato de que uma solução cênica como esta, que exige um mecanismo técnico de extrema complexidade e um investimento de capital elevadíssimo (da ordem de várias centenas de milhares de cruzeiros novos), tivesse sido tentada pela primeira vez justamente num teatro tão pobre e materialmente tão subdesenvolvido como o brasileiro, onde a maioria das casas de espetáculos não dispõe de equipamento sequer para o trivial simples, e onde as empresas de teatro profissional raciocinam habitualmente em termos de um orçamento que não permite a presença de mais de quatro atores e de mais de um cenário. Em matéria de mentalidade empresarial, a montagem de *O balcão* significa no Brasil um brusco pulo da idade da pedra para a era tecnológica. Um outro empresário cogitaria, talvez, dar um pulo semelhante através de um espetáculo eminentemente comercial – uma comédia musical de grande montagem, por exemplo. Ruth Escobar escolheu, para dar o pulo, um espetáculo da mais avançada vanguarda.

Finalmente, é quase espantoso pensar que em tão pouco tempo o teatro brasileiro tenha percorrido um tão longo caminho de renovação, a ponto de permitir hoje em dia a produção de um espetáculo cuja forma seria autenticamente revolucionária em qualquer lugar do mundo. O surgimento de tal espetáculo seria bastante normal num país que tivesse uma tradição de pesquisa experimental, mas não num país como o nosso, onde esse tipo de experimentação existe há pouco mais de três anos. No início da década de 1940, era saudada como revolucionária uma montagem de *Vestido de noiva*, que introduzia nos palcos brasileiros o estilo expressionista largamente difundido na Europa já em torno de 1920. De um atraso de vinte anos em 1940, partimos para realizar, em 1970, uma montagem que pertence à mais avançada vanguarda do mundo.

A DOR, SEGUNDO VICTOR GARCIA[3]
JEFFERSON DEL RIOS

Victor Garcia chegou a Paris, pediu um conhaque, e acabou com a temporada teatral francesa. Enquanto bebia com seus amigos no café ao lado do Théâtre de la Ville, lá dentro a atriz espanhola Nuria Espert apresentava *Yerma*, de García Lorca. Nem mesmo Grotowski, que viria mais tarde, teve sucesso igual. O espetáculo – falado em espanhol e com tradução simultânea – saiu de cartaz quando ainda tinha público para várias semanas. No último dia, nem mesmo Victor Garcia conseguiu-me um ingresso.

Mas eu vi a encenação em Madri. E desde então foi inútil procurar teatro mais belo em toda a Europa. E agora um telegrama da France-Presse confirma a impressão: *Yerma* foi considerado na França "o verdadeiro acontecimento cultural do ano".

No momento em que se esboçam os primeiros projetos para a temporada paulista com promessas da vinda de diretores de renome ainda passivamente aceitos no Brasil, não é demais lembrar que o pequeno, delirante e difícil Victor Garcia poderia ser convidado e, junto com ele, a companhia de Nuria Espert. Ver e ouvir García Lorca em espanhol, com a força original de sua linguagem, diz mais à nossa sensibilidade do que as experiências vanguardistas que não se sintonizam com o contexto cultural brasileiro ou já envelheceram pelo caminho.

Victor Garcia é conhecido no Brasil pelas montagens de *Cemitério de automóveis*, de Arrabal, e *O balcão*, de Jean Genet. Embora tenha gostado

3. *Folha de S.Paulo*, São Paulo, 11 jan. 1974.

destes trabalhos, fiquei com a impressão de que era um caso de imaginação e audácia, qualidades aplicadas em condições especiais. Mas o conhecimento artesanal do teatro, o talento para criar a partir do texto e não sobre ele, e a exploração da capacidade do ator, estas outras virtudes ele parecia não ter. Há uma diferença entre uma montagem centralizada no autor e nos recursos dos intérpretes e o grande efeito técnico de *O balcão* com elevadores, bombas, músicas orientais, armações metálicas etc.

Mas Victor Garcia provou em *Yerma* que é um diretor integral. Nuria Espert chamou-o a Madri e ele fez um espetáculo para arrasar as estreitas reconstituições de Lorca, que trazem em tudo a poeira do teatro convencional. Sem violentar o original, sem desviar o texto, sem desviar a atenção do público para efeitos espetaculares, e debaixo dos olhos ferozes da censura espanhola, Victor Garcia trouxe à superfície toda a trágica, sensual e telúrica poesia de Federico García Lorca, um poeta geralmente mal traduzido, mal compreendido e mal representado. Suas peças podem ser vivas e tensas ou saudosistas. Tudo depende da presença ou da ausência de um Victor Garcia.

Yerma – resumindo – é a história de uma mulher do campo ameaçada pela esterilidade, estigma insuportável numa sociedade que valoriza o binômio virilidade-fecundidade. Instada pelas amigas a não aceitar o fatalismo de uma suposta incapacidade de ter filhos e a perguntar-se se não seria o marido o estéril, Yerma é levada ao reencontro de um amor antigo e frustrado por imposições familiares. Daí ao movediço terreno da infidelidade e suas perigosas consequências é um passo.

Lorca, embora enfatizando o drama individual, não se esqueceu do panorama social em que os personagens estão. A Espanha patriarcal, com seus interesses de clã superpostos aos sentimentos pessoais e preconceitos sociais e religiosos, aparece em *Yerma* e outras peças. É uma literatura dramática participante cujos textos básicos, embora o tempo tenha se encarregado de superar alguns dos problemas que expôs (ou seu enfoque pessoal), continuam valendo. E se o diretor tem a competência de Victor Garcia, o resultado é o espetáculo que a crítica francesa reconheceu como o acontecimento máximo de um ano que teve o Festival de Nancy (mais de trinta espetáculos profissionais de todo o mundo), Grotowski e grupos vanguardistas norte-americanos (ex.: o Teatro Laboratório da Universidade de Iowa).

De início, Victor Garcia abandonou toda cenografia realista. Nada de pátios e fontes espanholas no palco. Nada, nem mesmo de palco. A cena se desenvolve sobre uma imensa lona suspensa por grossos elásticos. Com um efeito de luz preciso, este pano oscilante tanto dá a ideia do equilíbrio precário dos personagens como sugere dunas de areia onde as lavadeiras simbolizam um coro grego. O jogo cênico tem um mínimo de truques, e o clima da trama nasce da linguagem e interpretação. Nuria Espert é uma bela mulher, a espanhola que idealizamos, morena, agressiva, sensual. É uma das melhores atrizes da Europa, intérprete moderna, maleável e sem maneirismos.

O que viria a ser o toque especial de Victor Garcia? Objetivamente é a capacidade de lidar com um clássico e não confundir cultura com museu. O resto é subjetivo, e cada um é tocado de um jeito. Para mim, o momento maior do espetáculo é um corte brusco na ação, quando se faz *black-out* total e entra uma música distorcida que dá a impressão de ser o uivo de um animal ferido de morte. O grito de desespero de Yerma.

Argentino e andarilho, Victor Garcia não é fácil de lidar e aceitar. Mas é um artista a se respeitar. Entrou na França quase como um mendigo, e hoje suas criações são autênticas subversões da pouca criativa ordem teatral parisiense. É por isso que, quando ele chega e pede um conhaque, algo vai acontecer.

A EXIGÊNCIA[4]
ANDRÉ-LOUIS PÉRINETTI

Victor Garcia nos deixou. Não é a primeira vez que ele desaparece, mas antes havia sempre o estrondo de um trovão que o fazia voltar, seja para um espetáculo, seja para um projeto ao qual só se podia aderir. É preciso imaginar agora que ele não voltará jamais.

Pierre Laville[5] me pediu que evocasse Victor. Não se trata de fazê-lo em termos em que o impudor disputaria com a mundanidade. Os que o conheceram sabem que homem de coração, de exigência, de fogo ele era. Os que viram seus espetáculos não ignoram porque ele vibrava, combatia. Ele era, antes de tudo, e sempre, um homem de teatro. Essa bela palavra encontrou nele sua mais completa e sua mais nobre definição. Mais de vinte anos a serviço dessa arte que soube tornar digna ao preço de uma exigência artística

---

4. Do artigo publicado na revista *Acteurs*, n. 9, nov. 1982.
5. Escritor, dramaturgo e encenador francês.

que não cessa de nos interrogar. Sobretudo num momento em que o teatro "privilegiado" parece ignorar ou mantém a recusa de se inclinar sobre "todos os conflitos que dormem em nós". Victor contestava todos os conformismos, todas as hierarquias. Procurava permanentemente o perigo. Exacerbar o real, esbarrar no transe, terno ao paroxismo, mas sempre no controle.

Este personagem, jamais amargo, nem ácido, manifestando em relação a seus amigos uma escuta atenta, exprimindo-se sempre com uma polidez aristocrática, atravessava nosso meio como um catalisador. Ele apareceu em 1962 na Universidade do Teatro das Nações. Não falava nada do francês. Meu regresso recente da América Latina, meu conhecimento da sua língua, fizeram com que nos tornássemos amigos de imediato. Foi em 1963, no decorrer do segundo ano do estágio, que Victor, graças à perspicácia ou, antes, à cumplicidade de coração de Albert Botbol, que era o nosso diretor, assumiu a responsabilidade de um ateliê. *O pequeno retábulo de dom Cristóbal*, de García Lorca, foi apresentado no Théâtre de Plaisance. Eu me lembro do choque provocado por este espetáculo. O público surpreso, depois entusiasta, e nós todos, os estagiários, reconhecendo nele o melhor entre os "melhores".

Em seguida o espetáculo foi apresentado na Bienal de Paris e, depois, no Palazzo Durini, em Milão. Tornei-me o administrador e interpretava também o papel do poeta, sob o olhar irônico de Jean-Claude Casadesus que assumira a percussão!

Seria preciso citar todos os espetáculos de Victor? Outros já o fizeram, inclusive o estudaram; e temos a sorte de contar com os trabalhos de Odette Aslan, no Centre National de la Recherche Scientifique [CNRS], que nos revelam o essencial desta excepcional trajetória de Victor. Prefiro me lembrar das aventuras, da amizade, do insólito, e corrigir, ou apagar, a caricatura que se fez de sua vida, às vezes com as melhores intenções do mundo. "Ele viu as coisas secretas e trouxe aquilo que estava escondido. Ele nos transmitiu um saber de antes do Dilúvio": *Gilgamesh*, em Chaillot, foi o choque sublime, que *A sabedoria ou A parábola do banquete* causara na Cidade Universitária dez anos antes, reabilitando no teatro o que Artaud considerava totalmente desaparecido. "As ideias que tocam a criação, o devenir, o caos, todas de ordem cósmica...". Artaud, que os eruditos queriam ligar a Victor, mas ele recusava, por tê-lo lido, como afirmava, bem depois de seus primeiros espetáculos [...].

Em 1969, ano do centenário de Claudel, com quarenta estagiários, quase todos estrangeiros, apresentamos na Cidade Universitária este oratório jamais encenado. [...] O espetáculo conseguiu subvenção como a melhor encenação de uma obra de Paul Claudel. Tínhamos montado a peça levando em conta que, seguramente, obteríamos o prêmio para cobrir os custos da produção. Com Victor, não se duvidava de nada! Seus espetáculos nos colocavam a questão de saber se Victor era um crente. Não acredito, mas ele viveu uma juventude impregnada da atmosfera religiosa e parecia sempre carregar a cruz atrás de si. Ela estava lá, em quase todos os seus espetáculos. Quando pela primeira vez ele apresentou *O grande teatro do mundo* e *Autos sacramentais* de Calderón, com o Círculo de Iniciação Teatral da Academia de Coimbra (Portugal), deixou em cada um de nós a imagem da carroça invertida, o timão formando brutalmente a cruz com a cangalha dos bois. (Michel, quer dizer, Michel Launay já era seu cenógrafo, seu amigo.) O simbolismo da cruz, que o perseguia, exprimia ao mesmo tempo a dor e a redenção, a morte e o renascimento. Ela era também considerada como o signo maior da crueldade do universo. Lembremos de *Cemitério de automóveis*, em 1967; a crucificação dolorosa, pelo seu dilaceramento, e ao mesmo tempo dinâmica, por seu jorro revelador.

Victor gostava de utilizar a universalidade de signos religiosos, assim como a renovação da natureza. O caos que ele parecia mostrar era o caos que se reordena para regenerar o cosmos, conectando ali o mito primordial de toda religião. Ele era também fascinado pelo ritual, nele vendo a possibilidade de o homem "tornar-se periodicamente um igual a Deus". O gesto e a palavra, o grito, enfim, a violência, aquela que toca a renovação e as iniciações. "É através da pele que faremos a metafísica retornar aos espíritos" (Artaud).

Victor só trabalhava com pessoas que se comprometiam totalmente com a obra a ser realizada. Ele nos dava muito, mas não havia a possibilidade de lhe recusar qualquer coisa. Para aqueles que ele havia escolhido e que o haviam escolhido, a contenção era algo desconhecido. Terminada a obra, às vezes, alguns tinham a necessidade de se recuperar em algum lugar, exangues, esvaziados, mas, depois de algum tempo, prontos a voltar. Os indispensáveis – Monique Monory, Michel Launay, Sylvie Artel, Néstor de Arzadun – foram os que permitiram a Victor alcançar o essencial, e foram levados por ele em direção ao excepcional. Houve também Ruth Escobar, no Brasil. Mas, sobretudo, aquela que mais encarnou a representação: Nuria Espert.

Em 1970, ainda na Cidade Universitária, Nuria veio apresentar *As criadas* (mais tarde, foi também ao Chaillot com *Divinas palavras*). O encontro com Genet. E, de novo, o mito Artaud. Genet declarou a José Monleón "a ligação entre Artaud e eu está explícita no trabalho de Victor Garcia". Na França, nós não vimos *O balcão*, apresentado em São Paulo, mas o filme rodado no local nos trouxe sua emoção e beleza explosiva. Genet, de quem se apresenta hoje *Querelle*, de Fassbinder. [...] Acho que Victor e Fassbinder nunca se encontraram. Mas seu desaparecimento simultâneo, depois da sua fraternidade em Genet, não me parece mais uma coincidência.

A grande queixa de Victor, e a nossa também, foi que ele não pôde fazer *Os biombos*. Este deveria ter sido o último espetáculo em Chaillot, antes da minha partida. Os direitos nos foram recusados. Estou convencido de que Genet não foi informado da vontade de Victor, e seus representantes certamente não compreenderam o que Victor teria podido imaginar e realizar. [...]

Tive dois amigos excepcionais no teatro. Jean-Marie Serreau e Victor Garcia. Eles tinham em comum uma particularidade: estudaram arquitetura. Os dois eram, antes de tudo, homens do espaço. "Teatralizar os locais existentes" (Jean-Marie Serreau). Foi no Pavillon de Marsan, em 1964, que começou minha colaboração com Serreau. Eu trazia comigo o último espetáculo de Victor, *A rosa de papel*. Serreau, muito francês, talvez muito cartesiano, estava intrigado com Victor. Mas ele o adotou. Victor, por sua vez, era fascinado por Jean-Marie Serreau. Ele chegou a convencê-lo a interpretar *Ubu*, que preparava para o Concurso das Jovens Companhias, em 1965. Só algumas semanas antes Jean-Marie se esquivou, até hoje jamais entendi por quê. Victor chamou então o primeiro ator negro da nossa companhia: Douta Seck.

Contrariamente à lenda que dele fizeram, Victor não destruía sistematicamente o teatro onde trabalhava. "Eu digo que o palco é um local físico e concreto que pede para ser preenchido e que fale sua linguagem concreta" (Artaud). Michel Launay, que sempre o acompanhava na primeira visita a uma nova sala de espetáculos, lembra que Victor pedia para ver tudo: os subsolos, os anexos, as laterais etc. Só a partir do que existia é que ele elaborava seu projeto. Como no texto, ele exacerbava os signos arquiteturais. "O problema é fazer falar, alimentar e mobiliar o espaço." Em Chaillot, quando Michel lhe propôs inverter a relação palco-plateia, Victor recusou, não querendo entrar em confronto com os "sons" da sala, nem ir contra seu passado.

Ele permaneceu muito tempo ligado a este teatro. Desde os primeiros dias, que se seguiram à minha nomeação, Victor vinha visitar o canteiro de obras (nós pretendíamos encenar "François Villon"). A sala havia sido quebrada e tínhamos a impressão de entrar numa gruta fantástica. Uma escavadeira ainda estava por lá e a abertura para a remoção do entulho deixava ver a luz do dia. Também se entrevia a Torre Eifel. Victor queria utilizar tudo! Mas como ele poderia se acomodar ao trabalho em uma instituição? Nossa equipe o ajudou muito. Talvez a situação particular do nosso estabelecimento, a autoridade de uma tutela [...] tenham permitido uma relação excepcional com este "grande marginal".

Com o auxílio de Launay, ele concebeu dispositivos à "amplitude do local". Não se tratava de fazer o público se deslocar diante de *gadgets*, vagonetas ou pequenos circuitos, não falávamos de inferno, purgatório ou paraíso, não, nós tínhamos um local, nós o fizemos viver e se exprimir. É preciso lembrar das propostas audaciosas de *Gilgamesh*, de *Calderón* ou de *Divinas palavras*. Victor foi quase o único homem de teatro a assumir este espaço, o único a se impregnar, a "dar o sangue", e ficará como aquele que foi mais longe [...]. Resta-me o sentimento de que sua trajetória (que não deve nada a ninguém), ao tocar a desmesura, o caos, e sua regeneração, permitiu a ele compreender que a imortalidade era possível.

Até logo, Victor.

SAGRADO E PROFANO[6]
TOM CURTISS

O evento mais impressionante da temporada parisiense é a repentina popularidade do controverso dramaturgo espanhol Fernando Arrabal, que até agora não havia alcançado um sucesso de bilheteria. A produção de *Cemitério de automóveis*, encenada numa espécie de teatro de arena, não tem tido espaço para receber a quantidade de gente que deseja ver o espetáculo no Théâtre des Arts. [...] O início da arrancada de Arrabal começou quando o seu *O arquiteto e o imperador da Assíria*, um drama abstrato sobre dois homens em uma ilha deserta, fez uma respeitável temporada. O *Cemitério de automóveis* é a mais longa e ambiciosa aposta de Arrabal. Temerária ousadia

---

6. Texto publicado no jornal britânico *Sunday Times*, 25 fev. 1968.

numa peça de paixão. A figura de Cristo, enigmaticamente, é às vezes um músico de *jazz*. [...] No final ele é crucificado numa motocicleta.

Arrabal enfrenta o desafio de tratar o tema de Cristo mais à maneira do surrealista espanhol Buñuel do que de Cecil B. De Mille e concebeu uma peça original, muitas vezes sombria, ou melodramática, mas extremamente fascinante.

O trabalho de Arrabal já não guarda tanta relação com os de seus conterrâneos Guimerà, Lorca, Quinteros quanto, agora, com o de Christopher Fry[7]. Ele é um satânico absurdista, o pioneiro de um novo gênero, o Teatro do Pânico. A mistura de sagrado e profano nessa peça [...] pode ser vista como blasfêmia pelos ortodoxos. Embora Arrabal pareça um católico que começa a ter dúvidas, ainda é levado pelo poder hipnótico dos rituais religiosos. Ele é profundamente espanhol em seu forte individualismo, em sua emoção fervorosa e em sua capacidade de surpreender. São essas características juntas, somadas à sua mágica teatralidade, que distinguem suas peças.[...]

Victor Garcia ao encenar *Cemitério de automóveis* adotou métodos do "teatro total". A plateia tem cadeiras giratórias para que o espectador possa se virar e acompanhar a ação, que se passa em um cemitério de automóveis, no palco, e nas passarelas que cercam o auditório. O cenário de metal é chacoalhado o tempo todo e o texto de Arrabal é dito no mais alto som [...]. A experiência é estimulante, mas a forte pressão, sem descanso, tende a cansar [...]. Há momentos em que se gostaria que as cadeiras giratórias se transformassem em cadeiras de balanço. Trata-se realmente do teatro do pânico.

LOUCOS E SOLITÁRIOS NÁUFRAGOS DE ARRABAL[8]
JOHN BARBER

O National Theatre nos dá a grande oportunidade de assistir a uma das principais obras de Fernando Arrabal, o dramaturgo espanhol mestre do teatro do absurdo.

---

7. Christopher Fry (1907-2005), dramaturgo inglês com predileção por temas religiosos escritos em versos.
8. Texto publicado no jornal britânico *Daily Telegraph*, 4 fev. 1971.

Sua peça para dois atores *O arquiteto e o imperador da Assíria* está em horário alternativo no Old Vic. Isso não quer dizer que a encenação de Victor Garcia, o diretor convidado e um especialista no gênero, não tenha interesse.

No palco, nu até a parede de fundo, a única exceção é uma porta com a inscrição: "Mantenha fechada quando não estiver em uso". Uma barragem de luzes gira em círculos através do palco, e dois enormes canhões de luz iluminam os atores com o intuito de cegar a plateia.

Uma explosão surda, e o imperador (Anthony Hopkins) aterrissa em uma ilha deserta após a queda de um avião. Vai conviver durante anos com um primitivo (Jim Dale), a quem ele chama de arquiteto. Ambos estão nus, exceto por um tapa-sexo.

***

Numa primeira leitura, a peça mostra como a solidão os deixa loucos. Eles atuam com paraquedas de seda ou amplas roupas de plástico, e seu único e esplêndido brinquedo, uma escavadeira. Contratenores ficam às margens para acompanhá-los com peças litúrgicas. Pode-se dizer que seus jogos são estratagemas para descobrir suas identidades, que eles trocam entre si. Um finge ser a mulher amada do outro, ou sua mãe, ou seu cavalo. Juntos, eles simulam tudo, do ato de dar à luz até a crucificação, do assassinato edipiano aos maiores horrores da antropofagia.

O imperador parece ser alguém que teve o mundo a seus pés. Como Próspero com um outro Caliban, ele ensina o pobre selvagem a falar e conta a ele sobre as delícias da civilização: música, tanques, Coca-Cola e cortejos de bailarinas. O arquiteto sabe palavras mágicas que fazem com que a noite venha e se vá. Ele não esteve em lugar algum, ele não sabe nada. Os dois são interdependentes como os vagabundos em *Godot*, como o *ego* e o *id*. Num momento, ao se comportarem como mãe e filho, eles entram em guerra.

***

Algumas de suas preces são extravagantes, blasfemas, obscenas, mas não indecentes. Na verdade, são infantis. A peça transmite a perplexidade de crianças, frustradas e solitárias, murmurando no escuro debaixo de uma escada ou circulando juntas num mundo perdido e sem sentido. Como reflexo da condição humana, a peça tem pungência e poder. [...] A montagem é exasperante, brilhante. Cada fantasia é laboriosamente encenada: mencione-se um elefante, e os atores agarram uma roupa e movimentam sua tromba.

Jim Dale, com seu adorável rosto de palhaço, é de longe o melhor ator. Quando ele chora, ele nos comove. Quando o corpulento Hopkins chora, não sentimos nada.

Mas entre eles se estabelece um verdadeiro *tour de force*, envolvendo memória, acrobacia e disciplina. Mesmo assim, esta não é uma peça que eu gostaria de rever tão cedo.

OUTRO NÃO PÔDE SER PROFETA: REPORTAGEM ACIDENTADA COM UM TALENTO QUE ODEIA REPORTAGEM[9]
ALBERTO OJAM

O crítico teatral Emilio Stevanovich nos havia avisado que, se quiséssemos uma entrevista com Victor Garcia, não perdêssemos suas pegadas. Que o tucumano é um tipo tímido, esquivo, imprevisível. Por isso, na tarde em que o esperamos na frente do teatro onde se representava *Yerma*, colocamos tudo nas mãos de Deus. [...] Quinze minutos depois no entanto, quando já renegávamos Victor Garcia, nós mesmos e Deus o vimos chegar, obviamente por Corrientes, caminhando a passos largos com seus longos cachos negros emaranhados e um sorriso imediato. Ninguém diria que tem quarenta anos: sua baixa estatura, seu rosto sem rugas lhe dão um ar mais juvenil.

Sua voz, lenta, suave, tem mais do francês que apreendeu o argentino do que do argentino que ficou íntimo do francês. As consoantes já não têm a claridade castelhana. Mesmo assim, de vez em quando, conseguimos ouvir um longínquo canto tucumano.

***

---

9. Trechos de entrevista realizada em 1974, quando Victor Garcia regressou à Argentina com o espetáculo espanhol *Yerma*, de Lorca, com Nuria Espert. O texto foi publicado pela revista argentina *Siete Dias*. Alberto Ojam, seu autor, foi um conhecido jornalista de artes e espetáculos, falecido em 2005.

"Procuro evitar fotógrafos e os jornalistas. Realmente é por uma neurose, uma neurose que tenho de me explicar. Explico-me somente com a obra, não com fotos nem com o gravador."

De saída disse que não queria falar da sua história, dos seus trabalhos na Europa. Preferiu uma conversa informal, com o gravador desligado, antes de passar oficialmente à reportagem.

Então falou de sua juventude em Buenos Aires, quando seu mundo era tudo aquilo que nos rodeava: as conversas no Café La Paz, filmes do [Cine] Lorraine, caminhadas por Corrientes, um bife e meio litro de vinho tinto no [restaurante] Pipo.

"Quando estávamos com um peso a mais, podíamos nos dar ao luxo de ir ao Ciervo."

***

Haveria motivo para Garcia ficar aqui, vivendo e inventando suas maravilhosas criações? [Victor] responde com perguntas: "Para qual público trabalharia? Com quem? Com que meios?".

"A Europa para mim é o tipo de conformismo onde eu me f... docemente, não? Há um respeito por certa sensibilidade que é bastante diferente do que acontece em nossos países sul-americanos. Se quero fazer só uma representação de uma obra de teatro, eu a faço, porque consegui isso. Não é para todo mundo; realmente é preciso conquistar. [...] É que a França se intromete e começo a pensar em francês. São muitos anos, e me deram todas as possibilidades de invenção, de uma criatividade. E isso vale muitíssimo. Poder imaginar coisas, e lhe darem grana para fazê-las, poder viver bem com isso. Poder pagar a tantas pessoas."

***

"Não sou um homem rico. Tenho horror ao dinheiro, e é por um problema psicológico. [...] enquanto tiver aquarelas para pintar, me basta. Não sei comprar um chalé, não sei preencher um talão de cheques, geralmente não tenho contrato. Mas está bem assim, vou levando. Só são valiosas as coisas que faço".

A PELE E O OSSO[10]
JEAN-PIERRE LEONARDINI

O barroco não supõe tanto a superabundância quanto a intensidade. De início, Victor Garcia não recusa uma estética de acumulação. Assim era ele, em 1966, com *Cemitério de automóveis*, de Arrabal. É em seu percurso que ele vai se despojando dos empecilhos mais pesados. Há muito que, em cada obra, ele se mostra o gênio de um espaço grandioso, pronto a colocar o ator em perigo. Com ele, o trágico traz uma ascese furiosa, em nervos tensionados. "No fundo", diz ele, "eu não queria nenhum cenário. Somente a pele e os ossos de nós mesmos".

Quanto ao texto, ele só conhece uma categoria: "o sublime". Entenda-se Claudel, Genet, Lorca, Valle-Inclán, Calderón. Suas realizações que nos assombram mais violentamente passam pelo espanhol, sua língua materna.

Yerma, cuja encenação remonta há mais de uma década, se mantém como lembrança indelével. O palco é um trampolim, onde os atores saltam. As viúvas tocam enormes castanholas. [...]. O naturalismo associado a Lorca é brutalmente evitado. A interpretação se volta para uma pregação histérica da língua espanhola. Os gestos, que se chocam, são gerados por uma espécie de dor mecânica. É a compreensão magnífica, por todo o corpo, do risco do poema dramático: o recalque de um povo crucificado entre a carne e a proibição.

"No falso, o artificial" indispensáveis ao projeto de Genet, Garcia monta, em 1970, *As criadas* com Nuria Espert no papel de Clara. O impacto deste espetáculo baseia-se em um jogo de reflexos – proclamado e reivindicado como tal – num jogo cênico supremamente bizantino. Um tênue eco da comédia espanhola do Século de Ouro percorre esta cerimônia fúnebre, cantada em falsete por três mulheres. Aqui, como lá, a vida é um sonho, ou um fantasma.

O que se passa em *As criadas* senão variações infinitas sobre a aparência? As duas irmãs personificam domésticas, tais quais a patroa as imagina, enquanto esta se mostra aos olhos de ambas como uma figura mítica, investida dos atributos de grandeza: coturnos, perfumes, vestes suntuosas.

---

10. Texto publicado em Jean-Pierre Leonardini, Marie Collin, Joséphine Markovits, *Catálogo do Festival de Outono de Paris, 1972-1982*, Paris: Messidor/Temps Actuels, 1982, pp. 149-152.

Ao fim de um cruel jogo de papéis – no qual as criadas se esmeram em representar sua servidão e, depois, fingem se revoltar –, uma delas, vítima da armadilha das aparências, acaba por matar a outra, disfarçada de patroa. Em seguida, Genet e Garcia subvertem a convenção do mimetismo: "semelhança assumida por alguns seres vivos diante de espécies mais bem protegidas do que eles" (a patroa, neste caso). Mas o mimetismo, em cena, é aptidão necessária à arte da imitação. A condição de sobrevivência em seu meio natural se torna condição de morte. A criada, enfeitada com os adornos de grandeza da patroa, morre em consequência desta semelhança. Forçar a "Mimesis" até consequências extremas, ao longo de excessos interrompidos seria o mesmo que dinamitar a partir do interior a velha gramática teatral em vigor desde Aristóteles. O ritmo gestual e vocal se apoia nesta descontinuidade. As vozes oscilam entre a cadência das preces tibetanas e o recitativo cadenciado. As atrizes resvalam frequentemente o transe. Figuras malvestidas, esganiçadas, impudicamente desarrumadas e agachadas, oferecem ao espectador, *voyeur* no teatro e na vida, aquilo que ele delas espera.

Antes disso, houve *O balcão*, produzido por Ruth Escobar em São Paulo. Do piso ao teto, suspensos por cordas homens musculosos e matronas uivantes sobem e descem. O teatro inteiro se transformava em um bordel, a casa de ilusões de madame Irma, especialista em encenar os fantasmas de seus visitantes. Um sonha ser juiz; o outro, general; um terceiro, bispo. Neles são investidos os signos exteriores de suas respectivas funções. Revolucionários abalam o edifício. Madame Irma, tornada rainha, continua a organizar suas liturgias. Outro salão é criado, aquele onde Roger, o rebelde, acredita ser o chefe da polícia. Ele desaparece como tal depois de se castrar num mausoléu fálico erigido à glória de seu modelo [...].

O balcão repousa ainda no excesso de imitação que leva à aniquilação das figuras sucessivamente engendradas; figuras realmente, não personagens; cartas de jogar; desenhos de tarô misturados a uma alegria maldosa, erigidos em castelos frágeis, ou ainda peões de xadrez, capturados um após o outro. A rainha, o chefe da polícia, o mendigo monarquista... não representam a verdadeira sociedade. Eles a simulam tal como se espera que o espectador a imagine.

Escrevendo *O balcão*, Genet concebe a cena como a antítese da vida.

Enquanto Garcia organiza a encenação como um itinerário sacrificial, Genet, por sua vez, está radicalmente implicado na política. De tal modo que não pode evitar o incômodo de estar diante desta realização estridente, que ele não mais esperava e, no entanto, satisfaz plenamente seus antigos anseios como autor. [...] *O balcão* de Garcia (do qual só conhecemos trechos, graças a um filme documentário rudimentar) ocupa, no museu imaginário do teatro atual, o lugar de uma obra-prima avassaladora.

Em 1974, Victor Garcia e o Festival de Outono de Paris tiveram um encontro frustrado. As apresentações de *Autos sacramentais*, de Calderón, tiveram de ser canceladas. O dispositivo elaborado por Garcia "um olho, um diafragma que se abre e se fecha, o sistema cardíaco de todo espetáculo" ficara inutilizado na sequência do transporte aéreo entre o Brasil e Shiraz, Irã. Depois de consultas a especialistas, o conserto da enorme máquina hidráulica exigiria um mês de trabalho.

Em 1981, Garcia propôs na grande sala do Teatro Chaillot uma montagem de vários trechos de *Autos sacramentais*, com outro dispositivo, gigantescas asas transparentes instaladas sobre rodas e empurradas por atores nus. Esse espetáculo encerra a era André-Louis Périnetti. No inverno anterior, no mesmo espaço, Garcia encenou *Gilgamesh*. A partir da antiga epopeia mesopotâmica, lançou seus atores – falando em árabe – como cavalos enlouquecidos por montes e vales. Eles pisoteavam pela vasta área do teatro, onde abismos se abriam, colinas se inflavam num repente ou pontes afundavam em um piscar de olhos. Ele, que reanima tão fortemente a chama arcaica, domina no mais alto grau o equipamento eletrônico. É o seu lado fáustico. Em 1976, *Divinas palavras* (Valle-Inclán) já lhe havia permitido experimentar as potencialidades dramáticas de Chaillot.

A peça constitui um recorte da Espanha negra, uma espécie de pátio de milagres. Como pano de fundo, a miséria. Juana morre de uma doença venérea na estrada por onde arrasta seu filho, Laureano, um anão retardado. Esse monstro é o seu ganha-pão; ela mendiga o exibindo. Seus parentes disputam o doente para tirar proveito. A morte de Laureano, em uma crise de *delirium tremens*, amarra a ação e precipita o desenlace insólito.

Surpreendida em flagrante de adultério com Sétimo Miau, o malandro, a bela Mari-Gaila (Nuria Espert) é levada sem roupas à igreja onde seu marido é o sacristão. Ele mostra o Evangelho e recita a história da mulher adúltera e diz as palavras de perdão de Cristo: "Quem nunca pecou que atire a primeira pedra". A multidão vocifera. O traído repete então as palavras de Cristo, desta vez em latim. A multidão recua como tocada por encantamento. A língua mágica produziu seu efeito.

No vasto palco árido, projetores recortam as luzes como vitrais. Uma bateria de órgãos, instrumentos que se movem puxados pelos intérpretes, indica os lugares sucessivos da ação para se transformar enfim, diante do público, numa parede compacta de tubos voltados para o alto, no momento em que a mulher nua se eleva ao céu em apoteose.

Guardamos de Victor Garcia uma lembrança pungente. Uma noite, depois de *Gilgamesh*, na praça Trocadéro, nós o vimos, esse frágil carregador de tão potentes universos, no frio do inverno, atravessar a rua com a cautela de uma criança. Uma vez ele nos disse: "Imagine que se agarre um pássaro e se lhe torça cruelmente o pescoço, que o depene com selvageria. Isso causa pavor. Meu teatro é um ato semelhante".

IMPERADOR DE ARRABAL REDUZIDO A UM MANTO DE COURO RETALHADO[11]
IRVING WARDLE

Fernando Arrabal é um dramaturgo que ameaça a reputação dos críticos: principalmente os interessados em definir os movimentos do teatro moderno. Para eles, Arrabal é irresistível porque expõe todas as supostas características da primeira geração do teatro do absurdo mais claramente do que seus próprios criadores. Além da reconhecida influência de Kafka, Artaud e cia., Arrabal tem a vantagem de uma educação espanhola (o que lhe confere um ponto de entrada estratégico na obra de Goya) e experiências, desde a infância, de brutalidade familiar e política. Mais do que em outros dramaturgos, sua preocupação com tortura e maneiras horríveis de morrer é totalmente justificada. Com todas essas variáveis a seu favor, é fácil acreditar que ele deve ser bom.

Não quero menosprezar Arrabal, que é um escritor de muita imaginação e de coragem e honestidade inquestionáveis. Mas suas peças me dão a impressão de tratar de assuntos muito pessoais: um ajuste de contas com ressentimentos do passado, tão relevante para a experiência da humanidade como um todo quanto uma fantasia masturbatória. Seu trabalho lembra o de um homem que, deliberadamente, se recusa a agir para aliviar suas frustrações, preservando-as para uso dramático. E o que ele produz tem

---

11. Texto publicado pelo jornal britânico *The Times*, 4 fev. 1971.

o caráter de uma abstração sexual adolescente, enormemente aumentada para incluir fantasias de vingança, pesadelos sociais e decoração barroca floreada, não esquecendo, claro, das solenidades da Igreja Católica Romana, sem as quais nenhuma obra de pornografia de alto nível estaria completa. [...] Duvido que estivéssemos vendo seu trabalho no National Theatre se não tivéssemos os excelentes serviços de Victor Garcia.

Como texto, *O arquiteto e o imperador da Assíria* é pouco promissor. Os dois personagens se encontram numa ilha deserta (um é nativo do lugar, o outro é sobrevivente de um desastre aéreo) e se relacionam por meio de uma longa série de jogos rituais, em que assumem várias identidades sem adquirir um caráter próprio. Não que isso seja relevante num drama desenvolvido no nível das relações primárias: senhor e escravo, mãe e filho, vítima e algoz. Mas tenho duas objeções a isso. Em primeiro lugar, o texto não consegue ancorar seus mitos inconsistentes em uma situação teatral concreta (pelo menos os mendigos de Beckett esperavam por alguém e os clientes do bordel de Genet queriam uma menina). Em segundo lugar, essas portentosas relações universais acabam sendo nada mais do que a repetição das obsessões recorrentes de Arrabal, como a flagelação, a figura da mãe cruel e a solidão da infância.

O espetáculo de Garcia, indo direto ao ponto, incorpora aquele velho e inteligente princípio teatral, "nunca peça desculpas, nunca se explique". É uma ampliação soberbamente arrogante da peça, que pretende acabar com a indiferença da plateia por intermédio de agressão física. Completamente esvaziado, o palco do Vic é riscado por luzes: dois holofotes enormes direcionados para a plateia e uma barreira de luz que abre e fecha, como uma passagem de nível. [...] O contraste entre a enormidade dos equipamentos e os dois atores, que atuam quase nus, não deixa dúvida para onde está voltada a atenção de Garcia.

O diretor também deu muito mais dignidade à obra ao simplificar os ornamentos. Onde o texto de Arrabal requer equipamentos para uma feira de sexo, Garcia recupera uma dimensão clássica usando como figurinos apenas mantos de couro retalhado (enrolados como cordas para a flagelação) e transformando sapatos de salto alto em coturnos. Ele usa também uma empilhadeira elétrica elevando os atores à posição de juízes (como em Genet) para executar uma crucificação e se metamorfosear em um elefante de bolinhas cor-de-rosa. Visualmente, Garcia é um mágico – não apenas no que diz respeito à mecânica teatral, mas também na criação de passagens, como a extraordinária sequência do nascimento, em que o arquiteto sai de ondulantes cortinas de seda e vai se desenrolando de seu cordão umbilical até o fundo do palco.

Os atores são Jim Dale e Anthony Hopkins: um Caliban magro contra um Próspero encorpado (me sinto fortalecido nessa analogia pelo final canibalesco incorporado no anagrama de Caliban). E o elemento perturbador de ambas as interpretações que, apesar das ótimas oportunidades de mudança de papéis que são oferecidas pelo texto, eles dificilmente trocam de personagem. Ambos adotam levemente o tom de juízes inquisitivos, confessores ou mulheres: mas esses personagens não estão bem definidos e, frequentemente, dependemos do texto para saber quem está falando.

O texto de Arrabal requer, no mínimo, o uso de máscaras. Ao invés disso, os dois atores têm um desempenho carregado de emoções violentas e atividade física, que preenche o espaço de atuação até seu limite. Não é por culpa deles que você sai do teatro admirando apenas as novas roupas do imperador.

ARRABAL[12]
PHILIP HOPE-WALLACE

Resumindo, a peça *O arquiteto e o imperador da Assíria*, de Arrabal – traduzida por Jean Benedetti e encenada com vigor e intensidade por Victor Garcia – revelou-se menos chocante (e bem menos perspicaz) do que o esperado e ficou muito longe de ser aborrecida ou lenta. Acho que o público compareceu com grande interesse, mas de alguma forma o humor negro não soou tão divertido.

A peça, em dois atos, se vale da energia, da capacidade de surpreender e do empenho dos dois atores, Jim Dale e Anthony Hopkins. Eles pulam de um lado para o outro debaixo de paraquedas usados que ficam voando no ar. E murmuram repetidamente enquanto são levados para cima e para baixo por uma empilhadeira de bagagem, ao mesmo tempo em que se lançam na aparentemente infindável série de jogos edipianos, blasfemos, apimentados com vulgaridades juvenis e ditos com uma estranha autoridade [...].

Quem são esses dois habitantes de uma ilha deserta? Sobreviventes de algum desastre cósmico? "Sou o único sobrevivente", dizem na primeira e última fala. Em poucos minutos, os dois homens nus estarão envolvidos

---

12. Texto publicado pelo jornal britânico *The Guardian*, 4 fev. 1971.

numa série de disputas. Quem vai fazer o papel da garota? "Ultimamente sempre sou eu a garota", diz Dale, "e você não faz porra nenhuma". Quem será o crucificado, quem será a mãe? Ela acaba sendo o imperador (Hopkins), que entra em trabalho de parto, de forma bem realista, até que Dale aparece como um feto meio estrangulado pela placenta – uma cena que me lembrou do nascimento de Gargântua em *Rabelais*, de Jean-Louis Barrault.

Para dizer a verdade, qualquer frequentador de balé também reconheceria muitas das ideias. Mas o canto simplista do lamento do contratenor (Marc Wilkinson), as batidas e o rugido eletrônico, a luz criada por David Hersey – que manteve a plateia e os dois atores sob um cruzar de holofotes – e o que é descrito como "concepção visual e de atmosfera por Victor Garcia e Michel Launay", mesmo quando exagerado e aparentemente forçado, resulta numa autêntica aventura teatral. Acho que todos sentimos isso. Embora eu não possa dizer que goste desse tipo de peça, julgamentos, confissões e confrontos sexuais são sempre bom material. O que faz falta são sínteses da poderosa expressão verbal de pessimismo.

NUS E OS MORTOS[13]
FRANK MARCUS

Sufocado pelo brilho dos eventos natalinos, foi com expectativa que corri para aquele incrível templo de experimentações, circos e sonhos, o Round House, para ver uma companhia de 15 brasileiros nus interpretarem a criação do mundo. Eles levaram precisamente uma hora.

Autos sacramentais, aqui com o título *Visão divina de Calderón de la Barca*, é derivado de um dos setenta autos (peças sobre temas religiosos), escritos pelo dramaturgo do século XVII para serem apresentados no clímax das procissões religiosas. Seu altruísmo e disciplina ritual, mais a abstração de seus personagens, serviram de inspiração para alguns dos mais notáveis expoentes da vanguarda, em particular *O príncipe constante*, de Grotowski.

Victor Garcia, cujas encenações de *Yerma* e *As criadas* para a World Theatre Seasons o colocaram no primeiro escalão de diretores teatrais, é especialista em criar espaços de extremo perigo, como o palco inclinado,

---

13. Texto publicado pelo jornal britânico *Sunday Times*, 29 dez. 1974.

como a encosta de uma montanha, onde caminham os atores com seus coturnos, ou um trampolim esticado.

Para o Calderón, ele foi aos extremos da simplicidade: uma imensa tela de ciclorama e um palco vazio. Movimentos, cantos e canções são os únicos ingredientes adicionados ao texto, gritado com uma autoridade estridente em português.

Por causa do idioma, é difícil seguir as ideias em toda sua complexidade. Elas funcionam quando as imagens são compreensíveis, como os membros torcidos do início, que sugerem a luta da matéria para ganhar vida, ou na representação da história de Caim e Abel. Mas se não estudamos o texto em tradução, só poderemos julgar o espetáculo como um balé. Trata-se de uma peça de parábolas morais sem uma moral perceptível.

Os atores se movem com muita segurança e dignidade, e seu idioma soa poderosamente premonitório. Em termos visuais, podemos admirar o físico de alguns: um ator negro de aparência soberba, e um ator mais velho, de juba grisalha, envolto numa atmosfera de William Blake. Nudez total, que geralmente passa a ideia de inocência e vulnerabilidade [...].

Mas há sérias ressalvas. Olhando o programa, lemos: "Cena 7, *Mistério dos Mistérios*: A morte extingue a chama da vida. O Corpo morre. Os Pecados atormentam a Alma. Deus salva a Alma. A Vida Eterna permanece". O que vemos, porém, não é compatível com tão elevadas pretensões.

Poderia ser uma série de jogos de praia numa colônia nudista. Às vezes, parecem estar brincando de roda. Seus traseiros brancos suscitam lembranças relacionadas ao setor de roupas íntimas da Marks & Spencer, em vez da Criação do Homem. Estou preparado para enfrentar acusações de incurável frivolidade, mas seria um insulto ao senhor Garcia e a seus atores não ser totalmente sincero.

ARRABALBUFÃO[14]
KENNETH HURREN

Mesmo numa época particularmente tolerante ao charlatão cultural, pode-se dizer que muitas das calamidades encontradas nas casas de espetáculo possuem a singela e mais ou menos respeitável virtude de serem bem-

---

14. Parte de artigo publicado pelo semanário britânico *The Spectator*, 13 fev. 1971.

-intencionadas. Mas, ocasionalmente, aparece uma que apresenta todos os indícios de ter sido deliberadamente concebida com o objetivo de descobrir quão longe um espetáculo pode ir no sentido de atacar seu público com baboseiras pseudointelectuais sem provocar uma retaliação violenta. Lamento dizer que esta parece ter sido a intenção do National Theatre com a montagem de *O arquiteto e o imperador da Assíria*, de Fernando Arrabal, que estreou no Old Vic na semana passada.

[...] Comprometidos com o que poderia ter sido, na pior das hipóteses, um fiasco fatalista e deprimente, eles se empenharam, ao empregar um tal de Victor Garcia, em transformar a peça numa ameaça pública realmente agressiva.

Não há sentido em fingir que foram pegos de surpresa por Garcia. A fotografia que ele forneceu para o programa posando numa espécie de saco de dormir teria despertado as suspeitas de qualquer um. Mais ainda as informações que forneceu para os créditos: Garcia não apenas "dirige" a peça, mas é também responsável pela "concepção visual e de atmosfera". Diz-se que, no ano passado, quando montou um espetáculo em São Paulo, Brasil, ele demoliu o interior de um teatro e criou prateleiras circulares para a plateia se sentar. O Old Vic se safou de tal destino, mas por pouco. A "concepção visual" de Garcia inclui uma bateria de luzes que seria exagerada até para uma base antiaérea. Em sua "concepção de atmosfera", ele inclui um barulho cacófono altíssimo que soa como se o prédio estivesse sendo dinamitado, negando às pobres almas unidas no auditório o consolo do sono. O pior de tudo foi a lavagem cerebral a que submeteu dois atores do National Theatre, Anthony Hopkins e Jim Dale, homens reconhecidos pela sensibilidade e inteligência de seu trabalho, que têm que ficar pulando, espreitando e posando como loucos no espaço cênico, enquanto conscientemente declamam o ridículo texto, claramente destituído de qualquer sentido racional, tanto para eles quanto para a plateia.

O TRIUNFO DE GARCIA NA BIENAL[15]
NICOLE ZAND

É preciso voltar a Victor Garcia pois ele mostrou uma vez mais que é,

---

15. Parte de artigo publicado pelo *Le Monde*, nov. 1967.

sem dúvida, o mais dotado dos encenadores a que chamamos "a escola sul-americana". [...]

Não encontrando trabalho na França, partiu para Portugal, onde há dois anos dirige um grupo meio universitário, meio profissional, o Círculo de Iniciação Teatral da Academia de Coimbra (Citac). Ele veio à Bienal com três autos sacramentais – *Auto de São Martinho*, de Gil Vicente, o pai do teatro português, *Auto da ajuda*, de um anônimo [*espanhol*] do século XVI, e *O grande teatro do mundo*, de Calderón de la Barca, peças religiosas e alegóricas. [...]

A partir de abstrações, Victor Garcia recriou todo um universo barroco com palcos superpostos, máquinas, rodas, engrenagens, personagens à Brueghel, e incursões, em meio ao público, de um coro que diz, ao mesmo tempo que os atores, o texto improvisado, mas conhecido por toda a eternidade.

Desejamos que Victor Garcia possa retornar em breve a Paris para que sejam reconhecidas sua qualidades de diretor que alia uma precisão do gesto, uma imaginação da cena, um gosto espantoso pelos cenários e figurinos, um real cuidado com o texto, e sua significação, a um senso nato de beleza. Se a Bienal tivesse mostrado apenas isso, ela já estaria plenamente justificada.

OFUSCADO PELAS LUZES[16]
HAROLD HOBSON

Na peça *O arquiteto e o imperador da Assíria* (Old Vic), traduzida por Jean Benedetti, Fernando Arrabal conta mais uma vez a história de Caliban e Próspero em sua ilha deserta, mas desta vez Caliban está em vantagem desde o início. Pode não parecer, mas isso se deve à desastrosa pretensão do elogiado espetáculo de Victor Garcia, que parece mais o besteirol incoerente de um eletricista agitado, que conta com recursos financeiros ilimitados.

[...] Nunca houve tanta luz para tão pouca iluminação. [...] Ouvi rumores de que o próprio Arrabal aprovou o espetáculo de Garcia. Caso isso seja verdade, é a prova de que, mesmo sendo um dramaturgo interessante, como crítico ele está entre os piores.

16. Publicado pelo *Sunday Times*, 7 fev. 1971.

ARRABAL[17]

Sua chegada [Victor Garcia] foi a irrupção de um teatro novo, insólito, incrível. Minhas obras eram arbitrariamente misturadas na categoria Teatro do Absurdo, onde se juntavam Beckett, Ionesco, Adamov e eu. Passei anos vendo representarem minhas peças – incluindo talentos como Peter Brook – sem que me convencessem, até que chegaram os argentinos[18]. Desde que Victor Garcia estreou *O arquiteto e o imperador da Assíria* no National Theater, de Londres, o mais prestigiado do mundo, e que Jorge Lavelli montou *Oye, Patria, mi mflicción* [em francês, *La Tour de Babel*] na Comédie-Française, a sala mais importante da França, não só me projetaram para um lugar de destaque, como também me apresentaram uma nova forma de ver teatro.

VICTOR POR VICTOR
DESUMANIZAR[19]

Minha primeira direção na França foi uma pequena peça para marionetes, de García Lorca: *O pequeno retábulo de dom Cristóbal*, que adaptei para atores. Já nessa época eu queria "desumanizá-los". Transportar para o palco a vida da rua ou transformar os intérpretes em marionetes não me interessava. Procurei, então, transpor inicialmente os movimentos, decompô-los, o que lhes daria um estilo chapliniano ao qual renunciei. Eu me dei conta de que deveria aprender as bases da dança moderna para saber como sair da mímica objetiva, para saber como se tornar figura espiritual ou sensual, como se transformar em papel ou pedra. Cheguei a estabelecer uma teoria do movimento: o movimento deve se afastar totalmente do jogo realista e se fazer sempre "a quente". O movimento é a repercussão a um estímulo. É a relação entre o estímulo e a reação que me interessa. Um movimento deve ser rico de intenções, e essa riqueza estimula o público. Mas, sempre, o público deve reagir depois dos atores. Um tempo de diferença é necessário. Procurar uma reação simultânea é buscar uma reação direta, não transpos-

---

17. Entrevista publicada no jornal *El Clarín*, Buenos Aires, 1985.
18. Arrabal refere-se a diretores argentinos que fizeram carreira internacional, como Victor Garcia, Jorge Lavelli, Arturo Rodrigues Arias (França) e Carlos Jimenez (Venezuela).
19. Depoimento de Victor Garcia incluído em Fernando Arrabal, *Le Théâtre: Cahiers Dirigés par Arrabal*, Paris: Christian Bourgois Editeur, 1968.

ta; é mau teatro, é teatro desonesto. É preferível ler um texto em vez de oferecê-lo ao público exatamente como foi escrito.

Em *O pequeno retábulo de dom Cristóbal*, eu tinha cinco personagens. Eu mesmo atuava, minha primeira e última experiência como ator. Que sofrimento horrível, que impudor. É preciso realmente ser masoquista para se prestar a essa espécie de psicanálise coletiva, ou então mais virgem e mais ingênuo do que sou. Que fique bem entendido que não é proibido a um ator ser terrivelmente inteligente, mas não durante seu trabalho. Se ele analisa muito, fica frio e não está disponível.

Usei os atores como notas em uma composição musical; depois, eu os vesti; depois, concebi o cenário, depois, procurei o espaço. Nessa época, eu já sabia que sobre o palco, esta pequena caixa, este pequeno quadrado, os personagens de teatro não podem viver. O essencial é encontrar uma arquitetura. Não gosto de falar em termos tradicionais: lado do pátio e lado do jardim etc. Prefiro pensar em linhas horizontais ou diagonais, lado norte, sul. Atualmente, creio que cheguei a dominar o espaço; assim posso oferecer em um segundo uma visão caleidoscópica sob diversos ângulos: uma cena de amor deve ser colocada no alto; uma situação bárbara deve se passar nas pernas dos espectadores; pode-se refinar ao infinito essas evidências. Hoje, somente quando sou dono do espaço, quando tenho a arquitetura, é que coloco o texto. Não gosto de usar essa palavra. Para mim, o texto é uma estrutura primária a partir da qual eu construo o espetáculo; um texto atualmente não tem mais o lugar que tinha nas épocas clássicas. Nossos problemas de comunicação não se resolvem mais na dialética nem na estética. Não temos mais tempo. Nosso principal cuidado é explorar a alma porque sabemos que essa exploração permite encontrar uma sanidade, realizar espetáculos sãos que não sejam nem neuróticos nem histéricos.

Essa profissão de fé é sincera apesar de eu ter montado unicamente peças de violência e gritos. Eu as encenei como exorcismo. Para falar, para encontrar sua verdade (uma verdade pode ser simples, mas lúcida, fértil), é preciso se livrar de todas as sujeiras. Estou convencido de que os homens podem conhecer uma era de clareza se tiverem a coragem de ir até o fim do conhecimento, da análise. De nada servem as lamúrias sobre a confusão de nossa época. Não há por que se esconder de outras verdades trazidas tanto por Freud como por Einstein, as incríveis possibilidades oferecidas pela ciência. As viagens ao cosmos, por exemplo, não poderão mudar o homem profundamente? A vida se faz por toda parte, além do teatro, e, no entanto, vivo para o teatro, por quê? De início, fiz pintura, escultura, quis ser psicanalista, depois estudei arquitetura. Bem, só se tem uma vida e pouco tempo para viver, além disso minha pequena alma quer com toda força se exprimir, e não me deixa.

Apesar da minha família, apesar de mim mesmo (pois eu desejei ser sério e calmo), eu sou um artista. A feiura, a falta de dignidade, a burrice me revoltam. Tento me livrar, livrar o teatro. O teatro é um mundo reduzido, o trabalho a fazer é enorme. A organização teatral me dá náusea, muitas matérias se impõem, muitos lugares habitados por fantasmas e ancestrais mortos, muitos lugares sufocados pelos veludos vermelhos, como se não existisse nenhuma outra matéria, nenhuma outra cor para simbolizar o universo teatral.

Uma realização perfeita não é válida se parte de falsos critérios. Realmente, é preciso mudar tudo. Não posso colocar bombas, não é? Tento me adaptar.

Primeiro ponto: é preciso encontrar dinheiro em quantidade suficiente. Hoje, "a vanguarda" é sinônimo de trabalho miserável realizado em condições miseráveis. Recuso essa definição. Infelizmente, o único mecenas é o Estado com suas subvenções. Como ser ao mesmo tempo livre e subvencionado? Eis o problema: somos limitados por toda uma "organização teatral", por um "sistema". Começar do zero se revela impossível. Entretanto, só a total liberdade ofereceria possibilidade de crescer. Enfim, é preciso se adaptar, essa é minha dor.

Acho reacionária a atitude de sustentar velhos teatros com grandes verbas sob o pretexto que seria pena deixá-los ruir. Queria encontrar um grande espaço vazio, com material luminoso e sonoro perfeito: chamaria colaboradores que tivessem uma visão contemporânea do mundo; nós poderíamos ensaiar novos métodos de criação. Desejo um futuro em que o trabalho individual seja superado: escritores, realizadores, psicanalistas, sociólogos, músicos etc. elaborariam juntos um espetáculo, tão misturados quanto moléculas de um elemento. Para a construção de um espetáculo, seria preciso utilizar as pesquisas [musicais] de Pierre Schaeffer, as descobertas científicas mais recentes, os resultados das verificações sociológicas etc. Seria preciso que, antes dos ensaios propriamente ditos, se fizesse um verdadeiro trabalho científico: antes de exprimir com alma, é preciso saber exatamente sobre o que se assentar. Tomar o texto de um lado, de outro uma música, compor bonitos movimentos, isso não é mais possível. O teatro total é um teatro coletivo. A encenação deve ser escrita quando começa o trabalho dos atores. Para eles, é penoso entrar nesse universo frio. É preciso lhes dar tempo para se aquecerem, essa é sua função. Assim poderá nascer uma forma de espetáculo homogêneo, harmonioso, a imagem da paz.

Desejo um universo de paz no qual o teatro represente a festa, quer dizer, o que as pessoas merecem depois do seu trabalho. Uma festa pode ser doce e muito bonita, ou então brilhante, ou galante, ou triste; ela pode ser igualmente o silêncio e a paz.

Se realizei espetáculos violentos, é porque são a imagem do nosso universo de violência e de medo, e mato o diabo em mim. Não sou chinês ou africano, saí de uma civilização católica. É o problema que analisei mil vezes: matei meu pai, minha mãe, meu deus. Entretanto, minha linguagem, meu pensamento nasceram de uma educação cristã que não posso negar, mesmo se a rejeito, mesmo se não creio mais. Seria fácil adotar uma posição intelectual contrária; mas seria gratuita e sem interesse. Não tenho vergonha de me exprimir segundo minha raça, mesmo se sou acusado de fazer o típico, o folclore. Grita-se quando se pode, e espero poder, bem forte. Quero saber como vou cercar a mentira e o medo a fim de dominá-los.

O medo: o medo primeiro, o medo fundador, o medo que está na base de toda angústia, de toda agressividade, o medo da morte. Se o homem, por meio da ciência, por meio do espírito, torna-se mais consciente do seu universo, se ele chega ao conhecimento da sua morte, ele destrói o mistério, então terminará o grande motivo de angústia. Um dia se saberá o que acontece quando a vida para; se saberá, estou certo, estamos perto de saber. Toda nossa existência será abalada. Talvez soframos neuroses diferentes, mas perceberemos o mundo com uma consciência alucinante. Vivemos em um mundo alucinante do qual podemos nos aproximar por meio da hiperconsciência mórbida provocada pelas drogas. Não faço julgamento de valor, constato: a droga faz esquecer o medo, mas não o destrói. Ora, se procedemos à análise racional da alma, se temos a coragem do conhecimento, chegamos não mais a uma hiperconsciência mórbida mas a uma justa e total consciência. O medo que inibe e freia desaparece.

Atualmente, o tema do teatro ainda é o medo e a violência, mas sempre o amor tem seu lugar, por menor que seja. Não posso criar nada sem exprimir esse imenso desejo de amor. Se em um espetáculo não posso inserir uma pequena nota de cristal, não saio dele, não posso terminar meu trabalho.

O medo, a guerra, o amor representam as emoções terríveis e fundamentais que me interessam transportar ao teatro. Imagine uma emoção abstrata: que frieza. Para tomar um exemplo, amo Boulez, mas, quando minha pobre alma começa a vacilar, ouço Bach: que emoção, que quantidade de alma. Minha posição pode parecer reacionária. Antes de tudo, não sou um homem forte, disciplinado. Fazer uma análise racional do homem não significa cerebralizar suas emoções. Quando crio um espetáculo, imponho minhas emoções aos atores. Eu imponho meu ponto de vista a fim de que eles o imponham ao público.

É o mesmo se vou ao médico: ele é mais forte porque tenho necessidade dele. Os espectadores vêm ao teatro à procura de emoções, e eu lhes ofereço pois sou mais forte, eu os domino. Em compensação, eles desfrutam mais o prazer que eu. Fico insatisfeito, infeliz. A impossibilidade de viver é um sentimento permanente, e, entretanto, não sabemos fazer outra coisa. Estamos condicionados a continuar.

O estado de tristeza e depressão no qual me encontro ao final do trabalho é pavoroso. Durante a ação, sinto-me eu mesmo seja qual for o contexto, porque as condições mudam segundo o tempo e o dinheiro colocado à minha disposição, segundo o universo – quer dizer, a peça – que coloco em cena, segundo meu estado de espírito – porque eu evoluo, posso avançar ou retornar –, segundo o país onde trabalho. Mas, em todo lugar, de toda maneira, reencontro com os intérpretes as mesmas relações passionais. Imponho minha vontade, não lhes permito viver. Durante a preparação, quando ainda nos ocupamos dos cenários, da música, eles continuam eles mesmos. Mas quando chega o momento da comunhão entre diretor e elenco, não lhes permito viver por nem um minuto. Exijo que seu "ego" seja abandonado no seu nicho, tento "desumanizá-los" ao máximo a fim de que eles se tornem também disponíveis como este espaço claro e vazio com o qual eu sonho. Quero desembaraçá-los dos seus pequenos cantos sujos, dos seus hábitos. Eu os quero "novos".

Em seguida, eles caem de amores por mim, como um paciente e seu psicanalista. Eu me reconheço muito exigente. Entretanto, eu lhes manifesto minha ternura. Eu os tranquilizo, eles estão angustiados porque se julgam perdidos. Eu os tomo e os amanso. Quero fazê-los exprimir tudo o que eles não sabem ser. Entre nós, se produz um ato de amor – em todo caso, da minha parte. Eles devem se empenhar totalmente, não separo o "ator" do indivíduo. Quando eles manifestam uma personalidade nova, se afastam de seus hábitos, dos seus tiques; eu lhes dou total liberdade.

Eles se vão, sós, e isso me custa muito, não sei por quê. Eles se recuperam e me deixam apenas o silêncio. Eu estou perdido, como se tivesse perdido meus filhos.

Devo me voltar para outra criação, outro centro de interesse, para afastar o desalento.

ENTREVISTA[20]

Segue-se uma entrevista de Victor Garcia a Philippe du Vignal, intelectual da cena francesa com um largo histórico como professor e diretor de instituições oficiais como a École du Théâtre de Chaillot. Victor mostra-se atento ao interlocutor e revela muito da sua maneira de ver o teatro e bastante das suas andanças e preferências por países. Oferece uma visão até tranquila do espetáculo Autos sacramentais, *em contraste com o que estava realmente acontecendo, como revelam os depoimentos de Ruth Escobar, Sérgio Britto e David Hersey.*
O encenador faz um balanço cético de vida, insinua uma despedida do passado e, de certa forma, até do teatro. Há algo de sereno e quase trágico em suas palavras.

Em 1967, você montou em Portugal O grande teatro do mundo, de Calderón de la Barca. Por que volta a ele hoje?

Victor Garcia: Não se escolhe sempre, às vezes se é escolhido, e, depois, há sem dúvida um ciclo. Os ingleses voltam a Shakespeare, eu volto a Calderón, mas – a verdade das verdades – por que Calderón? Num certo sentido, porque não há nada a fazer hoje no teatro, nenhuma obra contemporânea me atrai no momento. Você conhece meu trabalho: não vou montar Tennessee Williams ou Ionesco. Então, perdido por perdido, uma vez que não sei fazer outra coisa que não seja teatro – e porque, se não faço, fico triste – e as pessoas me convidam a realizá-lo, eu realizo, mas um pouco como um velho.

A partir do momento em que não encontro mais textos de meu inte-

---

20. Publicada na revista *L'Art Vivant*, n. 52, out. 1974.

resse, prefiro ir em direção ao sublime, e os "autos" são sublimes e, mesmo que eu seja ateu, o tema é Deus, é uma bela história de amor, não? É talvez o tema menos realista e mais universal. E tudo que eu sou pertence ao universo de Calderón de la Barca; mesmo que eu não tenha nenhuma religião, tenho a doença da religião e das pessoas que creem em Deus: a culpa e o sentido profundo da vida. Quer dizer, os problemas do teatro intimista não me dizem respeito: sou naturalmente solitário, tenho enormes dificuldades de relação com as pessoas, mas amo muito as pessoas, é a única coisa que me interessa realmente.

O texto de Calderón responde a esta preocupação, e com ele entramos diretamente no domínio do sublime. Começa com a Terra, os quatro elementos, depois os cinco sentidos, a criação do homem, o amor universal e, enfim, a fusão do corpo e da alma. Pode-se dizer que é um pouco ingênuo, mas não é absolutamente ingênuo. É toda a dor da separação física entre nossos corpos e nossos sonhos, entre nossa sexualidade e nosso pensamento. Por que há dias em que pensamos e outros em que pensamos como animais? A alma vem sempre complicar um pouco as coisas, e a história desses "autos sacramentais" de Calderón, a partir dos quais fiz o espetáculo, é justamente a história da união da alma e do corpo.

Há uma frase de Calderón em que ele explica o que é para ele um auto sacramental: o que é caduco não se dá conta do que é eterno. Para atingir o eterno, é preciso, então, inventar um meio concreto e um conceito imaginário que possa se realizar concretamente no tempo e no espaço de uma ficção representável.

Aí está, é exatamente isso. Ah! O senso de totalidade em Calderón. Em um teatro de inspiração metafísica e teológica, como o dele, tocamos verdadeiramente o sublime, decolamos e ganhamos mais facilmente o cosmos. Há também o sublime em Genet, mas o de Calderón é mais forte; em Genet há muitas referências imediatas.

Você disse certa vez que seu objetivo no teatro era levar as pessoas ao reencontro das emoções que elas procuravam.

Creio que é verdadeiro, mas antes eu tinha um entusiasmo pela técnica que me dava a possibilidade de exprimir sentimentos humanos. Queria ser agora bem mais puro, sem música, sem encenação, sem cenários, sem figurinos. Mas reconheço que é difícil emocionar o público sem um suporte técnico, sem uma estética. Entretanto, a cada novo espetáculo, eu percebo que apaguei mais e mais coisas, inclusive a música. Adoro Mozart, Bach, adoro a música étnica, e isso faz muito efeito em um espetáculo, a música. É uma grande tentação, mas há hoje uma pequena voz austera vinda de Castilha que me diz: "Atenção, Victor, você vai colocar tal ou tal pedaço em seu espetáculo, mas é perfeitamente amoral. Você está prestes a utilizar uma coisa que não faz parte do seu propósito".

É a mesma coisa para os figurinos. Poderia imaginar trajes fabulosos, mas sei que enganaria. Entrei faz tempo numa idade em que se sabe que ou se engana ou se desconfia do amor. É por isso que prefiro finalmente apagar e continuar a crer no amor. Não quero sofisticação. E, para o cenário, eu me dei conta de que, se temos problemas com o espetáculo, é porque, no fundo, não queria nenhum cenário. Sobra "pão e vinho", a pele e o osso de nós mesmos. Apesar de tudo, se tenho essa enorme máquina – um olho, um diafragma que se abre e se fecha –, é na medida em que não é um "cenário", mas um local cênico necessário, um elemento vivo, o sistema cardíaco de todo o espetáculo. Senão eu o teria eliminado há muito tempo. Isso me obriga a fazer uma encenação de substituição, nas representações em Paris, se ela se recusar a funcionar, como em Shiraz. Isso seria uma derrota a mais. É o destino, não? *Dios es Dios*.

Você sabe a história desse olho inacreditável. Eu o concebi quando preparei o espetáculo com a companhia Nuria Espert, em Barcelona. Quando ela não pôde representar o espetáculo, fui a Buenos Aires e depois a São Paulo, onde Ruth Escobar poderia produzi-lo. Foi então que o olho foi construído, nós o levamos a Shiraz, onde ele não funcionou. Veio a Paris por estrada (mais de 15 dias de caminhão). Enfim, esse espetáculo é uma história de amor, e tenho uma relação amorosa com meus atores. Mesmo se o amor não é sempre rosa.

Depois da Argentina, o Brasil se manifestou muito forte, e *"la marmite"* começou a ferver. A geografia é algo muito forte. Foi preciso que eu me tornasse brasileiro. Depois o Irã também se manifestou. É realmente pena que não tenham podido atuar nus, como eu pretendia [as autoridades proibiram]. Realmente acredito que a relação de um diretor com seus atores é uma coisa capital. Se não compreendem, eu os forço a me dizer. Mas uma vez que essa relação se estabelece, tudo fica tão simples, tão claro que não há nenhuma necessidade de explicação. Essa relação amorosa é realmente muito importante para mim.

Parece que ela corresponde em você a um desejo ainda mais forte que o ator criador.

É verdade. Enfim, a verdade das verdades é que, no fundo, creio no fim do teatro e de seu discurso tal como foi concebido para o mundo ocidental. Não há mais a demanda de antes. O que fazer atualmente, não sei. A aventura do homem ainda me interessa, e estou seguro de que o desejo de representar existirá. Mas estamos na quebrada da onda, talvez à espera de algo melhor? Veja a mediocridade atual da arquitetura teatral: é um sinal que não engana. Mas não se pode fazer nada. Eu era bem mais insolente antes, estou em via de pagar o preço da experiência. E depois, cansei de sobrevoar a terra, de ir de continente em continente, usei muito, toquei muito as coisas. No entanto, creio que é preciso gastar energia. Não temo a velhice, é uma coisa feita para os miseráveis. Sei que aos cinquenta anos poderei ainda fazer amor, mas o que me virá depois dos quarenta, não sei. Acreditava na paz interior, não creio mais: a solidão e o repouso não foram feitos para mim. Pegarei minha pedra e subirei a montanha uma vez mais. É uma coisa inevitável, até a morte. De agora em diante, minha família é indiferente – guardei, entretanto, laços muito fortes com Castilha –, minha família são meus atores. Quanto à cultura, não tenho mais tempo de experimentar outra. Fico então, sem acreditar muito, com a cultura europeia, ligado a ela pela força do hábito.

Posfácio

Considerações sobre um artista renovador

Há nos grandes centros teatrais instituições para catalogar, analisar e difundir os diretores fundamentais do teatro do século xx, como os russos Constantin Stanislavski e Vsevolod Meyerhold, os alemães Erwin Piscator e Bertolt Brecht, o austríaco Max Reinhardt, o suíço Adolphe Appia, os poloneses Tadeusz Kantor e Jerzy Grotowski, o inglês Peter Brook, os franceses André Antoine, Jacques Copeau, Charles Dullin, Louis Jouvet, Jean Vilar, Roger Planchon, Ariane Mnouchkine e – sempre – Antonin Artaud, os italianos Giorgio Strehler, Luca Ronconi e Eugenio Barba, o japonês Kazuo Ono, os norte-americanos Julian Beck, Judith Malina, Robert (Bob) Wilson e muitos, muitos outros. No Brasil, já se documenta a sério os profissionais de larga travessia: Antunes Filho, José Celso Martinez Corrêa, Augusto Boal, Gianni Ratto, Flávio Rangel e Ademar Guerra, para ficar na primeira geração pós-Teatro Brasileiro de Comédia. Há mesmo estudos sobre o próprio tbc e suas figuras maiores, como Ruggero Jacobbi e Alberto D'Aversa.

Victor Garcia é uma lenda teatral, mas não deixou escritos ou depoimentos suficientes para um legado teórico. Não dirigiu grupos estáveis e não há quem se assuma, ou seja reconhecido, como seu herdeiro artístico. Também não se pode estabelecer correlações, a exemplo do que se faz entre Brecht e Planchon, Grotowski e Barba, Antunes Filho – Brook – Ono. Dos diretores latino-americanos que residiram em Paris, seu conterrâneo Jorge Lavelli, menos de dez anos depois de se consagrar com *O casamento* (1963), do polonês Witold Gombrowicz, mereceu um estudo sobre sua

Victor Garcia

obra¹. No seu currículo, consta a direção de um dos teatros nacionais franceses, o Théâtre de la Colline, em Paris, até 1997; o que resultou em outro livro². Recebeu a cidadania francesa e ostenta a Legião de Honra.

O temperamento arredio, a dificuldade ou aversão em se explicar e a morte precoce aumentaram a lacuna na biografia pessoal e profissional de Victor Garcia. Em alguns casos, pesquisadores experientes, por polidez talvez deixaram que ele omitisse informações vitais. Raymonde Temkine, por exemplo, rendeu-se a uma de suas atitudes esquivas: "Sobre a colaboração de Victor Garcia com a companhia brasileira de Ruth Escobar, não apreendi nada. Victor Garcia não quer falar; um gesto de mão, e afasta o que é para ele uma má lembrança", afirmou. Temkine atesta, no entanto, o valor "do filme da extraordinária representação de *O balcão*, concebida para um teatro de São Paulo"³.

São fatos que, às vezes, fazem passar a imagem de um Victor Garcia puramente instintivo, um primitivo genial. Ele não foi assim. Praticou teatro desde a adolescência em San Miguel de Tucumán e esta sua cidade, embora distante de Buenos Aires, não era uma província acanhada. Victor cresceu em uma época próspera da vida local.

O escritor Juan José Hernández (1931-2007) comentou a juventude dos dois relembrando a altivez política dos tucumanos, chamados de "portenhos do norte". Sua descrição é poética e detalhista:

---

1. Dominique Nores, Colette Godard, *Lavell*, Paris: Christian Bourgois Editeur, 1971.
2. Alain Satgé, Jorge Lavelli, *Des années soixante aux années Colline*, Paris: Presses Universitaires de France, 1996.
3. Raymonde Temkine, *Mettre en scène au présent*, Lausanne: Editions La Cité/L'Âge d'Homme, 1977.

A economia tucumana, na última década do século XIX, era eminentemente industrial. As plantações de cana-de-açúcar chegavam até as faldas do pico Aconquija, e por toda parte se erguiam as chaminés dos engenhos açucareiros. As demais províncias do Norte permaneceram presas ao modelo econômico herdado da Colônia.

Duas economias e dois tipos diferentes de vida [...]. Em Tucumán, com o desenvolvimento industrial chegou a ferrovia que a ligava a Buenos Aires, a rede urbana de bondes e a demolição da velha Prefeitura colonial, substituída por um Palácio do Governo em estilo francês. A classe dirigente tucumana começou a se modernizar, a se tornar cosmopolita. Em minha infância, Tucumán era ainda uma cidade bela com um parque onde floresciam os *lapachos*, "o incêndio em paz dos *lapachos*", como disse o poeta Manuel Castilla, seus bulevares adornados com estátuas e suas ruas ladeadas de laranjeiras, que em novembro se cobrem de flores. Nos meses em que florescem as laranjeiras, o perfume alucina as noites e provoca um êxtase sensual e ao mesmo tempo melancólico. A praça da Independência está rodeada de laranjeiras seculares. Não há quem não tenha em frente à sua casa ou no quintal um par de laranjeiras. Suponho que isso tem a ver com o sul da Espanha, uma vez que grande parte da população tucumana descende de andaluzes e [*de espanhóis*] da Extremadura. Na Andaluzia há também laranjeiras nas ruas, as casas têm pátios espaçosos e estão providas de persianas, toldos e terraços para combater o calor, que no verão alcança 45 graus à sombra, como em Tucumán. Quer dizer, ambas as regiões se assemelham, mas ocorre que lá as pessoas têm como pano de fundo as montanhas da Serra Morena, que são bem mais baixas, e em Tucumán o que se levanta atrás dos montes azulados é o imponente maciço da pré-cordilheira[4].

★★★

É necessário atentar para trechos decisivos das declarações de Victor Garcia. São eles que, como um jogo de armar, o vinculam às grandes correntes modernizadoras do teatro do século XX, às quais conferiu seu toque de grandeza e mistério. Esse Victor Garcia tão procurado – e suas conexões

---

4. Entrevista a Conrado Yasenza, da revista digital *La Tecl@Eñe*, n. 10, out.-nov. 2003.

estéticas – surge, por exemplo, em um longo depoimento a *Le Théâtre 1968 - 1: Cahiers Dirigés par Arrabal* e em entrevistas nas quais se mostrou disponível e atento, entre elas as concedidas aos ensaístas franceses Odette Aslan e Philippe du Vignal, e a Ilka Marinho Zanotto, crítica de *O Estado de S. Paulo*. Em todos, salta à vista sua lucidez mesmo quanto a desejos praticamente inviáveis, em termos de produção teatral, que até poderiam colocá-lo em um beco sem saída como criador.

Ao dizer a *Le Théâtre* que "o teatro total" é um teatro coletivo, Victor avaliza esse conceito dos renovadores do teatro europeu – sobretudo o suíço Adolphe Appia (1862-1928). Esse ideário estético, batizado *Gesamtkunstwerk* (obra de arte total) pelo compositor alemão Richard Wagner (1813-1883) ao definir a ópera, foi praticado por Meyerhold, Erwin Piscator, Max Reinhardt e outros. O encenador italiano Ruggero Jacobbi, quando esteve no Brasil, fez a síntese do tema:

> Para Appia, o teatro é a arte total: síntese de elementos extraídos de todas as artes, porém não síntese de artes [...]. A elaboração da síntese é efetuada da forma seguinte: todos aqueles elementos se submetem a um princípio que é a verdadeira essência do drama – o movimento[5].

É de Appia a ideia de substituir a palavra pela nota musical e o texto pela partitura; nesse ponto, há uma convergência fundamental entre ambos. É o que se nota nas palavras de Victor:

> O essencial é encontrar uma arquitetura. Não gosto de falar em termos tradicionais: lado do pátio e lado do jardim etc. Prefiro pensar em linhas horizontais ou diagonais, lado norte, sul. Atualmente, creio que cheguei a dominar o espaço; assim posso oferecer em um segundo uma visão caleidoscópica sob diversos ângulos: uma cena de amor deve ser colocada no alto; uma situação bárbara deve se passar nas pernas dos espectadores; pode-se refinar ao infinito essas evidências. Hoje, somente quando sou dono do espaço, quando tenho a arquitetura, é que coloco o texto[6].

---

5. "Teoria Geral do Teatro", *Revista de Estudos Teatrais*; São Paulo: set. 1958, n. 3, p. 6.
6. Fernando Arrabal, *Le Théâtre 1968 –1*: Cahiers Dirigés par Arrabal, Paris: Christian Bourgois Editeur, 1968, p. 75.

Quarenta anos mais tarde, essa convicção artística faz sentido para Bob Wilson: "Muito do que se vê no palco hoje entende a dimensão visual como mera decoração, quando o teatro deveria partir da arquitetura. O que vemos é tão importante quanto o que ouvimos, mas, na maioria dos casos, é o texto que guia a imagem"[7].

Na montagem de *O balcão*, em São Paulo, Victor conseguiu uma estreita parceria com o cenógrafo Wladimir Pereira Cardoso, que estudara o Teatro Total do arquiteto alemão Walter Gropius e havia conversado em Praga com o cenógrafo tcheco Josef Svoboda. *O balcão* traz esta marca, assim como a de Appia, com sua teoria de "espaços rítmicos", constituídos de volumes horizontais e verticais e planos inclinados.

Comparações, pois, serão sempre possíveis. Uma vez registrada parte delas, é preciso enfrentar duas outras questões: a ideologia – ou a política, na obra de Victor – e a sombra indelével do francês Antonin Artaud, no ponto específico do poder encantatório da palavra e do canto. Quanto à primeira questão, ela está claramente resumida no seu diálogo com Ilka Marinho Zanotto:

> **Ilka**: Uma última pergunta. Você montaria um Brecht?
>
> **Victor**: Nunca. Tem-se que ser bastante sólido para isto, estar a serviço de uma causa, e o que acontece comigo não é muito sério. Brecht é uma coisa imensa. Montá-lo seria assim como assumir a Presidência da República. Eu seria incapaz de algo tão empenhado. Posso esgotar as propostas de uma arquitetura teatral, da interpretação dos atores, dos cenários, da iluminação, da indumentária, sentir que palpitação tem um espetáculo, como ele pode consolar, ou destruir ou transcender. Mas tudo em níveis muito pequenos. No caso de Brecht, é uma coisa muito grande, é quase uma ciência. É como se me pusesse a fabricar automóveis. Sairiam impossíveis, seriam catástrofes das ruas[8].

E numa declaração ao jornal *La Gaceta*, de Tucumán, em 1º de agosto de 1971:

---

7. *Folha de S. Paulo*, São Paulo: 11 nov. 2008, Ilustrada.
8. Entrevista publicada pelo jornal *O Estado de S.Paulo*, 17 mar. 1974.

> Hoje estou contra o teatro político; amanhã, não sei. É preciso ter uma grande fé em algo. [...] nem o próprio Brecht incorria nessa classe de teatro, ainda que fosse um homem politicamente comprometido. A rapidez da informação atual tira o sentido do teatro político, como se fazia na década de 1930. Prefiro não usar a palavra *compromisso* porque o teatro é um meio de comunicação muito primário, uma arte menor. Não há que tomá-lo como um meio de informação. Isso estava bem quando não havia jornais nem informação.

Indagado por um jornalista espanhol sobre a sua sempre citada proximidade com Artaud e o Teatro da Crueldade, Victor Garcia cortou rente: "Só se for pelo fato de termos sido dois fodidos". É inegável que algo se passa naturalmente entre ambos, mas Victor jamais se alinhou publicamente a Artaud. Ninguém, aliás, tirou dele uma referência a nomes a não ser a evocação de Marcel Marceau, Charles Chaplin e Jean-Louis Barrault, a quem assistiu ainda jovem, na Argentina dos anos 1950.

Quanto a Artaud, apesar da frase áspera de Victor, não é crível que tenha desconhecido suas teorias que permearam o teatro experimental. Era preciso tê-las em conta até pela negativa. Mas há entre os dois um ponto de visível coincidência. Repare-se em Artaud:

> Sei muito bem que as palavras têm possibilidades de sonorização. Modos diversos de se projetarem no espaço, que chamamos de entonação. E, aliás, haveria muito a dizer sobre o valor concreto da entonação no teatro, sobre a faculdade que têm as palavras de criar, também elas, uma música segundo o modo como são pronunciadas, independentemente do seu sentido concreto, e que pode até ir contra esse sentido, de criar sob a linguagem uma corrente subterrânea de impressões, de correspondências, de analogias[9].

Em resumo, elas deveriam ter efeito de emoção, deixando de lado a tradução literal da realidade. Ao comentar sua encenação de *Gilgamesh*, em que os atores diziam o texto em árabe, Victor Garcia afirmou: "Essa língua da qual não entendo uma palavra me faz mergulhar nos achados

---

9. Antonin Artaud, *O teatro e seu duplo*, São Paulo: Martins Fontes, 1993, pp. 31-32

das crianças. Para as crianças, a primeira linguagem que existe é de ordem afetiva" [10].

Desta e de outras maneiras, Victor integra a família daqueles que renovaram a cena teatral, sobretudo nos anos subsequentes à Primeira Guerra Mundial, quando os valores éticos, políticos e estéticos foram postos em xeque. São vanguardas que atuaram intensamente até a Segunda Guerra e até mesmo dentro dos horrores de uma guerra, como o diretor polonês Tadeusz Kantor. O processo continuará nos anos 1950 e 1960, as décadas de Jerzy Grotowski, de Roger Planchon, dos norte-americanos e dos encenadores da América Latina.

No caso de Victor, deve-se levar em conta que seu início teatral em Buenos Aires coincidiu com uma intensa movimentação nas artes plásticas do país (e Victor ia com frequência a mostras, como atesta sua irmã). Em 1961, um grupo de pintores realizou uma exposição da chamada tendência informal.

O evento seria relembrado décadas mais tarde com a exposição *1961 – A arte argentina na encruzilhada: informalismo e nova figuração,* organizada pelo Museu Nacional de Belas-Artes. A mostra veio a São Paulo em março de 2009 (Galeria de Arte do SESI). No catálogo, o curador Roberto Amigo descrevia o clima daquela época também vivida por Victor Garcia: "Um instante condensador tanto das tensões abertas em meados dos anos 1950, com os sonhos de desenvolvimento, modernidade e internacionalismo, como de anúncio dos revolucionários dos anos 1960 atravessados pela violência, mas também por uma singular força criativa". Participou da exposição, entre outros, Kenneth Kemble, autor de uma frase que Victor poderia assinar: "Sempre é possível compensar a rusticidade do material com uma relação sutil. O refinamento é do espírito, não do material".

Não se sabe o quanto Victor – que exercia alguma pintura – esteve envolvido com essa exposição e outra, a mostra *Arte destrutiva* (1961), na Galeria Lirolay, de Buenos Aires, que anunciava a intenção de "investigar a violência do homem canalizada pela experiência estética". Dela fez parte Antonio Seguí, que estaria presente ao seu enterro, em Paris.

Victor sempre foi atraído pelo teatro de língua espanhola e francesa, em uma ação pendular entre referências cristãs e manifestações anímicas.

---

10. Entrevista a Odette Aslan. Denis Bablet (org.), *Les voies de la création théâtrale,* v. 12, in: V. Garcia, R. Wilson, G. Tovstonogov, M.Ulusoy, Paris: CNRS Éditions, 1984, p. 79.

Victor Garcia

Fernando Arrabal, em depoimento ao crítico inglês Ossia Trilling, analisa a raiz hispânica que o ligava a Victor:

> A mãe de Victor Garcia e a minha nasceram na mesma cidade, a 5 km de Salamanca [...]. Isso nos une num laço que é parte de nossas vidas [...]. Nossas relações vão da cordialidade à frieza total. São humanas, sim, mas com Garcia há uma atração animal que acho difícil descrever. Ele é mais do que um irmão de sangue para mim, mesmo quando temos nossas crises, discussões frenéticas ou competimos para ver quem xinga mais o outro. Aqui em Paris a vida é plácida e fácil de maneira geral. Garcia me leva de volta àquele universo espanhol de irracionalidade vigorosa, animal. Como diretor, ele é único, um gênio. Sim, posso dizer isso dele.

O catolicismo conservador espanhol da família de Victor, que cobrou caro à sua sensibilidade, deu-lhe a noção das sublimações sensuais e emoções místicas. Ele reconhecia no teatro religioso medieval, encenado nas ruas, a força da emoção coletiva, ainda que a fé e a Igreja fossem para ele

Victor Garcia.
Foto: Rachel Hirsch

práticas distantes. Ao mesmo tempo, não acreditava na possibilidade de reconstituir na atualidade esse impacto emocional, seja ao ar livre seja entre paredes: "Detesto estes nossos malditos teatros, tão formais. Logo que entro em um deles, adormeço ou sinto que me afogo. Por outro lado, fazer teatro de rua me parece uma atitude romântica"[11].

Consciente do impasse, e mestre de soluções plásticas e arquitetônicas voltou-se para a criação dos lugares dos seus sonhos: "Queria encontrar um grande espaço vazio, com material luminoso e sonoro perfeito: chamaria colaboradores que tivessem uma visão contemporânea do mundo; nós poderíamos ensaiar novos métodos de criação"[12].

Victor lutava para ter seu espaço ideal, mas também conciliava. Se em Israel disse ao diretor do Teatro Habima que gostaria de destruir o lugar com a dinamite, foi bem mais flexível em Portugal. Em Coimbra, trabalhando com estudantes, o que lhe deu alegria, escavou a parede dos fundos do cinema local para realçar as pedras e os veios d'água do terreno sem alterar o edifício. Com a companhia de Nuria Espert, as soluções cenográficas foram desafiadoras e custosas, porém no âmbito da sala tal como era.

Para a versão brasileira de *Cemitério de automóveis*, em 1968, Victor dispôs do prédio retangular de uma ex-oficina mecânica e manteve a arquitetura intacta. O espetáculo resultou quase igual ao de Dijon, na França. *O balcão*, de Jean Genet, em 1969, só foi possível porque a atriz e empresária Ruth Escobar

---

11. *Le Théatre 1968 -1*: Cahiers Dirigés par Arrabal, op. cit., p. 75.
12. Ibidem.

assumiu o risco da demolição interna do teatro na rua dos Ingleses, em São Paulo – onde ficou visível que a opção do diretor não era apenas um capricho, mas também a sua maneira de fazer política. Com Odette Aslan, ele foi ao ponto:

> Não pratico um teatro burguês, cultural. Talvez não saiba fazê-lo. Se fizesse, o mataria. Gostaria de realizar uma sequência superclássica com grandes meios, grandes intérpretes [...], mas com a minha raiva [...]. Não seria mais convexo, mas côncavo[13].

Em uma visão rápida pode soar estranha a constante remontagem de alguns autores. Reiteração temática, porém, não é novidade no teatro. Se Victor reencenou intermitentemente Lorca, Arrabal e Calderón, na Alemanha Max Reinhardt fez antes doze encenações diferentes de *Sonho de uma noite de verão*, de Shakespeare. Ao mesmo tempo, as peças escolhidas por Victor eram apenas seu ponto de partida: "Para mim, o texto é uma estrutura primária a partir da qual eu construo o espetáculo; um texto atualmente não tem mais o lugar que tinha nas épocas clássicas"[14].

Por praticar um teatro de imagens, Garcia sempre foi motivo de polêmicas em torno da predominância, ou não, do texto em cena. No Brasil, a reação mais contrária veio de Nelson Rodrigues, que, em crônica no *Jornal da Tarde* (janeiro de 1970), defendia o diretor "imperceptível", que não "se põe a competir com o autor", e chamava as opções de Victor Garcia de "antiteatro". Engano do dramaturgo. Victor e Nelson não estavam tão distantes.

> Nossos problemas de comunicação não se resolvem na dialética, nem na estética: não temos mais tempo; nossa principal preocupação é explorar a alma, porque sabemos que esta exploração permite encontrar a sanidade, realizar espetáculos sãos que não sejam nem neuróticos nem histéricos[15].

Ex-estudante de medicina, que pensou em ser psicanalista, os abismos da mente sempre rondaram suas criações mas sem autorreferências fáceis. Como disse a Odette Aslan:

---

13. Odette Aslan, op. cit.
14. *Le Théâtre 1968 -1*: Cahiers Dirigés par Arrabal, op. cit., p. 73.
15. Ibidem.

Eu não conto minha vida na minha criação. Minha vida, bem que gostaria de conhecê-la, ninguém pode explicá-la para mim. Minha família, minha história, minha educação, minha cultura não intervêm, mas qualquer coisa de mais ancestral, sem dúvida[16].

Tais declarações, de 1978, divergem parcialmente de outra, de 1968:

Saí de uma civilização católica. É o problema que analisei mil vezes: matei meu pai, minha mãe, meu deus. Entretanto, minha linguagem, meu pensamento nasceram de uma educação cristã que não posso negar, mesmo se a rejeito, mesmo se não creio mais [...][17].

A contradição aparente não desmente o artista. Há um senso do sublime em sua obra que confirma a raiz católica. Quanto ao apelo ancestral, talvez estivesse no fascínio de Victor por objetos fora de uso ou materiais puros (ferro, madeira, couro, seda). Tinha horror aos produtos industriais, sobretudo o plástico: "Escolho matérias que têm uma memória. Amo as matérias que chamo de nobres: a madeira, o ferro, a pele humana. [...] a seda, foi um bicho que a fez, de onde a nobreza"[18].

A infância e adolescência na província e na fazenda da família deixaram nele a memória de um mundo elementar, por assim dizer: o encanto pelas rodas d'água e arados, ossadas, tijolos aparentes, madeira. Levou-os ao teatro quase a ponto da extravagância (exigia bexigas de porco, ossos de boi, o que, na maioria das vezes, dava imenso trabalho à produção). Mas jamais incorreu no "típico", no "folclore". Muito ao contrário. Se, em termos de fontes culturais diretas, foi um argentino-espanhol com lembranças do campo, por outro lado era absolutamente cosmopolita. A cantora Mercedes Sosa (1935-2009) era uma conterrânea e Victor jamais colocou sua bela voz em cena. Nem o tango, um dos símbolos mais reconhecidos da Argentina; ou as sofisticadas composições de concerto do portenho Alberto Ginastera. Seus compositores foram Mozart e Bach.

Um artista que confessou ter "analisado mil vezes" seu universo espiritual não poderia ser apenas um improvisador temperamental. Dada a sua

---

16. Odette Aslan, op. cit., p. 79.
17. *Le Théatre 1968-1*: Cahiers Dirigés par Arrabal, op. cit., p. 76.
18. Odette Aslan, op. cit., p. 79.

despreocupação em teorizar extensamente sobre o teatro, alguns sinais dos seus objetivos estão em entrevistas decisivas como a que concedeu a *Le Théâtre 1968 –1*, sob o título "Desumanizar":

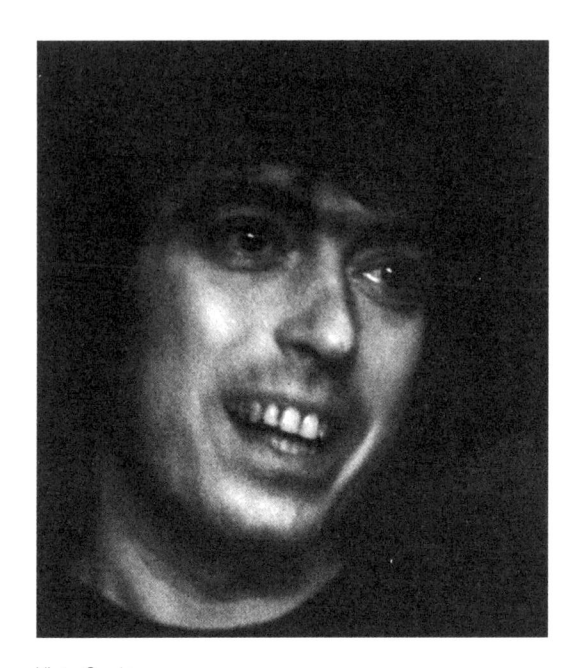

Victor Garcia

> Quando crio um espetáculo, imponho minhas emoções aos intérpretes. Eu imponho meu ponto de vista a fim de que eles o imponham ao público. [...] Mas, em todo lugar, de toda maneira, reencontro com os intérpretes as mesmas relações passionais. [...] Exijo que seu "ego" seja abandonado no seu nicho, tento "desumanizá-los" ao máximo a fim de que eles se tornem também disponíveis como este espaço claro e vazio com o qual eu sonho. Quero desembaraçá-los dos seus pequenos cantos sujos, dos seus hábitos. Eu os quero "novos".

Essas convicções poderiam sugerir a manipulação autoritária dos artistas. Não seria novidade na história das relações entre diretores e atores. Mas com Victor sempre houve nuances. Intérpretes de diferentes idades, culturas, formações profissionais e temperamentos reconhecem claramente que algo de transformador se passou com eles uma vez superados os desafios do diretor. De qualquer forma, de início sempre houve espanto, desorientação diante dos estímulos aparentemente desconexos a que eram submetidos. Algumas dessas atitudes eram estimulantes, e outras, realmente incompreensíveis. É o que se lê no volume de *Les voies*: 1) chegar ao ensaio atrasado e não se dirigir diretamente aos atores, mas ao seu assistente; 2) ignorar o que o intérprete diz caso ele tome essa iniciativa; 3) pedir aos atores que fiquem nus logo nos primeiros encontros do elenco; 4) tocar música árabe e pedir que sintam apenas os sons, sem preocupação de compreender a letra; 5) fazer os intérpretes trocarem subitamente de papéis; 6) fazer o elenco correr pelo teatro, corredores e até na rua (como em Tel Aviv); 7) exprimir-se por imagens.

Exemplos: a) dizer à atriz portuguesa Eunice Muñoz que representasse *As criadas* como o retinir de um copo de cristal ("seu papel é isto, um *plim* de taça de champanhe"); b) ao brasileiro Stênio Garcia pediu que caminhasse sem equilíbrio, evitando sujeiras imaginárias no chão, assim como pediria a Paulo Goya: "Faça-me chorar".

Ao mesmo tempo, podia ter gestos afetuosos com os artistas, ora massageando uma parte do seu corpo, ora abraçando-se a eles enquanto as falas da peça eram ditas. Essas atitudes uma vez incorporadas ao grupo, como um código, geravam um clima de alta energia.

Uma personalidade assim – com interferências no panorama teatral de países da América Latina, da Europa e do Oriente Médio – tem seu nome inevitavelmente associado ao Novo Teatro. O termo abre a porta à polêmica. Em certa visão estética só é vanguarda o que rompe com as formas burguesas de arte – a começar pelos meios de produção. A imagem mais comum é a do inovador banido dos salões, institutos e recursos oficiais. Ele conquista seu espaço em meio a embates teóricos e vetos (do poder econômico, das autoridades). Mas não é um enredo obrigatório.

Nem todas as revoluções estéticas foram rotuladas de arte degenerada, inimiga do proletariado ou da religião. Várias vezes o impacto resumiu-se em perplexidade, batalhas pela imprensa, vaias e até alguns sopapos. Victor Garcia teve a maior parte dos seus espetáculos subvencionados por teatros oficiais da França e da Inglaterra ou produtores do Brasil e Espanha. Em Portugal, o Círculo de Iniciação Teatral da Academia de Coimbra (Citac) contratou Victor com verba da Fundação Calouste Gulbenkian. Logo no seu começo em Paris, o apoio veio da clarividência de André-Louis Périnetti, que lhe permitiu recursos enquanto esteve em cargos executivos e artísticos na Cia. Jean-Marie Serreau, no Teatro da Cidade Universitária e no Théâtre National de Chaillot. O que o diferencia é que, mesmo assim, Víctor viveu querendo mais. Não facilitava as coisas para os que o contratavam e ainda se permitiu dizer no texto *Desumani-*

zar: "Hoje, 'a vanguarda' é sinônimo de trabalho miserável realizado em condições miseráveis. Recuso essa definição. Infelizmente, o único mecenas é o Estado com suas subvenções. Como ser ao mesmo tempo livre e subvencionado?". Tinha plena consciência das contradições estéticas e ideológicas. A discussão, que vai para além da vida do artista, foi tema de uma dissertação de mestrado no Brasil[19].

Victor seria explícito quando um entrevistador do jornal *ABC*, de Madri, comentou: "Dizem que o senhor só dirige teatro de vanguarda". Sua reação:

> Atenção! São as pessoas que dizem "de vanguarda". Eu creio que é simplesmente "de hoje". [...] Meu trabalho é interpretar, dizer o que o autor não disse. Senão seria transmitir uma biografia. Já não somos tão contemplativos para irmos ao teatro "ver" ou "ouvir" um texto palavra por palavra[20].

Eis Victor Garcia encerrando sua parte na interminável querela sobre vanguarda. Por fim, vale ouvir o compositor francês Pierre Boulez em comentário sobre *O balcão*:

> Meu ideal de ópera é fazer algo parecido com a montagem de Victor Garcia em São Paulo. Aquela concepção, eu só conheço por fotos, mas já é suficiente para me dar a sugestão. Quero questionar a estrutura palco-plateia da ópera tradicional. Encontrar um equivalente cênico à música contemporânea. Gosto muito das ideias de Garcia. Dele, vi *Gilgamesh* em Paris[21].

O que está neste livro é o que me foi possível recolher da aventura humana do artista que superou a previsão de um admirador, o crítico Gilles Sandier, entusiasta do teatro de esquerda:

> O teatro, como tudo, se salvará graças aos intrometidos que vêm de fora. Cigano à sua maneira, vagabundo de marca maior, Victor Garcia é um

---

19. Newton de Souza, *A roda, a engrenagem e a moeda: vanguarda e espaço cênico no teatro de Victor Garcia no Brasil*, São Paulo: Unesp, 2003.
20. Jornal *ABC*, Madri, 11 fev. 1971.
21. Entrevista dada em Salzburgo a Luís Antônio Giron, publicada no caderno Fim de Semana, do jornal *Gazeta Mercantil*, São Paulo, 30 ago. 1996.

deles. Numa sociedade moribunda [...] só os hereges conseguem fazer com que algo ainda se mexa ou incendeie. E o fogo não dura muito: com extintores nas mãos, a Górgona de goela de esponja está, hoje, em vias de tudo absorver e tornar anódino. [...] A Medusa ainda não devorou Garcia. Isso virá: ele também ascenderá aos templos oficiais e, para ele, será o fim – castrado, será embalsamado, parisiense. Tenho a sensação, entretanto, de que este espanhol (que a Argentina nos deu) tem a pele dura de roer [...]. No momento, ele ainda carrega o fogo. Para ele, o palco não é uma vitrine de Paris, nem tampouco um *stand* para a feira de cultura[22].

Victor Garcia jamais se tornou "oficial". Mais que isso, foi ele quem queimou as pontes com os donos de companhias e instituições culturais. De certa forma, tornou-se inviável para o sistema de produção. Era um talento excepcional, imprevisível e, de alguma maneira, talvez não quisesse mesmo seguir em frente. Mas enquanto criou com a luz do seu gênio, ele foi o cristal que tanto procurou no teatro.

---

22. Texto do programa da montagem francesa de *Cemitério de automóveis* (Théâtre des Arts, Paris, 1967-1968 – reproduzido parcialmente para a versão brasileira do espetáculo, em 1968). Nascido em 1924, Sandier morreu no mesmo ano que Victor, 1982.

CRONOLOGIA

1934

Nasce em San Miguel, capital de província de Tucumán, norte da Argentina. Filho de espanhóis da região de Salamanca. Seu pai, Fermín Pedro García, então comerciante como outros parentes, posteriormente passa a administrar a fazenda do sogro.

1950

Inicia sua atividade teatral em pequenos papéis no grupo El Cardón, que pertencia à Federação de Teatros Independentes, entidade bastante ativa naqueles anos. O grupo, que tem sede própria, excursiona pela província. Nessa década ingressa na Faculdade de Medicina.

1957

Transfere-se para Buenos Aires, onde deveria concluir o curso. Passa a frequentar as aulas de teatro do diretor Marcelo Lavalle, no Instituto de Arte Moderna de Buenos Aires. Além de participar como ator, realiza sua primeira montagem, *O pequeno retábulo de dom Cristóbal*, de García Lorca. Desiste da Faculdade de Medicina no 5º ano.

1959

Funda o Mimo Teatro com colegas do curso. Desenha um arlequim como símbolo do grupo, que realiza o espetáculo *O malefício da mariposa* e retoma *O pequeno retábulo de dom Cristóbal*, de Lorca, apresentados em Buenos Aires e em Mar del Plata.

1960

Primeira visita ao Brasil depois da excursão a Mar del Plata. Viagem ao Rio de Janeiro, onde já vivia seu amigo de Tucumán Eugênio Hirsch, artista gráfico então casado com Pomona Sforza, bailarina e artista multimídia.

1961

Retorna ao Rio agora com parte do Mimo Teatro em apresentações patrocinadas por Pomona Sforza. O grupo se desfaz e Victor permanece no Brasil, embora seu objetivo seja a Europa. Obtém visto de permanência do governo brasileiro.

1962

Parte para a Europa de navio. Desembarca em Barcelona e segue para Paris, onde se instala definitivamente. Ingressa na Universidade do Teatro das Nações e trabalha no Serviço de Pesquisa da Rádio Televisão Francesa (ORTF) sob direção do compositor Pierre Schaeffer.

1963

Faz amizade com André-Louis Périnetti, parceiro decisivo em sua carreira na França. Revela-se como diretor na Universidade do Teatro das Nações. Sua montagem de *O pequeno retábulo de dom Cristóbal* recebe o prêmio como melhor obra de repertório. O espetáculo é apresentado na Bienal de Paris e no centro cultural do Palazzo Durini, em Milão. Périnetti o apresenta ao diretor Jean-Marie Serreau.

1964

Encena *A rosa de papel* e *Retábulo da avareza, luxúria e morte*, de Ramón María del Valle-Inclán, em produção da Companhia Serreau-Périnetti. O espetáculo é incluído no chamado Estival 64 que, dentre seus eventos, apresenta ainda a peça *Comédia*, de Samuel Beckett, com Delphine Seyrig, Michel Lonsdale, direção de Serreau e obras dos compositores Luciano Berio e John Cage.

1965

Participa com *A rosa de papel* do Festival Internacional de Lisboa e obtém o Prêmio de Pesquisa. No mesmo ano, na França, encena *Ubu rei*, de Alfred Jarry, para o Concurso de Jovens Companhias do Festival das Noites de Borgonha, em Dijon.

1966
Período de intensa atividade em Portugal com o Círculo de Iniciação Teatral da Academia de Coimbra (CITAC). Essa colaboração se estende até 1968. A primeira fase resulta nos espetáculos *Auto de São Martinho*, de Gil Vicente, *Auto das ofertas*, de autor anônimo espanhol, e *O grande teatro do mundo*, de Calderón de La Barca.

No mesmo ano realiza na França *Cemitério de automóveis* para o Festival das Noites de Borgonha, em Dijon.

1967
Refaz em Paris *Cemitério de automóveis*, apresentado no Théâtre des Arts.

Encena em Coimbra *Assim que passem cinco anos*, de Lorca.

1968
Cemitério de automóveis participa do Festival Internacional de Belgrado, então Iugoslávia, e recebe o Grande Prêmio.

Encena em Coimbra, com o Citac, *A sabedoria ou A parábola do banquete*, de Paul Claudel, uma criação que seria aperfeiçoada em outras montagens.

A versão definitiva de *Parábola* é apresentada em Bruxelas no Teatro Nacional, com os alunos do Instituto Nacional Superior das Artes do Espetáculo e estagiários da Universidade Internacional do Teatro das Nações, da França.

Convidado por Peter Brook para ser diretor associado ao Centro Internacional de Pesquisas Teatrais em Paris. Victor deveria encenar uma sequência de *A tempestade*, de Shakespeare. A rebelião estudantil de maio de 1968, que abalou a França, interrompe o projeto.

A convite da atriz e empresária Ruth Escobar, dirige em São Paulo *Cemitério de automóveis* em um grande galpão, o que resulta em um espetáculo fiel à versão original de Dijon. A Associação Paulista dos Críticos de Teatro concede à produção os prêmios de Melhor Diretor e Melhor Espetáculo (abrangendo outras artes, a antiga APCT é a atual Associação Paulista de Críticos de Artes).

Reencena na Bélgica *A parábola do banquete*, com os alunos do Instituto Nacional Superior das Artes do Espetáculo, de Bruxelas.

1969

Encena na Espanha *As criadas*, de Jean Genet, com a Cia. Nuria Espert. O espetáculo original deveria incluir ainda a peça *Os dois carrascos*, de Fernando Arrabal, proibida pela censura franquista. *As criadas* estreia em Barcelona e participa do Festival Internacional de Belgrado, antes de iniciar bem-sucedida temporada em Madri e excursão ao exterior. [Em 1983, um ano após a morte de Victor, a peça é remontada e estreia no Teatro Principal de Valência, Espanha.]

No mesmo ano inicia em São Paulo a montagem de *O balcão*, de Genet. Foram nove meses de ensaios até a estreia em 29 de dezembro de 1969. Fica em cartaz durante um ano, sete meses e 19 dias.

Mesmo com os preparativos de *O balcão*, vai a Paris e refaz uma vez mais *A parábola*, de Claudel, com os estagiários da Universidade Internacional de Teatro, dirigida por Périnetti. A montagem recebe o prêmio de melhor espetáculo nas comemorações do centenário de nascimento do poeta. Tanto nas apresentações de Bruxelas como em Paris utiliza o dispositivo cênico de Coimbra.

1970

Encena *Yerma*, de García Lorca, em Madri, com Nuria Espert. O espetáculo faz carreira internacional: França, Inglaterra, Argentina, Áustria, Itália e Irã, no Festival de Shiraz.

Com mudanças no elenco, temporada no Rio de Janeiro de *Cemitério de automóveis*, encenada em São Paulo em 1968. O espetáculo é apresentado no Teatro Tereza Rachel.

1971

Encena *O arquiteto e o imperador da Assíria*, de Arrabal, no teatro Old Vic, de Londres, com Anthony Hopkins e Jim Dale.

Encena *As criadas* de Jean Genet no Espace Cardin, em Paris, com Sylvie Belai, Elizabeth Kada e Michèle Oppenot, que fora sua atriz em *Ubu rei*.

O balcão permanece em cartaz em São Paulo desde janeiro até 16 de agosto.

1972

Encena *As criadas*, de Jean Genet no Teatro Experimental de Cascais, com Eunice Muñoz, Glicínia Quartin e Lourdes Norberto.

1973

Apresenta em Paris e em espanhol *Yerma*, da Cia. Nuria Espert, no Théâtre de la Ville.

Versão brasileira de *Cemitério de automóveis*, produzida por Ruth Escobar, faz temporada de três meses em Cascais, Portugal.

1974

Viaja com *Yerma* para a América Latina. O espetáculo participa do Festival Internacional de Teatro de São Paulo e é apresentado em Buenos Aires na volta triunfal de Victor à Argentina.

Inicia em São Paulo a encenação de *Autos sacramentais*, de Pedro Calderón de la Barca, que estreia e apresenta três récitas no 8º Festival das Artes do Irã. Em seguida faz duas apresentações no Teatro La Fenice, na programação da Bienal de Veneza; duas semanas no Teatro São Luis, de Lisboa, e de 18 de dezembro a 4 de janeiro de 1975, no teatro Round House, de Londres.

1975

Encena na Espanha *Divinas palavras*, de Ramón del Valle-Inclán com a Cia. Nuria Espert.

1976

Leva *Divinas palavras* ao Teatro Nacional Chaillot, Paris.

1977

Encena em Lisboa *Quatro irmãs*, de Copi. Do elenco feminino participa Eunice Muñoz, que havia atuado em *As criadas*.

1979

Encena *Gilgamesh,* no Teatro Nacional de Chaillot, Paris, com elenco representando em árabe.

1980

Encena *Bodas de sangue*, de García Lorca, no Teatro Nacional Habima, de Tel Aviv.

1981

Encena *Calderón*, no Teatro Nacional de Chaillot, parceria final com André-Louis Périnetti, que encerra seu mandato na direção desse teatro nacional da França.

1982

Projeto de *Dom Juan*, de Tirso de Molina, sendo este personagem interpretado por uma mulher, Michelle Kokosowski, amiga desde a Universidade do Teatro das Nações. No elenco estaria ainda Vincent Lo Monaco. Seu estado de saúde porém, não lhe permite a montagem. Falece no Hospital La Pitié-Salpêtrière, em 28 de agosto.

No seu sepultamento, no Cemitério do Père-Lachaise, esteve presente o elenco brasileiro de *Macunaíma*, direção de Antunes Filho, em excursão europeia.

CRÉDITO DAS IMAGENS

Acervo do autor: páginas 45 (imagem à esquerda), 86, 96, 189 e 266; fotógrafo não identificado.

Acervo da família Garcia: página 34; fotógrafo não identificado.

Acervo Ruth Escobar: páginas 63, 64 (imagens inferior e superior à esquerda), 66, 68; fotógrafo não identificado.

Acervo Paulo Goya - Casarão do Belvedere: página 100; fotografia **Imagem Paulista Fotografia.**

CITAC - Círculo de Iniciação Teatral da Academia de Coimbra: páginas 54, 56, 59 e 272; fotógrafo **Ricardo Seiça.**

CNRS - Centre National de la Recherche Scientifique - Revista *Les Voies de la Création Théâtrale Volume I*, 1970: página 52; fotografia **Béatrice Heyligers**. *Volume XII*, 1984: páginas 47 e 94; fotografia **Claude Bricage**. Páginas 45 (imagem à direita), 91 e 93; fotografia **Pepe Fernandez.**

Djalma Batista: páginas 64, 69, 70 e 72.

Lucrécio Jr.: página 276.

Montserrat Faixat: página 89.

Rachel Hirsch, Israel: imagem de capa e páginas 95, 98 e 273.

ERRATA
A foto da página 82 é de autoria do fotógrafo **J. Marques** e pertence ao **TEC - Teatro Experimental de Cascais** e não de Montserrat Faixat.

fontes: dante e univers | papel: Alta alvura 90g/m²
data: agosto/2012 | tiragem: 2.000
impressão: Aquarela